基于核心素养培育的小学生"泛在学习"实践研究

沙金如 张晓红 著

河海大学出版社
·南京·

图书在版编目（CIP）数据

基于核心素养培育的小学生"泛在学习"实践研究 / 沙金如，张晓红著. -- 南京：河海大学出版社，2023.12
　ISBN 978-7-5630-8814-0

Ⅰ.①基… Ⅱ.①沙… ②张… Ⅲ.①小学－教学研究 Ⅳ.①G622.0

中国国家版本馆 CIP 数据核字(2024)第 003263 号

书　　名	基于核心素养培育的小学生"泛在学习"实践研究 JIYU HEXIN SUYANG PEIYU DE XIAOXUESHENG "FANZAI XUEXI" SHIJIAN YANJIU
书　　号	ISBN 978-7-5630-8814-0
责任编辑	吴　淼
特约校对	丁　甲
封面设计	槿容轩
出版发行	河海大学出版社
地　　址	南京市西康路1号（邮编：210098）
电　　话	(025)83737852(总编室)　(025)83722833(营销部) (025)83787763(编辑室)
经　　销	江苏省新华发行集团有限公司
排　　版	南京布克文化发展有限公司
印　　刷	广东虎彩云印刷有限公司
开　　本	787毫米×1092毫米　1/16
印　　张	12.625
字　　数	240千字
版　　次	2023年12月第1版
印　　次	2023年12月第1次印刷
定　　价	98.00元

目录 CONTENTS

绪论 ······ 001
 一、研究缘起 ······ 001
 二、研究意义 ······ 002
 三、研究综述 ······ 002
 四、学校立项优势 ······ 004
 五、核心概念界定 ······ 010
 六、研究目的、内容和方法 ······ 010

第一章 泛在课程:基地项目建设过程及成效 ······ 013
 第一节 价值指向 ······ 013
  一、以学习者与社会需求为导向 ······ 013
  二、传授知识技能,培养求知精神 ······ 014
  三、培育合作能力与领导力 ······ 015
  四、培养科学精神与创造力 ······ 015
  五、培育数字时代信息素养 ······ 016
 第二节 学习方式变革 ······ 017
  一、从课程标准看学习方式变革 ······ 017
  二、泛在学习方式探究 ······ 019
 第三节 评价方式变革 ······ 021
  一、设置评价体系,提升评价成效 ······ 023
  二、借力信息技术,促进评价改革 ······ 024
  三、关于评价研究的思考 ······ 027
 第四节 实施策略探索 ······ 027
  一、统筹兼顾,做好环境建设 ······ 028

二、开发课程，构建特色品牌 ······················· 030
　　三、优化资源，转变学习方式 ······················· 031
　　四、转变理念，形成教学模式 ······················· 034
　　五、评价引领，发展良好生态 ······················· 036
第五节　实施效能呈现 ······························· 039
　　一、学生学习效能提升 ··························· 039
第六节　学生综合素养提升 ··························· 042
　　一、"淮安娃"智慧成长方案实施 ····················· 042
　　二、提高科学素养　培养创新精神 ···················· 048
　　三、落实"双减"提质量　社团"花开"绽芬芳 ··············· 051
　　四、"淮安娃"讲淮安事　民族精神代代传 ················ 053
第七节　形成教师泛在育人模式 ························ 055
　　一、"泛在育人"团队目标任务 ······················ 055
　　二、建设重点与实践做法 ························· 056

第二章　以学为中心的泛在学习实践探究 ··············· 060

第一节　泛在学习理念下的教学设计 ····················· 060
　　一、研读教材，做好泛在学习任务规划 ·················· 060
　　二、结合学情，优化泛在学习驱动 ···················· 061
　　三、课堂教学，目标引领下的主动发展 ·················· 062
　　四、小组讨论，解释文意 ························· 065
　　五、体悟写法，交流书签 ························· 066
　　六、课外拓展，巩固延伸 ························· 067
第二节　高效阅读课堂助推泛在学习能力发展 ················ 067
　　一、深入钻研教材——高效课堂的前提 ·················· 067
　　二、把握教学重点——高效课堂的基础 ·················· 068
　　三、巧妙设计教学——高效课堂的保证 ·················· 068
　　四、促进主动探索——高效课堂的目标 ·················· 070
第三节　构建语文泛在学习智慧课堂场域 ·················· 071
　　一、智慧互联：泛在学习场域显著特征 ·················· 072
　　二、观照个体：增强泛在学习具身体验 ·················· 072
　　三、智慧课堂：促进泛在学习场域建构 ·················· 074
第四节　基于单元整体设计的泛在学习探索 ················· 075
　　一、教材梳理 ······························· 076

二、教学思路 ……………………………………………………… 076
　　三、框架设计 ……………………………………………………… 077
　　四、课堂教学 ……………………………………………………… 077

第五节　基于泛在学习视角的小学文言文教学 ……………………………… 085
　　一、准确定位：把准文言文教学目标 …………………………… 086
　　二、儿童立场：满足学生学习需要 ……………………………… 086
　　三、聚焦关键：促使学习真正发生 ……………………………… 087
　　四、搭建支架：提供有效学习支撑 ……………………………… 089

第六节　基于新课标的小学语文融合教学实践探索 ………………………… 090
　　一、新课标中融合教学的内涵 …………………………………… 090
　　二、新课标理念下的融合教学样态 ……………………………… 091

第七节　融合生长：挖掘古诗教学价值　促进写作水平提升 ……………… 096
　　一、学诗与写诗 …………………………………………………… 096
　　二、古诗与表达 …………………………………………………… 097
　　三、课标与策略 …………………………………………………… 099

第八节　以语文个性化教学促进学生的主动发展 …………………………… 101
　　一、语文个性化教学的意义 ……………………………………… 101
　　二、语文个性化教学的特征 ……………………………………… 102
　　三、语文个性化教学探索 ………………………………………… 103

第三章　泛在学习视域下统编教材传统文化要素分析及教学策略探寻 …… 108
第一节　语文教育的传统文化根基 …………………………………………… 108
　　一、中华优秀传统文化的内涵 …………………………………… 108
　　二、优秀传统文化教育融入语文课程的必要性和可能性 ……… 110

第二节　小学语文统编教材优秀传统文化要素归类统计分析 ……………… 114
　　一、小学语文统编教材优秀传统文化要素框架构建 …………… 114
　　二、小学语文统编教材优秀传统文化要素类别分析 …………… 117
　　三、小学语文统编教材优秀传统文化要素数量统计 …………… 132

第三节　泛在学习视域下统编教材传统文化教学策略探寻 ………………… 136
　　一、泛在学习：打开儿童识字教学的时空 ……………………… 136
　　二、泛在环境下的小学识字教学与汉字文化渗透的原则 ……… 140
　　三、泛在学习视域下小学统编教材阅读策略单元教学探索 …… 144
　　四、基于PBL课程理念的小学语文网络学习空间建设策略研究 … 151
　　五、前置学习在传统文化教学中的策略运用 …………………… 155

六、泛在学习下的"中华文化经典名言"思辨性教学路径 …………… 160
七、泛在学习环境下的小学文言教学与传统文化渗透 …………… 169
八、统编教材"幽默言语"的教学理解与设计路径 ………………… 173
九、统编传统科技类文本教学价值及实现路径 …………………… 180
十、在童心里播下文化自信的种子 ………………………………… 189

绪 论

"互联网+"时代中的各种新技术为人类开辟了基于网络的虚拟生存空间,泛在的技术在无意识之中将人类的现实生活与网络空间紧密相连,教育领域同样实现了数字化跨越,泛在学习这一新的学习方式逐渐形成。

一、研究缘起

(一)泛在学习悄然而至

自 20 世纪起,计算机、多媒体与网络技术的出现使教学活动数字化,将世界各地学习者连接起来,极大地扩展了学习资料来源,"网络教育"一时成为教育的新趋势,出现了校园网、多媒体网络教室、"开放式课堂"、"网上大学"等依托网络实施的教育模式。近几年,大数据、云计算及存储技术、移动互联网、虚拟现实、增强现实、人工智能等教育支持技术不断更新,共同布局,形成了技术支持下的 STEAM 教育、创客教育等"互联网+教育"生态,有关社交平台,教育类手机 APP 的教育应用研究也不在少数,教育进入"5G"技术支持下的智能时代。

依托移动终端、移动互联网、泛在计算等技术,能满足学习者随时随地学习需求的泛在学习环境逐渐生成。不同于以课程教材为主要教学内容的传统封闭式的学校环境,泛在学习的形成实现了校内与校外的连接,使得学习者能够使用多样化移动终端,时时处处接入网络并获取学习资源;通过优质教育资源的网络共享,实现了教育资源分配的公平,消除了学习条件、学习年龄的诸多限制,延展了学习环境,从而促进了学习的全民化、终身化。

(二)泛在学习课程基地创建

面对"互联网+"时代大范围开展的教育变革,面对泛在学习背景下学习者对学校提出的新需求,教育的理念、制度与实践应当进行怎样的变革?学校作为有教育目的、有组织的教学场所,到底要提供怎样的教育、营造什么样的教学环境,教育者要对学校概念认知做出怎样的转变,才能应对多种教学方式与教学场所给教学过程带来的变化,才能更有效地吸引学习者并丰富其在学校中的学业成就,使得教育更高效?本项目着力创建学校泛在学习空间课程基地,使学校更好地满足泛在学习背景下的学习者,在不断完善中强化学校的价值。

二、研究意义

本研究以泛在学习背景下泛在课程基地的创建为主要研究内容,力图通过梳理泛在学习这一新学习样态所催生的对学校教育的新需求以及新需求为学校教育供给带来的挑战,提出学校泛在空间课程基地的创建方法。

(一)本研究的理论意义

首先,本研究强调学习者虽身处随时可发生教育活动的泛在学习环境,但仍离不开学校教育。因为学习不仅仅是信息输入的过程,更是经验获取和反思的过程;几百年来各种新兴技术的发展虽然始终在影响教育,但没有一个技术可以取代学校的现实结论也说明学校教育的重要性。这一论点的提出,即对泛在学习背景下学校教育地位的强调,能够为学校教育制度的巩固提供理论支撑。其次,本研究梳理了泛在学习的产生背景及发展现状,描述了泛在学习为学校教育带来的变革与挑战,分析了学校教育在面对未来时代时自身存在的优势与不足,能够为认识泛在课程基地提供清晰脉络,构建起学校泛在学习课程基地自我变革的框架。

(二)本研究的实践意义

一方面,本研究在对核心问题进行理论上的思考澄清的同时,对泛在学习背景下的学校教学实践作出了深刻细致的调查,了解学习者、施教者的思想和实践,以便在此基础上对未来做出符合目的和规律的预测。另一方面,本研究提出了互联网背景下泛在课程基地创建路径,试图从学校教育供给的若干方面进行学校教育供给的变革策略思考,能够为泛在学习背景下学校泛在空间课程基地的创建以及未来学校教育的发展提供可借鉴可参照的实践路径。

三、研究综述

关于泛在学习带来的机遇研究。泛在化技术和泛在教学资源为学习者提供了丰富的学习方法、手段和过程,学习者可以根据自身学习特点选择最适合自己的方式、风格或资源进行学习。

杨现民等人将泛在环境支持的学习过程详细描述为:当学习者在实际学习或生活中遇到问题,或者对某些事物产生了兴趣时,利用与环境关联起来的情境感知设备,可以及时感知学习者在当前情境下的学习需求,并将这些学习者需求通过无处不在的信息网络发送到云教育平台,平台根据学习者的即时学习需求、个人学习档案、个人学习风格等,在资源存储器中进行智能化检索、聚合、计算和变换,找到最适合学习者需求的知识内容及其关联内容,推送到学习者手中的移动终端上,为学习者呈现最适合的内容,真正实现按需学习。

泛在学习使学习环境转向富技术化。泛在学习环境是学习移动性最强、深入层次最深的一种学习环境。一个泛在学习环境整合了物理环境、社会环境、信息平台和技术环境等多个层面和维度,从而构建出智能化教学模式。泛在学习环境基于泛在技术的应用理念,即将技术设置为一种人的认知领域里的外围角色,在增强技术的服务功能的同时降低其可视性。因此,在泛在学习环境中,学习者所关注的将不再是外围的技术工具,而是学习任务本身与知识问题本身,技术将作为一种难以被意识到的存在,不会给学习者增加认知负担。通过泛在技术的支持,泛在学习无缝地融合于网络空间和物理空间之中,使得学习者能够随时随地获得学习支持,并在问题发生的时刻以正确的方式准确地完成任务。总之,移动技术和泛在技术的发展为学习提供了新的泛在化环境,远远超越了传统的学校课堂教学模式。

泛在学习的存在使学习转向终身化。泛在学习的存在并不仅仅是技术发展的结果,更重要的是为满足人们对终身学习的需求而存在,人们的终身学习需求为泛在学习确立了存在价值。与此同时,泛在学习因为具备随时、随处获得学习活动连续支持的优点,成为建立国民终身教育体系,实现人的终身学习的重要方式,在一定程度上有望实现"把一切知识教给一切人"的教育理想。在多样的移动终端和丰富的网络资源支持下,接受教育不再是校内学生的"特权",教学活动的发生也不再局限于传统课堂之中,取而代之的是"人人可学,人人皆学"的终身学习样态。泛在学习为学习者提供了数字化的学习资源以及灵活的学习方式,为终身学习开辟了新的路径,对促进终身学习的发展具有重要意义。

当前国内外有关泛在学习的研究集中在泛在学习基本理论研究、泛在学习技术环境建构、泛在学习资源建设、泛在学习技术和资源的标准规范设计等方向。本研究认为,泛在学习背景下的学校教育面临的主要问题是如何在发挥自身固有优势的同时,适应技术发展以及社会需求的变化,从而为学习者营造与泛在学习环境更完美结合的学校教育环境。

四、学校立项优势

(一) 学校基本情况

美丽的淮安小学坐落在优美宁静的里运河畔,淮安市清江浦区环宇路36号,系市教育局直属小学、省级实验小学。学校创建于1989年,原名淮安市北京路小学。2009年规划异地重建,更名为淮安小学。校园占地面积23 175平方米,建筑面积22 124平方米。现有3 600多名学生,237名教师,先后涌现特级教师3名,市级学科带头人、骨干教师、教坛标兵、首席教师等68人,中、高级职称教师138人。学校先后承办过全国少先队工作研讨会、全省小学校长与学校专委会教学研讨活动、全省青年教师基本功大赛等国家、省、市级高规格教师培训研讨、赛事活动20余次。

学校秉承"每个孩子都重要"的教育理念,以"为孩子的幸福人生奠基"为教育宗旨,以"培育有灵性的学生、成就有智慧的老师、建设有品位的校园"为整体工作目标,励志培养阳光自律、合作超越、乐学善思、知行相融的优秀少年。

学校2009年开始进行小班化教育实践,逐步形成了"4+6"教学理念("4"指教学中的四个百分百,即100%的发言、100%的互动、100%的激励、100%的收获。"6"指孩子学习活动中的六种状态,即情绪状态、注意状态、参与状态、交流状态、思维状态、生成状态)。学校"个性化"教育模式被《中国教育报》等媒体宣传推介,也成为学校教育的亮点。学校先后被评为全国现代化教育示范学校、全国青少年计算机科技创新实践教育示范基地、省文明校园、省健康教育促进校(金牌)学校、省教育工作先进集体、省德育先进学校、省写字教学先进学校、省科学教育特色学校、"十三五"省科学教育综合示范学校、"十三五"首批省STEM教育优秀项目单位、省优秀少年科学院、省科普教育基地等。

(二) 学校立项优势

1. 功能齐全的硬件环境

学校建有分别可容纳160人、600人的多功能报告厅;有音、体、美、计算机教室,科学实验室等专用教室,共计21间,所有教室均配备了全国一流的多媒体教学四位一体机;设有网络中心机房、录播课堂、视频会议室等现代化教育教学设施;精心打造了道德讲堂、童话园、科技馆、生态馆、娃娃农场及校史馆等主题场馆。

多功能报告厅。可容纳600人,配有专用网络、5米×3米的LED大屏,全套先进的舞台灯光音响系统,能保证中大型会议使用。

图 1　多功能报告厅

体育馆。建筑面积1 375平方米,可满足篮球、手球、乒乓球、羽毛球等比赛需要,也可以满足大型集会、活动需要。

图 2　体育馆

道德讲堂。建筑面积232平方米,可同时承担示范课、研讨课、160人左右的小型会议及多项研讨、交流活动。

图 3　道德讲堂

录播课堂。建筑面积100平方米,配有自动录播直播系统、多媒体一体机。分录播教室和观课研讨室,并用单向透光玻璃屏隔开,可进行全网课堂教学直播,也可现场观课研讨。

图4　录播课堂

生命科学馆。包括蝴蝶馆、时光隧道、模拟溶洞生态、湿地生态、海洋生态、森林生态、草原生态等部分,是进行生态教育最好的场所。

图5　生命科技馆

科技馆。馆内配备了多种科普教育设备,如辉光球、无皮鼓、模拟地球磁场、电磁加速器、柔和电击、光井等,从声、电、力、光等多方面引领学生主动发现、探索科学知识。

图6　科技馆

舞蹈教室、美术教室、音乐专用教室、智慧书法教室、STEM 教室、机器人教室、电脑教室，每间 100 平方米，可满足各种艺术、信息技术培训需要。

图 7　舞蹈教室、美术教室、音乐专用教室、智慧书法教室、STEM 教室、机器人教室、电脑教室

学校校园网络规划为万兆主干千兆到桌面，学校城域网千兆进校、电信 100 兆专线和移动 500 兆专线。今年学校又进行校园无线覆盖改造，建设 5G 校园全覆盖。学校为每个班级都配备了 70 寸交互一体机，近几年采购了 20 块智慧黑板，建设支持网络教学研究的未来教室、支持教学行为数据采集和分析的智慧教室及学习体验中心，多屏互动和平板互动，让学生通过网络空间进行学习；依托区域教育云和教学资源平台、智能学科辅助工具以及在线学习社区等，实现课堂教学云端一体化。学校已经有视频直播平台、教师备课资源平台、翻转课堂学习平台、希沃易课堂教学平台等网络平台。

食宿保障：学校有 1 200 平方米的食堂，食堂为 A 级，可同时满足 500 人的就餐需要。

图 8　食堂

学校周围有神旺大酒店（距学校 300 米）、兰欧酒店（距学校 200 米）、万达嘉华酒店（距学校 800 米）、嘉福广场（距学校 210 米）等，为项目的开展提供物质保障。

2. 扎实有效的教育改革探索

教育是传承文化的事业。学校作为培养创新精神和创新人才的摇篮，其实质是以学校的育人方向为文化命脉，通过文化传承中不断地发展和超越实现对生命的整合与优化，其核心是建构一种先进、人本的校园文化观并最终实现全方位、动态、立体的文化育人网络。

学校着力泛在学习空间建设，使主动教育文化观在构建鲜活的环境文化到系统的综合文化模式的长期实践过程中，不断调整、突破，实现多元整合。

学校"网络学习空间支持的个性化学习研究"课题是 2016 年度第十三期全国教育信息技术研究重点课题（课题批准号：162723477）。在此基础上又衍生出"网络学习空间支持的个性化学习资源建设研究""网络学习空间支持的个性化学习策略研究""网络学习空间支持的个性化创客学习研究""网络学习空间支持下的小学班级管理问题及对策研究"等七项子课题。"网络学习空间支持的个性化创客学习研究"获得中央电教馆立项。相关工作开展得扎实有效，效果卓著。2016 年学校"英语智慧工作室"荣获中央电化教育馆"一师一优课、一课一名师"活动专家团队工作室称号。工作室发挥先创研发、交流互助、课堂研究、经验传播等作用，实现优质资源共享，为热爱小学英语教学、乐于研究、期待专业成长的成员提供学习、研讨和发展的平台，培养具有创新能力和独特教学风范的师资队伍，受到了广泛好评。2021 年 1 月"江苏省中小学网络名师工作室"（张晓红网络名师工作室）正式成立，工作室以促进信息技术与教育教学实践深度融合为重点，推动课堂革新，创新教育教学模式，实现育人方式转变，支撑构建"互联网＋教育"新生态。工作室平台与名师空中课堂等平台互联互通，实现优质资源共享，形成有特色的教育教学资源和教研模式。

此外，学校先后承办过全国少先队工作研讨会、江苏教育新时空网络课直播、全省小学校长与学校专委会教学研讨活动、全省青年教师基本功大赛等国家、省、市级高规格教师研讨、赛事活动20余次。通过网络直播教学和线下交流，相互学习、相互启发，让教研真正服务于教学，使学生受益。

3. 实力雄厚的师资队伍

教师文化是学校文化的重要组成部分，学校一直着力打造具有淮安特色的教师文化：宽广的胸怀，阳光的心态，优雅的气质，健康的体魄。建校以来，学校内强教师素质，外树学校形象，在地域文化教育、传统文化教育、科技教育、艺体教育、素质教育等方面形成了特色品牌。

在周武校长的引领下，学校组就了一支业务素质高、探索能力强的教师队伍，先后涌现特级教师3名，市级学科带头人、骨干教师、教坛标兵、首席教师等68人，中、高级职称教师138人。学校"英语智慧教学工作室"入选中央电化教育馆资助项目，有省、市网络名师工作室各1个，在省、市青年教师基本功大赛中分别有10人、18人获一等奖，获得市级以上优课人员达100多人次，每年教师论文在各类刊物上发表或获市级以上奖项的有50多篇。

4. 广泛深刻的社会影响

淮安小学结合"泛在学习"理念，融入学校特色，明确学校发展方向，基于科学课程，打造科技特色教育，培养学生科学素养。学校开设了3D打印、创客、机器人、STEM项目研究、花样无人机等17个科技社团，培养了学生的创新能力，促进了学生科学素养的提升。学校的科技教育取得了优异的成绩，得到了社会各界的充分肯定，学校先后获得中国少年儿童平安行动示范学校、全国现代化教育示范学校、全国青少年计算机科技创新实践教育示范基地、全国优秀少先队集体、全国艺术教育特色单位、全国家校互动信息化示范校、省文明校园、省德育先进学校、省平安学校、省和谐校园、省绿色学校、省智慧校园、省优秀家长学校、省教育工作先进集体、省现代化教育技术实验学校、省体育工作先进学校、省健康教育促进学校（金牌）、省写字教学先进学校、省科技教育先进单位、省科学教育特色学校、省科技示范学校、省青少年科技教育特色学校、"十三五"省科学教育综合示范学校、"十三五"首批省STEM教育优秀项目单位、省优秀少年科学院、省科普教育基地、省优秀少年科学院、省少先队红旗大队、省教育学会系统先进单位、省诗教先进单位、全国科学小院士评选优秀组织单位、省手拉手活动先进学校、省千所校园阅读示范学校等称号以及江苏新疆西藏青海少年儿童"手拉手"互助活动贡献奖等殊荣。

五、核心概念界定

（一）泛在学习

早在南宋时期，我国著名理学家朱熹就曾提出"无一事而不学，无一时而不学，无一处而不学"的观点，强调事事、时时、处处学习的重要性。研究者认为，这是我国有关"泛在学习"的最早思想论述。在上述理念的基础上描述泛在学习，则泛在学习不只发生在教室中，还会发生于家庭、工作场所、操场、博物馆、大自然以及与他人的日常交往之中。在这些泛在学习环境中，学习者能够随时随地借助可用的手段（且不局限于技术手段）获取学习资源与学习支持，进行非正式学习（informal learning）。因此，广义的泛在学习（education of everywhere）是发生于任意时间、任意地点，以任意方式进行的，无时无处不在的学习。狭义的泛在学习（Ubiquitous Learning）则强调技术及技术工具在教育过程中的辅助作用，描述的是技术增强（technology-augmented）环境中的学习。

（二）泛在学习空间

在泛在学习的视野下，我们可以把校园空间视作一种基于学生实际学习需求的泛在学习场域，泛在学习空间的打造是支持学生终身学习、构建学习型校园的重要途径。作为学习发生的主要场所，学校理应主动承担起责任，探索校园内泛在学习空间构建之道，为学习的发生提供更多的可能性。

泛在学习空间作用的中心应是学习者，尤其是学生。在这样的环境中，学生应当为了其学习扮演更积极的角色，需要更投入和关注学习；而教师是学习资源、材料的提供者，学习活动的支持者、辅导员。所以在泛在学习环境中，需要通过技术手段主动探索学生所想学的，分析学生现状，提供符合其目前学习情况的资源，让学生在对内容理解的基础上，对知识进行深刻分析，并与原先的知识进行整合，内化成自己的知识并保存在自己大脑的信息系统中，实现深层次学习。

六、研究目的、内容和方法

（一）研究目的

1. 通过建设，搭建出系统完善的儿童泛在学习平台

在泛在学习空间支持下，淮安小学利用学习时空的开放性、记录性，资源的丰富

性,学习的自主性、交互性、便利性等特点,实现面对面教学的延续和拓展,儿童可以通过泛在学习空间,随时随地学习。应用泛在空间,可以让学生的自主学习过程更加优化、课程资源的共建共享更加明晰。

2. 通过建设,构建出丰富多彩的线上空间学习课程资源

淮安小学积极探索"五育并举"的泛在学习教育新模式。积极对各个学科的课程资源进行开发,综合运用钉钉直播平台,创新运用自建资源库和国家教育云平台或淮安市教育平台上的教学资源,以翻转课堂、混合式学习等方式有效地组织学生开展线上学习与线下实践相结合的项目式学习课程,提高学生的实践能力和综合素养。

3. 通过建设,摸索出行之有效的儿童泛在学习的实施策略

基于泛在学习的本质特点而言,它是"以人为中心,以学习任务本身为焦点"的学习。在泛在学习环境下,学习是一种自然或自发的行为。学习者可以积极主动地进行学习。学习者所关注的将是学习任务和目标本身,而不是外围的学习工具或环境因素。对泛在学习策略的研究,是培养具有较高信息素养人才的需要,能帮助学习者获得终身学习的能力。

4. 通过建设,全面提升儿童泛在学习的效能,达到全面育人的教育效果

在泛在学习空间支持下,儿童学习与儿童生活有机融合。通过泛在学习空间环境的建设让儿童走出封闭的教室,让学习更加贴近儿童的生活,培育儿童的探究精神和实践创新能力。在泛在学习的过程中,儿童更适应同伴、教师、同龄人的社会,从而逐步提升学习效能中的"能力感""努力感""环境感"以及个体对自身行为的"控制感"。

(二) 研究内容

1. 设计互联智慧环境

互联智慧环境,既强调为学习者提供个性化学习支持,也强调为无处不在、无时不在的学习提供支撑,关注教室、网络以外的学习环境,凸显课堂学习、网络课堂、班级活动、校园文化、社会实践的相互关联、相互补充,以实现全时空、全方位、全过程的学习。

2. 构建菜单式课程

课程文化是校园文化的重要元素,校本课程作为一种文化存在,具有丰富的文化内涵。为了打造学校特色品牌,营造校园文化特色氛围,经过不断实践与创新,学校研发出了菜单式校本课程,让孩子自由选择喜欢的课程。每学期开学初,学校精选出四十余项校本课程供每个学生自由挑选两个项目,教科室根据学生的兴趣、爱好、需求、特点等进行分类编班。学校就教学内容、教学方式及安全措施

征求家长意见,让家长参与校本课程的开发与管理,教师根据自己的特长积极报名承担课程教学工作。

3. 开发优化学习平台

泛在学习空间平台是泛在网络应用层中面向教育领域的公共服务支撑平台,平台以泛在学习模型作为设计其功能组件的逻辑架构,结合宽带无线、嵌入式系统等技术手段,实现泛在学习模型在真实环境中的应用。泛在学习空间平台应该得到三种技术环境的支持,包括学习资源支持、学习服务支持、学习设备与网络支持,努力实现线上线下相结合、自由、个性、适配、持久的学习模式。

4. 开展丰富的社团活动

小学阶段是发展学生核心素养的最佳时期。淮安小学在学生社团活动的组织、开发、实施过程中,以培养核心素养为学生社团建设的理念,根据社团课的核心素养将其分成五大类,每一类都有相对独立的一个或多个社团群。社团给孩子搭建了一个选择性学习平台,培养他们学习的自主意识,让他们学会做学习的主人,为他们提供快乐幸福的童年学习、生活经历。

5. 构建协同育人机制

提供泛在教育协同育人新思路。通过技术充分赋能,为学生正式学习、非正式学习和准学习提供更多可能,促进教师专业化和家校互联。通过采集、分析和处理学生全流程的学习行为和学习过程相关数据,精准诊断,有效感知学生情境和学习需要,提供学习资源、学习同伴、学习工具,满足学习者按需、适时、适量的泛在学习。

(三) 研究方法

根据本研究主题,计划在研究过程中综合运用理论分析法、比较研究法、调查研究法、案例分析法等多种研究方法,充分利用相关研究手段,对泛在学习、互联网时代的学校教育、学校教育供给、学习者未来素养的培育等相关问题进行深入探究。

第一章 泛在课程：
基地项目建设过程及成效

第一节 价值指向

泛在学习空间课程基地建设指向数字时代的社会对创新型、学习型、合作型人才的需求，指向学习者对学校知识教学质量、人际交往体验、个性化成长服务和数字化教学手段革新等方面的需求，其具体目标包括培养学习者的知识技能与求知精神、合作能力与领导力、科学精神与创造力、全球化背景下的人文主义以及数字时代的信息素养等品质。针对社会与学习者的需求，学校教育供给应从多方面进行变革。其中，课程资源的变革包含课堂中的显性课程、学校内的隐性课程的变革；校园空间的变革包括对室内学习空间的调整以及对室外活动空间的丰富，从多个方面满足学习者的知识获取、人际交往、数字化教学等方面需求。

一、以学习者与社会需求为导向

当下的学校教育对象不再是 19 世纪、20 世纪的学习者，而是出生在瞬息万变的数字时代的"拇指一代"。对他们而言，过去的教学方式不再适用，过去的教学内容早已成为他们手中移动设备里随时可查的信息。当知识变得泛在，随时可取的时候，把一切知识传授给一切人的目标早已通过互联网，以"所有知识向所有人敞开"的方式完成，因此，思考学校教育供给的未来使命，是明确泛在学习背景下学校变革方向的重要过程。

联合国教科文组织在《德洛尔报告/教育：财富蕴藏其中》(*Learning: The Treasure Within*)中指出学习者的素养包括学会认知、学会做事、学会共同生活、学会生存。

经济合作与发展组织在《教育与技能的未来：教育 2030》(*The Future of Educa-*

tion and Skills)中指出,学习者的素养包括读写能力、计算能力、数字素养、数据素养、身体健康和心理健康、"变革性能力"(创造新价值的能力、协调紧张关系和困境的能力、责任感)。

国际学生评估项目(Programme for International Student Assessment,PISA)指出,学习者的素养包括阅读素养、数学素养、科学素养、创造性问题解决能力、合作解决问题的能力、全球胜任力、创造性思维。

美国21世纪技能联盟在《21世纪学习框架》(Framework for 21st Century Learning)中提出,学习者的素养包括学习与创新技能(4C)、生活与职业技能、信息与职业技能。

北京师范大学中国教育创新研究院与世界教育创新峰会组织合作的"21世纪核心素养研究"提出,学习者的素养包括文化理解与传承研究、审辨思维素养、创新素养、沟通素养、合作素养。

综合世界各国(地区)及国际组织对21世纪公民素养内涵的研究可见,学习者适应未来生活需具备的素养包含如下几方面。第一,对基础知识与技能(如读写能力、计算能力、科学素养、语言能力等)的掌握仍然是学习者必须具备的素养,即使是在知识随时随处可查的"泛在时代";在掌握知识技能的基础上,认知能力、求知精神与终身学习能力同样必需。第二,在学习知识或解决问题的过程中,应学会与他人合作,具备沟通能力与协作解决问题的能力。第三,具备创新素养,包括创造性思维、创造性解决问题的能力、创新精神等方面。第四,能够认同本民族文化,理解并尊重其他文化,这一素养在全球化背景下对于任何国家和民族的青少年都至关重要。第五,具备数字素养、数据素养、信息与媒体技能等方面的信息素养,是蕴含智能化、信息化属性的21世纪社会对学习者提出的必然要求。

二、传授知识技能,培养求知精神

虽然泛在学习环境能够在学习者有需要之时为其提供所需信息,但是网络信息的碎片化与无序状态并不利于系统化知识的掌握,学习者的知识建构与技能习得过程仍需要在学校内完成。要使学校成为学生"学会学习"的地方,首先,学校要为学生提供大量知识学习的机会。在提供基础性课程,如读写、数学、科学、外国语课程的基础上,为学生提供大量综合性课程、选修课程、兴趣课程等,为学生提供更多自主化选择,使其学会对自己的学习做出规划,更有助于学生个人优势的发挥。其次,学校应注重隐性知识的传授。强调学习者对认识手段的掌握;发挥现实人际交互的优势,训练学生的记忆力、注意力和思维能力。最后,学校要引导学生在实践中掌握核心技能。习得的知识若不能在今后的生活中得到充分的运用,那么这些知识便很容易被学习者遗忘。即便是在需要教师进行耳提面命的知识传授时代,教育学家所强调的也是学习者将学校所学知识应用于生活实践中的能力。因此,学校应为学生营造真实的生活环境,使其在学校中拥有真实的生活体验,在"遗忘"了具体知识之后形成解决现实问题的能力,从而形成理想的知识与技能供给模式。

学校教育还应重视学习者求知精神的培养。总有一些知识会过时,也总会有源源不断的新知识出现,只有具备对知识的渴求,拥有对新知的欲望,终身学习,持续探索,才不会被时代所抛弃。因此,学校教育应当致力于使每个学生喜欢在学校中生活,求知若渴,对学校中所教的知识充满好奇,对生活世界乐于探索,能够将所学知识应用于生活中,并在出现障碍时通过自主尝试或与他人合作进行解决。求知精神需要培养,学校应营造追求真理的学习氛围,对学习者探究活动持支持鼓励态度。

三、培育合作能力与领导力

在联合国教科文组织 2020 年 11 月发布的报告《学会融入世界:为了未来生存的教育》,即面向 2050 年的教育宣言中提及,到 2050 年,教育应摒弃以个人主义为主要内容的自我文化,重视人与人之间的相互依存与相互联系,培养乐于助人、善解人意的个体。因此,学校对学习者合作能力与领导力的培养是其融入未来社会的基础。学习者合作能力与领导力的形成建立在团队意识的形成之上。学校教育对学生团队意识的培养也是其适应现实生活人际交往与合作方式的重要路径。在具备团队意识的基础上,合作能力的形成是学生在群体中发挥自身价值的方式,只有善于与他人合作的人才能充分展露个人优势,具备沟通能力、参与能力的个体也更易成长为良好的社会公民。

四、培养科学精神与创造力

科学精神是学生在学习、理解、运用科学知识和技能等方面所形成的价值标准、思维方式和行为表现。具体包括理性思维、批判质疑、勇于探究等基本要点,是现代人的基本品格。学校教育应在日常学科教学与校园活动中培育学习者的求真精神、自主探索能力、科技应用水平,由科学知识的教授转变为科学精神的培养,由技术操作的锻炼转变为技术素养的生成。在培育"现代人"的同时,培育面向 21 世纪乃至更远的科技化公民。

科学技术是第一生产力,而创新是引领社会发展的第一动力。在培养学习者科学精神的同时,面向 21 世纪的学校教育同样不可忽视创造力的培育。创造力是个体运用相关知识与操作技能，在积极的情感态度支持下，为解决特定问题而进行创新性实践的能力。青少年处于好奇心强、思维活跃、对身边事物充满热情的人生阶段，且作为数字原住民的他们比以往任何一代人都能最早接触到时代生成的科技创新成果，是最容易、最应当进行创造力培育的群体之一。

五、培育数字时代信息素养

数字技术的发展以及电子设备的丰富开启了全新的数字时代。生于数字时代的"拇指一代"对于信息技术的接受能力、接受速度远远高于作为"数字移民"的教师。因此，数字时代的学校应超越技术操作能力，将学习者数字素养的培育作为其重要的教育供给内容之一，通过技术素养、信息素养、数字文化等方面的培育来完成。

技术素养是学习者对数字技术的认知与管理技术的交往能力。如今的青年人与数字技术共生共长，他们从小就会使用手机与他人通话，能熟练操作电视、电脑、智能家电，习惯通过互联网搜索信息，甚至可以自主编程、改造或制作技术设备。数字时代的学习者对数字技术有着天然的理解，他们将技术视作生活的天然组成部分，乐于并善于使用技术。因此，学校教育应当顺应时代赋予青少年对技术与生俱来的认知，强化他们对技术持有的合作态度，并引导学习者在人类与人工智能共存的未来生活中，规避技术使用与开发过程中可能产生的风险。

信息素养是学习者所应具备的对信息社会的适应能力。具备信息生成与获取能力是数字时代生存的基础，在此基础上，准确处理各种来源的信息，具备对信息真伪、价值的判别能力，会直接影响学习者所接受信息的质量，进而影响其对世界的认知与价值观的形成。进行准确的信息质量判别建立在学习者独立思考能力的基础上。学校教育应引导学习者坚守人类的大脑存储与认知功能优势，在即时呈现的泛在化信息面前保持独立思考的能力与判断力。

数字文化是数字技术所营造出的虚拟世界的文化。虚拟世界中物质的存在形式脱离现实，虚拟货币、虚拟商品、虚拟社区、虚拟书籍（电子书）、虚拟课程等在复刻现实的同时也拥有自身独特的虚拟属性。虚拟世界的扁平式组织结构、人性化操作方式、泛在式生活要素进一步解放了人的能动性与创造性，这是社会信息化对于当今中国社会最为重要的、深刻的价值，也是对于教育培养怎样的人、学校应如何改革才能适应社会发展需要之最为深刻的启示。可见，学校教育应引领学习者形成数字时代的文化共识。数字时代中唯一不变的就是世界的不断变化，虚拟与现实的交互必将给人们带来价值与观念的冲击，学校教育应引领学习者适应数字文化，但不迷失于数字环境中，在现实世界发挥自身价值。

第二节　学习方式变革

什么叫学习方式？《现代汉语词典》中对"学习"是这样解释的：从阅读、听讲、研究、实践中获得知识和技能。"方式"的意思是说话做事所采取的方法和形式。由此我们可以知道"学习方式"就是指学习者在学习知识和技能时所采用的方法和形式。鉴于个体差异的原因，不同个体的学习方式具有一定的偏好性，与个体的性格及学习习惯紧密相关。小学是学生学习生涯的起步阶段，良好的学习方式会让学生受益终身。

一、从课程标准看学习方式变革

一个人的学习方式影响着其学习效率和未来发展，在人的一生中起着至关重要的作用。学习方式决定着一个人的思维方式。自古以来，人们就很重视学习方式的研究，如"学而时习之""书读百遍，其义自见""三人行，必有我师焉""纸上得来终觉浅，绝知此事要躬行"等，当中有教育家的论述，有诗人的感悟，也有百姓的体会。这些代代相传的名言警句，充分说明人们很早就认识到了学习方式的重要性。回顾小学语文大纲到课标的演变过程，可以清晰地感受到对学习方式的重视。

1950年《小学语文课程暂行标准（草案）》对目标提出了四点要求，概括起来说就是通过语文学习，做到会读、会说、会写，具有爱国思想和国民公德。围绕上述目标，在教学方法要点部分，对学习方式提出了明确的要求：无论读、说、作、写，都要从综合的实践中进行教学，使儿童手脑并用。使儿童具有从感性认识提高到理性认识的基本习惯，并能随时发现问题。在阅读教学时注意，根据不同的文体，采用不同的学习方式；在写话教学时要注意先听后说，听熟再说；先说后写，从共作入手，然后逐渐进入自作。"暂行标准"的篇幅虽然不长，但却对听说读写的学习方式都提出了明确的要求。

1956年的《小学语文教学大纲（草案）》突出强调了小学教育的目的在于以社会主义思想教育儿童，培养他们成为个性全面发展的社会主义社会的成员。该大纲还指出小学语文科是以社会主义思想教育儿童的强有力的工具。并且对学习方式也提出了更为明确的要求，对不同文体的学习方式要求更加具体，强调在领会知识的基础上在实践中运用，在实践中进行听、说、读、写的训练；强调学生的自觉练习，培养观察、比较、分析能力。其对"自觉练习"的提及可以看出大纲注意到了学习方式对人的发展的重要意义。

1963年的《全日制小学语文教学大纲(草案)》首次明确了语文的重要性,指出小学语文教学的目的,是教学生正确地理解和运用祖国的语言文字,使他们具有初步的阅读能力和写作能力。在学习的方式上强调勤学苦练,联系实践,加强积累。

1978年的《全日制十年制学校小学语文教学大纲(试行草案)》是对中华人民共和国成立以来语文教学经验的总结,大纲在"序言"部分指出,语文这门学科,它的重要特点是思想政治教育和语文知识教学的辩证统一。在学习方式上,强调自学能力和学习习惯的培养,强调多读多练,结合实践,对不同文体要采用不同的学习方式。

1986年的《全日制小学语文教学大纲》第一次提出语文学科的"工具性"和"思想性"的说法,重视基础训练,重视实践,重视对自学能力的培养,在学习方式的引导上没有明显变化。

1992年的《九年义务教育全日制小学语文教学大纲(试用)》在强调了小学语文工具性、思想性的同时,强调了小学语文是义务教育中一门重要的基础学科,对于提高民族素质有着重要意义。要求在打好基础的同时,发展观察能力和思维能力,学会提出问题、分析问题、解决问题;培养自学能力,主动学习。

2000年的《九年义务教育全日制小学语文教学大纲(试用修订版)》指出:"语文是最重要的交际工具,是人类文化的重要组成部分。"强调小学语文教学应立足于促进学生的发展,为他们的终身学习、生活和工作奠定基础。学习方式上要联系现实生活,加强自主语文实践,掌握基本的语文学习方法,采用适合自己的方法学习,逐步提高自学能力,注意知识、能力、情感之间的联系,注意听、说、读、写之间的联系,加强综合,突出重点,注重语言的感悟、积累和运用,注重基本技能的训练,从整体上提高学生的语文素养。

2001年,原来的"教学大纲"改为"课程标准"。2001年的《义务教育语文课程标准》将语文学科的性质表述为"语文是最重要的交际工具,是人类文化的重要组成部分。工具性与人文性的统一,是语文课程的基本特点"。对前面的研究成果进行了综合,也反映了过去对语文学科定位的重新审视。在"课程基本理念"部分第一次明确提出学习方式这一概念,强调要积极倡导自主、合作、探究的学习方式。学生是学习和发展的主体,存在个体差异和不同的学习需求,教学内容的确定、教学方法的选择、评价方式的设计都应有助于这种学习方式的形成。同时倡导学生积极参加语文综合性学习,在感兴趣的自主活动中全面提高语文素养,培养学生主动探究、团结合作、勇于创新的精神。学生应拓宽语文学习和运用的领域,注重跨学科的学习和现代科技手段的运用,使学生在不同内容和方法的相互交叉、渗透和整合中开阔视野,提高学习效率,初步获得现代社会所需要的语文实践能力。从中我们可以看出,无论是课程性质还是对学习方式的培养都是与人的发展和社会的发展相适应的。

2011 年和 2015 年《义务教育语文课程标准》则在"前言"部分表述为"语言文字是人类最重要的交际工具和信息载体,是人类文化的重要组成部分"。在"课程性质"部分表述为"语文课程是一门学习语言文字运用的综合性、实践性课程。义务教育阶段的语文课程,应使学生初步学会运用祖国语言文字进行交流沟通,吸收古今中外优秀文化,提高思想文化修养,促进自身精神成长。工具性与人文性的统一,是语文课程的基本特点"。语文学科的重要地位得到进一步凸显。在学习方式的引导方面与 2001 版课程标准一脉相承,没有明显的变化,处于相对稳定阶段。

到 2022 年版《义务教育语文课程标准》,在"课程性质"部分明确"语言文字是人类社会最重要的交际工具和信息载体,是人类文化的重要组成部分"。"语文课程是一门学习国家通用语言文字运用的综合性、实践性课程。工具性与人文性的统一,是语文课程的基本特点"。和前面的版本相比,强调了语文是学习国家通用语言文字运用的课程,突出了对国家发展、民族振兴的重要意义。对学习方式也提出了更高的要求,在"课程理念"部分要求"增强课程实施的情境性和实践性,促进学习方式变革"。在语文课程实施方面,要从学生语文生活实际出发,创设丰富多样的学习情境,设计富有挑战性的学习任务,激发学生的好奇心、想象力、求知欲,促进学生自主、合作、探究学习;引导学生注重积累,勤于思考,乐于实践,勇于探索,养成良好的学习习惯;关注个体差异和不同的学习需求,鼓励自主阅读、自由表达;倡导少做题、多读书、好读书、读好书、读整本书,注重阅读引导,培养读书兴趣,提高读书品位;充分发挥现代信息技术的支持作用,拓展语文学习空间,提高语文学习能力。

纵观教学大纲、课程标准的变化,对课程性质的界定和学习方式的要求随着社会的发展在发生变化,以期更好地服务于学生的发展以及民族的振兴。可以说,促进学习方式的变革是语文教学的核心任务之一。特别是 2022 版课程标准,在学习方式变革方面与社会发展充分适应,突出了泛在学习的特点。

二、泛在学习方式探究

学习方式是学习者在学习活动中所表现出来的,具有偏好性的行为方式,具有个性化的特征,与个体的性格、学习习惯有关。1950 年的《小学语文课程暂行标准(草案)》就提出从综合实践中进行学习,做到手脑并用,采用多种方法加以练习,在学习课文时可采用欣赏引用、研讨理解等方式。1956 年的《小学语文教学大纲(草案)》对学习方式提出了更为具体细致的要求,关注到了学习习惯的培养。2022 版《义务教育语文课程标准》出台后,"课程理念"部分的第 4 条明确提出"增强课程实施的情境性和实践性,促进学习方式的变革"并进行了较为细致的阐释;而其中的第 2 条"构建语文学习任务群,注重课程的阶段性和发展性"也与学习方式的变革紧密相关。从中可以看出,语文教学从规范标准出现之日起,就将学习方式提高到了很重要的位置,并且越来越受到重视。

科学技术的迅猛发展,使得人们的生活方式发生了巨大的变化,也促进了学习方式的变革。泛在学习研究正是顺应时代发展而产生的,是教育发展的必经阶段。

在泛在学习课程基地项目建设过程中,项目组深刻认识到学习方式对学生发展的影响,并积极进行探索。需要说明的是,学习方式的变革并不是对过去的否定,而是一种继承和发展。接下来介绍的主要是一些新的探索,以及更好地促进学生综合素养提升的方法。

1. 有计划地学习

学习方式的形成依赖于长期养成,要真正促进其变革,必须制定好学习计划。学生居家进行网上学习期间,老师和学生在教和学的方式上都经历了一次变革。为了帮助学生适应网上学习,学校指导学生制订居家学习作息时间表,帮助学生养成良好的作息习惯。有了这张表,学生很快适应了网上学习方式。同样在日常学习过程中,为了引导学生提高泛在学习的效率,教师指导学生在前期做好学习规划,明确学习的时间、完成的途径、成果呈现的方式,做到化整为零、化难为易,增强泛在学习的自信心。

2. 有实践地学习

这里的实践包含两层含义:一是生活实践,二是学习活动。从语文学科的特点来说,语文本身是综合性和实践性很强的学科,学习资源无处不在,无时不有。漫步街头,店名、标语、交通提示都是很好的学习材料;假期旅游,门票、景点介绍、景区地图也给学生提供了丰富的学习资源。养成观察、阅读、思考的习惯,就可以从中汲取丰富的知识营养。在日常学习活动中,教师引导学生积极参与到课堂学习活动中,通过展示、交流、帮扶等方式内化习得的知识,参与到泛在学习环境的创设当中,及时给需要帮助的同学提供支持。

3. 有情境地学习

基于情境的学习,有利于加深对知识的理解,缩短知识与现实之间的距离,能更好地促进知识的融会贯通。对激活思维,激发学习兴趣也有着非常大的帮助。为了更好地转变教师的理念,学校分学科对全体教师进行新课标的培训,帮助教师认识情境对于学生,特别是小学生学习的重要意义。同时在命题时,也进行情境化命题的研究,引导教师在教学设计时能基于单元进行大情境的创设,能基于课堂环节进行任务情境的创设。如在五年级《古人谈读书》教学设计中,以朱熹讲学图创设情境,由图引入课文,由图设计讲演者角色,分别以朱熹、弟子、父母、老农的身份来讲述课文的内容,激发了学生参与的积极性。课后再布置作业,让学生搜集古人关于读书的言论并尝试讲解,做一回大学者,学生们情绪高涨。同时通过这一课的教学,引导学生要关注插图,有效利用图片资源进行学习内容的理解、巩固,提高学习效率。

4. 有成果地学习

学有所获,才能有成就感,才会有学习兴趣,才能促进学生的主动学习。就泛在学习而言,学习者的自觉性显得至关重要。在课堂教学中,教师在环节设计上,给学生呈现、交流、展示的机会。在作业布置上,让学生以成果的方式呈现学习的收获,并及时予以评价。以成果的形式呈现学习所得可以更大程度上促进学生的主动学习。如学习了课文《冀中的地道战》后,教师设计了课后实践活动:画地道战示意图。为了完成这一任务,有的学生通过网络去了解更多地道战的信息,有的学生找来电影《地道战》进行观看,有的学生主动向家长请教,有的学生则自发在课间进行研讨……在制作示意图的过程中,学生积极主动,通过多种途径学习,实现了真正意义上的学习方式的转变。

5. 有建构地学习

学习就是一个不断建构的过程,只有把泛在学习获得的知识整合到自己的知识架构中,才能更好地转化、运用。以画地道战示意图为例,如果只是孤立地作为一项任务来完成,没有与抗日战争联系起来,没有与当时的时代背景相联系,那么实现的只能是文字与图形的转换。反之,则能更深刻地体会到侵略者给中国人民带来的苦难以及中华民族的智慧和顽强斗争精神。这就要求教师在平时组织活动时要有建构的意识,在交流的时候要注意引导学生建构知识框架,画思维导图、梳理事件发生的顺序和前后的联系,让学生不仅能知其然,还能知其所以然。

6. 有网络地学习

信息技术的发展正在迅猛地改变着人们的生活方式和学习方式。学习不再需要专门的场所和特定的时间。在有网络的地方、有学习终端的地方随时可以进行学习活动。网络化学习,已经成为人们的一种生活方式,也必然是学生的一种学习方式。在进行网络学习的过程中,教师要注意引导,进行网络安全的教育,要防止游戏和不良信息对学生的影响。同时可结合信息技术课,进行信息获取、文字处理、影音资料加工方面的指导,鼓励运用信息技术手段将学习的成果与大家分享。

第三节　评价方式变革

在哲学上,评价,是主体对客体于人的意义的一种观念性把握,是主体关于客体有无价值以及价值大小所作的判断。简单来说，评价就是对价值的认识。西方在教育评价理论方面较有影响的是美国布鲁纳的结构课程论和苏联赞可夫的教学与发展论；较有代表性的流派有美国的斯塔弗尔比姆的 CIPP 评价模式，斯克里芬提出的目的游离评价模式，苏联的合作教育学派评价体系等，这些研究都极大地促进了国际教育评价研究的发展。库巴和林肯将教育评价的发展划分为四个阶段，分别为测量时代（19 世纪末至 20 世纪 30 年代），以追求评价结果的数量化、客观化为主要目的；描述时代（20 世纪 30～50 年代），泰勒正式提出"教育评价"这一术语，侧重于对测验结果作描述，以判断实际的教育活动是否达到预期的教育目标及达到的程度如何；判断时代（20 世纪 50～70 年代），显著特征是重视制定评价标准，并据此搜集数据，作出目标达到与否的价值判断；建构时代（20 世纪 70 年代至今），以回应和协商为重要标志，认为评价活动本质是一种心理建构的过程，强调评价者要重视利益相关者的意见，运用共同协商的方式推动评价活动。作为第四代评价理念提出者的库巴和林肯认为，前三代评价理念根植于科学主义范式，是完全由评价者控制的，而第四代评价提倡"价值多元化""使用质性手段""相互协商"等观念。正如某些研究者在 20 世纪 90 年代就已警告的，第四代评价不重视对运用范围进行限制，如果盲目扩大到其他性质的评价活动中去，其优势可能就会变成弱点。鉴于此，与其把第四代评价作为新一代的评价，似乎还不如把它视为一种新的评价理论更恰如其分。目前，许多国家都形成了有自己特色的教育评价体系，并呈现出关注学生和谐发展、强调主体多元、重视定量与定性分析相结合、更加注重形成性评价作用的发展趋势。国外学校普遍采用的评价策略主要包括教学档案、学生评分、课程档案和课堂评价等。

教育部《基础教育课程改革纲要》指出："建立促进学生全面发展的评价体系。评价不仅要关注学生的学业成绩，而且要发现和发展学生多方面的潜能，了解学生发展中的需求，帮助学生认识自我，建立自信。"新课程改革设计者受第四代评价理念的影响，认为根据评价思想的最新发展，当前我国的课程评价中存在很多问题，如在评价内容上重分数忽视学生综合素质和个性发展，在评价方式上重最终结果忽视进步和努力程度，在评价结果使用上重甄别证明忽视诊断和改进。这些问题严重影响了学生的全面发展，制约了学生社会责任感、创新精神和实践能力的培养。据此提出了发展性评价理念：（1）评价主体互动性，强调评价过程中主体间的沟通协商，改变单一评价主体的现状，加强自评、互评，使评价成为教师、管理者、学生、家长共同积极参与的交互活动；（2）评价内容多元化，不仅关注学业成绩，更注重学生综合素质的考查，尊重个体差异，以质评为基础；（3）评价过程动态化，注重学生成长发展的过程，给予多次评价机会，鼓励将评价贯穿于日常的教育教学行动中，如口头评价、作业评价、成长记录袋等。但在实践中，由于受传统教学理念的影响，以终结性评价为主，忽略了学的过程、教的过程,给学生的学习和全面发展带来消极影响的现象仍然存在。

2013年6月,《教育部关于推进中小学教育质量综合评价改革的意见》指出:"教育质量评价具有重要的导向作用,是教育综合改革的关键环节。"在这一思想的指导下,学校全面推进学科评价改革,通过评价改革推进教育方针的落实,从而全面实施素质教育、落实立德树人的根本任务。经过几年的努力,在学科教学方面的评价改革取得了一定的成果。

为深入贯彻落实党的十九大精神、全国网络安全和信息化工作会议精神,江苏省制订了《江苏省中小学智慧校园建设指导意见》,学校根据文件精神和学校实际,率先在全市完成了智慧校园的创建任务。高标准的建设和投入,极大地方便了教学和管理,为过程化、针对性、全面性评价提供了技术支持,也为准确把握学生发展的起点提供了可能,也给学校的发展和师生的成长提供了更多的可能。

泛在学习评价的本质是发展性评价,旨在通过系统地搜集评价信息并对其进行分析,对评价者和评价对象双方的教育活动进行价值判断,实现评价者和评价对象共同商定发展目标的过程,促使被评价者不断地发展。基于过程、自我比较、提供诊断是泛在学习评价的特点。泛在学习与信息技术的发展紧密相连,泛在学习评价要充分发挥信息技术的优势,让评价发挥更大的价值。

在语文泛在学习评价中,选择从哪些维度、设定哪些指标进行评价就是对学生语文学习的一种价值判断。在实际操作中,对不同的指标进行赋值,就是对价值大小所作的判断。

一、设置评价体系,提升评价成效

如何更快地了解学生的语文学习状态,更好地提升学生的语文素养,为解决此类问题,项目组从学生语文学习的实际情况出发,设置了课内、课外两个方面六个维度,即注意状态、参与状态、交流状态、思维状态、生成状态、情绪状态进行实践探索。在六个维度下分正向、反向设置多个观测指标,以期更全面地对学生的语文学习进行评价。(见表1-1)在实际操作中,正向指标和反向指标可以根据需要进行增加,积极做好正向引导,帮助发现学生的闪光点,鼓励学生扬长避短。例如,有的学生课堂学习注意力不集中,但是作业书写时字迹很工整。过去老师可能一时想不到学生有多少优点,空洞的说教也缺乏说服力。当教师把他表现的分析图示表打印出来后,会发现和学生的交流变得更加顺畅,学生也更愿意接受。通过评价维度和评价指标的合理设置以期发现和发展学生多方面的潜能,了解学生发展中的需求,帮助学生认识自我,建立自信。

表1-1 语文学习状态评价表

两个方面	六个维度	正向指标					反向指标				
课内课外	注意状态	认真听讲	作业专注				随便讲话	上课走神	做小动作	作业走神	随意下位
	参与状态	举手积极	积极沟通	书写认真	按时作业	订正及时	没有举手	没有交流	字迹不工	作业拖拉	订正迟缓
	交流状态	认真倾听	答疑解惑	积极发言	汇报展示	积极实践	极少交流				
	思维状态	言之有序	言之有理	主动思考	提出疑问		言之无序	不愿思考	作业错多		
	生成状态	理解得快	学以致用	表现突出	作业全对	作文优异	正确率高	理解不清	不会运用		
	情绪状态	情绪饱满	坐姿端正	知错就改			情绪低落	坐姿不正	知错不改		

二、借力信息技术，促进评价改革

网络平台是研究的基础和保证，项目组根据研究的需求，精选了三款软件从不同方面促进学生的语文学习，进行动态的评价管理。

1. 基于网络教学平台的教学评价改革

"希沃白板"和"易课堂"软件都是网络版教学辅助软件，互动性强，智能化程度高，可有效激发学生的学习兴趣，提高语文学习参与的积极性。

在开始阶段，主要是利用希沃白板的课堂活动功能对学习的内容进行快速检查，学生可以进行反复的练习和尝试，系统及时地给予评价反馈。这样的设计很受学生的欢迎。在这种情况下，项目组建议信息技术中心修改课件评比标准，引导全体教师使用白板软件进行教学，这一措施迅速在校内普及了白板软件的使用，有效地改善了课堂教学的生态，反馈效率高，学生很开心。但白板软件有个问题就是无法收集全班的学习数据。在此基础上，又进行了易课堂软件的应用，和白板软件相比，易课堂软件重在组织协调、数据统计，可以进一步增强语文学习的趣味性，对学生练习的数据进行实时采集，及时进行反馈，帮助教师及时了解学生的练习情况。以前有的学生课堂参与的积极性不高，使用了易课堂软件后，学生注意力更集中了，课堂充满了更多的活力和笑声。

2. 基于网络班级管理的评价体系建构

如何更好地反映学生语文学习状态，更好地发挥不同教师的主动性和创造性，让评价与日常的语文教学有机融合？在比较后推荐大家使用"班级优化大师"。这款软件的优势是灵活性强,教师根据设定的正向、反向指标进行评价,指标设计可以实现按班定制。这些指标的设置并不是一次性完成的,可以根据班级学生语文学习情况从问题出发逐步完善。这样的指标设计,让每个做作业的人都能从中获得肯定,也能更全面地了解一个学生语文学习的状态。

图1-1 班级优化大师统计的全班的学习情况

使用班级优化大师可以充分发挥大数据的优势，全面了解学生的学习状态。由于这个平台是班级任课老师共用的，在统计时，可以了解学生的语数外学习状态，也可以只查看语文学习情况，从表扬和待改进的情况中发现优点，找出努力的方向。为了解决问题，则可以从平台了解整体表现情况，分析问题，与其他学科联动。同时，家长也可以通过手机端了解孩子的情况，配合学校引导学生更好地发展。（图1-1、图1-2所示为班级优化大师的使用界面）

图1-2　班级优化大师的点评标签界面

3. 基于家校共育的个性化评价

评价的意义在于促进学生主动改进。项目组充分发挥利用信息技术的分析诊断功能，对期末测试数据进行分析，自动形成个性化的学习建议，让评价更具实效性。对

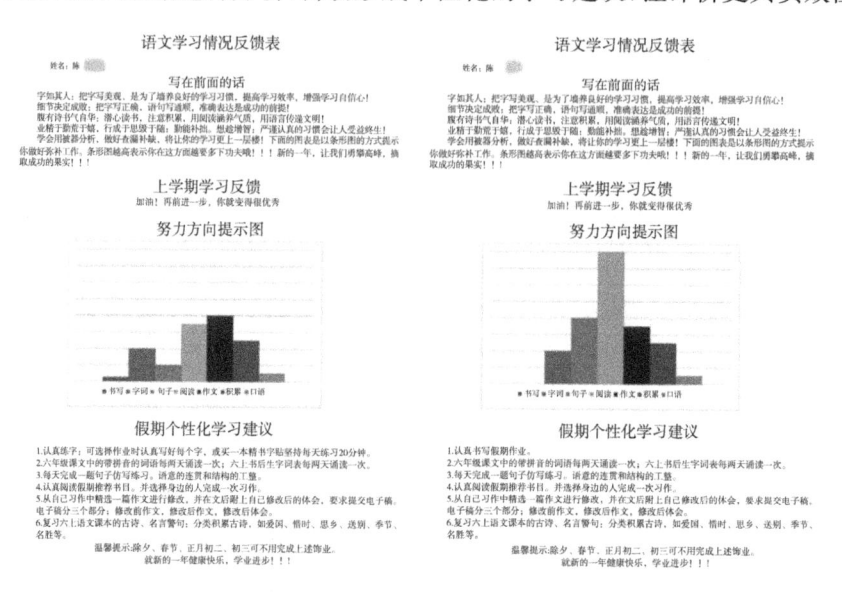

图1-3　语文学习情况反馈表

于学生的闪光点，特别是学生通过努力取得的学习成果要及时地进行放大，大张旗鼓地表扬。利用电子班牌，通过漂亮的模板、精美的作品、反复的播放，让学生好的表现让更多的人知道，放大学生和家长的成就感，促使其以更饱满的热情投入到后续的语文学习活动中，营造良好的语文学习氛围。（图1-3为语文学习情况反馈表样表）

三、关于评价研究的思考

在研究推进过程中，项目组主要抓住了两个重点。一是基于白板和易课堂软件的智慧教学探索。结合软件运用为语文学习创设情境、设置任务、提供反馈，努力凸显学生的主体地位，让学生在合作中、实践中学会沟通、学会探究、学会表达。在这里，一方面是进行常态化的普通教室环境的网络空间支持下的课堂研究，另一方面是基于智慧教学环境的课堂教学研究。两者的共同指向都是学生的学习评价，为学生的语文学习提供及时的反馈。二是对学生的语文学习进行及时评价。借助班级优化大师按指标进行多维度学习过程评价。在这里经历了三个阶段：教师探索阶段，全部由教师自己进行操作，成效明显，工作量大，覆盖面受限；分工合作阶段，如安排学生记录老师加分的决定，选择时间给予加分，有的老师在批改时就进行分类，这一阶段的特点是效率提高，有利于形成常态化机制；工具辅助阶段，在第二阶段的基础上，教师利用手机端进行情况反馈，实现了实时反馈，这一阶段的特点是效率高，平台与日常的管理呈现深度融合状态，教师在评价的同时更要注意利用平台进行问题的发现和教学的反思。

班级优化大师是一个班的所有任课老师共同使用，在评价指标的设计上有时要兼顾不同的需要。如果前期缺少沟通，后期使用起来会很麻烦。在日常使用中，有的班级一人登录，所有任课教师共用，不利于后期的数据分析，也不利于家校信息的有效沟通。

针对上述问题，项目组通过教研活动、教学经验交流会及时地将研究收获和大家分享，让更多的老师用好平台，学会使用平台进行教学、分析和改进教学行为，促进学生的语文学习。

第四节　实施策略探索

泛在学习课程基地建设是一个系统工程，需要从环境建设、课程建设、资源开发、教师培训、教学研究等方面进行全面推进。

一、统筹兼顾，做好环境建设

泛在学习课程基地的建设在做好整体设计的情况下，首先是基于课程的环境变化，通过环境建设为学生提供丰富的学习资源。学校占地 23 175 平方米，总建筑面积为 22 124 平方米，有计算机房、音乐舞蹈房、美术室、科学实验探究室、校本课程活动室、网络机房、广播电视主控室、电视制作室、校园电视台、多媒体制作室、演播室、师生阅览室、心理咨询室、大小报告厅、师生餐厅、室内外运动场等设施。

申报了泛在学习课程基地项目后，学校为满足学生个性化学习的需要，对环境进行了整体的设计。

综合楼以科技为主题。在门厅放置江苏科普云大屏，科普云终端大屏是省科协"科普门户网站＋手机APP＋信息科普大屏＋微博微信"四位一体、"江苏科普云"信息服务系统的重要组成部分，科普大屏设置科学热点、科普视频、科普画廊、创客空间、健康养生、快乐童年等多个栏目，整合了最新热点资讯、海量科普资源、生活百科服务等内容。通过科普云终端大屏向学生提供内容丰富、形式多样、参与便捷的精准化科普服务。学生可以在自由活动时间查找点播感兴趣的科技内容，潜移默化地提升科学素养。

墙面积木也是综合楼的一个亮点，学生可以根据想象，在墙面上自主创建画面。一是结合教育主题进行创作。学生们围绕每周的教育主题构思画面，寻找老师的帮助，进行分工协作。如以爱国教育为主题时，孩子们在墙面上创作了五星红旗、解放军、神舟飞船、航空母舰等图案。为了完成相关画面的设计，学生分小组进行研究，搜集资料，抓住事物的主要特征，在不知不觉中丰富了对自然、科技、社会的了解。在创作中培养孩子的合作意识、动手能力、创新精神，丰富了孩子们的想象力。二是结合班级值周合理安排。为了充分地发挥墙面积木的育人价值，丰富学习资源，使墙面内容得到及时更新，学校将积木创作安排到专人负责，并要求在规定时间内完成。将来会进一步完善管理机制，由每个年级负责一个月，年级可以根据班级承担活动情况在时间上进行合理调配。结合升旗仪式，安排学生进行创意介绍，将教育效果进一步放大。从而实现集主题设计、集体创作、作品介绍、成果展示于一体的探究性活动项目。另外，在综合楼还设置了创客教室、机器人活动室、科学发现室、生态观察室等，满足学生科学探究的需要。

教学楼以人文为主题。一是建设具有地域特色的中队文化。全校84个班级的中队名全部以淮安市的地名、人名为中队名。每个班级的中队展示牌上不仅有中队名，还有中队的介绍。每学期还要围绕中队名开展"讲讲我们的中队名"主题队会，让每位队员从中受到教育和启迪,增强爱家乡、爱祖国的情感,激励自己主动发展。比如,2015 级 1 班的中队名是"清江浦中队"。清江浦在历史上具有重要的地位,了解清江浦,可以更好地了解淮安,增强学生的自豪感。中队名介绍是这样写的:拥有"南船北马,九省通衢"显赫交通要地的清江浦,位于里运河两岸,是淮安市主城区清河、清浦两区的古城。清江浦中队是一个团结进取、好学静思、乐于尝试的集体。中队 38 颗闪闪发光的星星在这个文明向上的集体里幸福地学习、生活。朝气与活力在每个队员身上洋溢,友爱与鼓励在每个队员心中传递,乐于助人、诚实守信是我们心中永恒的信念。该简介,首句从历史的角度说明清江浦的重要地位,当中的"南船北马,九省通衢"作了最好的概括,同时也给爱思考的孩子留下了疑问,为班级开展讲讲中队名活动埋下伏笔;接着肯定了中队的积极向上的氛围;最后点明中队的价值追求。整个简介贯通古今,放眼未来,为学生的发展做好积极引领。二是基于主题设计的墙面布置。每个教室靠走廊的外墙是贴瓷砖的,是学生作品展示的地方。平时布置时,以年级为单位设计主题,每个班级围绕当中的一个方面进行专题学习展示。对于班级而言,内容更集中,便于开展更深入的交流;对于学生而言,每个班级外面的文化墙都是一个小型的阅览室,从中可以汲取到更多知识的营养,给课内学习以更好的补充。三是基于种植文化的班级栽种。为了让学生将课内学习与课外实践、将文化学习与课后劳动更好地结合,让学生在劳动中增长见识、提高能力,学校给每个班级都配备了种植筐。学生们自主讨论种植的品种,请教种植的方法,安排种植值日表。发现问题后及时上网查询或咨询家长、老师,提高种植的效果。在初具规模后,学生还给小小种植园起名,写植物介绍……在种植园呈现出生机勃勃景象的同时,大家也仿佛听到了学生成长拔节的声音。

连廊以阅读为主题。连廊将综合楼、教学楼、风雨操场、食堂连为一体。一楼的连廊通向食堂,在每个柱子上呈现的是美食的介绍。淮扬菜名扬天下,美食的介绍不仅有精美的图片,更有配料、做法、营养价值等说明,让学生通过美食了解历史、了解家乡。二楼连廊设置了多个微型图书馆,微型图书馆之间放着长凳,学生在课间或运动之余随时可以选择自己感兴趣的图书进行阅读。值得一提的是,每个微型图书馆都设有馆长,负责及时整理、保洁和图书更换工作。在方便学生阅读的同时,更培养了学生的责任感和服务意识。对于小学生而言,纸质图书的设置,更便于满足他们随时学习的需要。在阅读长廊上,还放置了一台超星数字图书馆,这是一套基于网络的数字化阅读平台,里面有丰富的电子图书,还有学生感兴趣的图书视频,深受学生的喜爱。学生在找不到适合的纸质图书时,可以在网络上进行搜索并阅读。长廊的墙上有传统文化介绍,还有学校一到六年级每学期的阅读书目推荐。置身长廊,目之所及,都能让你有所获、有所悟。在两幢教学楼的连接通道上,按不同楼层设置不同主题,有少年榜样,展现不同时期的先进典型,用同龄人的成长事迹激励学生努力向上;有淮安历史名人,让学生更好地了解我们的家乡;有大国工匠,让学生了解他们为国家做出的巨大贡献,在学生心中播下理想的种子。

操场以运动为主题。和一般的操场不同,学校于2022年投资兴建了智慧跑道。智慧跑道通过起点摄像头及时获取参加锻炼学生的信息,到达运动终点时通过摄像头获取学生完成锻炼的时间。学生可以通过面部识别,查询自己锻炼的成绩。小组比赛的还可以获取比赛的结果。智慧跑道的投入使用,让学生更加喜欢运动。

娃娃农场以田园文化为特色。对儿童最好的教育是在劳动实践中的教育。学校虽居于市中心,生数多,用地紧张,但还是保留了一片地供学生进行劳动实践。为响应国家"双减"工作和劳动教育实践要求,更好地做好泛在学习空间课程基地项目育人文化环境创设,学校对娃娃农场进行了修整改造。美术组老师和同学们充分利用农场周边的墙壁进行特色墙绘,将农场墙壁开发成展示学生绘画作品的又一天然展览馆,给校园增添了别样的劳动意趣。孩子们在墙绘中了解了农耕文化,感受纯朴的乡村风光。为了充分挖掘农场的育人价值,学校还与淮安市中医院合作,进行中草药知识的学习,亲自动手学习中草药的种植。通过丰富多彩的活动,在孩子的心田里埋下热爱劳动、热爱中华传统文化的种子。

校园广场以地域文化为特色。广场地面有代表淮安水文化的"两河一湖"浮雕、淮安著名景点分布浮雕、名人故居分布浮雕、淮安交通分布浮雕、淮安市行政区划图浮雕;童话园的石壁上刻有《西游记》等淮安名人、名著的壁画,处处渗透着淮安地域文化特质。

二、开发课程,构建特色品牌

课程文化是校园文化的重要元素,经过不断实践与创新,学校研发出了菜单式校本课程,让孩子自由选择喜欢的课程。为了满足不同学生的多元化学习需求,更好地促进学生富有个性地健康成长,淮安小学积极开发了淮剧、泥塑、剪纸、国际象棋、生命加油站、国画、跆拳道等40多种校本课程。每学期开学初,学生从40余种校本课程中自由挑选两种,德育处根据学生的兴趣、爱好、需求、特点等进行分类编班。学校就教学内容、教学方式及安全措施征求家长意见,让家长参与校本课程的开发与管理,教师根据自己的特长积极报名承担课程教学工作。同时还充分挖掘社会资源,邀请有专长、热心教育的大学教授、民间艺术家和学生家长走上讲台。泥塑大家潘玄武、国家一级演员许钢、江苏省工艺美术大师季云华、江苏省工艺美术名人吴小琦相继走进校园,孩子们在和大师"近距离"接触中,感受淮安地方文化的无穷魅力,汲取着传统民艺的丰厚滋养。

三、优化资源,转变学习方式

课程的实施离不开资源的建设。在资源的建设问题上,采用学校自建、教师推荐、网络搜索等方式进行,多种方式并举,充分激发学生主观能动性,促进学习方式的转变。

1. 强化培训引领,提高自建质量

信息技术的发展为泛在学习提供了极大的便利。从办公软件的使用到白板软件的普及,技术的变革也促进了教学方式的改革。现实中教师信息技术的水平参差不齐,教学的理念也存在着差异。从调查了解的情况来看,演示文稿式的课件还普遍存在,而交互式课件的数量占比不高。信息化教学创新能力不足的问题也日益凸显。

大数据、人工智能等新技术变革对教师信息素养提出了新要求,《教育部关于实施全国中小学教师信息技术应用能力提升工程2.0的意见》指出:服务国家"互联网＋"、大数据、人工智能等重大战略,推动教师主动适应信息化、人工智能等新技术变革,积极有效开展教育教学。为充分贯彻落实这一精神,学校积极创新教师培训模式,做好流程管理,充分发挥教研备课组的力量,自学、共学、助学三管齐下,加强信息技术在学科中应用的研讨,每个备课组围绕单元教学进行整体设计,研讨如何运用信息技术突破教学的重难点,促进学生学习方式的转变,让全体教师充分认识到信息技术在教学中应用的必要性和重要性,营造学用信息技术的良好氛围。

在培训的基础上,学校在考核方面进行导向引领。在学期教师考核中增加信息技术应用能手评比项目,从日常应用、电教论文、教学设计获奖、参与信息技术应用项目研究等方面进行考核,让更多的教师加入主动发展的队伍中来,让一部分人先学起来、用起来,用看得见的成效促进大家从认识上转变。在学期末课件评比中,要求参赛课件全部使用白板软件制作,要有课堂活动、学生操作的环节,并尽可能地体现泛在学习教学模式,让课件更好地服务于学生的学习。

新冠疫情期间,根据教育局"停课不停学"的要求,先是全市组织教师进行高质量的微课制作。学校推荐学科骨干教师先认真研讨制作要求,然后进行录制,根据反馈的意见进行修改。经过反复的完善,再推送给全市的学生进行使用。此次由市教研室组织的微课制作无论是教学设计的质量还是视频制作的效果都较以往的微课有了质的飞跃。一是基于教学设计的微课脚本。以往的微课更多地着眼于一个知识点的讲解,将其作为课堂教学的补充,而本次微课着眼于整节课的教学,从导入到自主学习、交流研讨、课堂展示、课后拓展等环节非常完整。与其说是微课,不如说是微型的完整课。二是关注学习者学的活动。过去的微课只是一味地播放录制好的内容,学生单纯地看、听、记,而本次的微课引入了同伴的交流研讨,启迪学生进行思考,给学生的交流

表达提供学习的范式。在学习的过程中,授课教师根据需要出镜,增强授课的临场感,适时地提醒停顿,给学生充足的思考和练习的时间,提高了教学的实效性。

这一批教师的成功探索,为全校各科教师高水平的微课制作奠定了基础。在后续疫情期间,全校教师以备课组为单位,根据教学计划制作课件,组内老师进行互审后,再提交备课组长审核,然后推送给年级学生使用。范式引路、整体规划、统一标准、全员参与,使教师的整体制作水平得到大幅度提高,同时建立了丰富的校本化课程资源。疫情期间,当中仅一学期全校就有160名教师录制了315节微课,满足学生线上学习的需求。

2. 借力学习平台,融入日常教学

国家中小学智慧教育平台、国家教育资源公共服务平台是资源最为丰富、系统的配套学习平台。国家中小学智慧教育平台涵盖德育、智育、体育、美育、劳动教育,从课内延伸到课外,关注学生学的同时,也关注教师教研水平的提高;从国家课程到地方课程,覆盖学校教育、家庭教育、社会教育,全方位促进学生的健康成长。平台还提供了高清的电子教材,资源非常丰富。在应用上更能提供稳定的网络支持。国家教育资源公共服务平台的精品课更是全国一线教师倾心制作的优质课,如此宝贵的资源值得很好地发掘、运用。

3. 与教研相结合,提升教研质效

如何提高日常教研活动的质量是每所学校长期面临的课题。随着科技的发展,学生的学习方式发生了很大的变化,相应的教师的教研方式也要适应发展作出改变。一是如何转变教学理念？每次开展教研活动时先从平台选择适合的专题视频进行学习。如结合"双减"工作和新课标,围绕作业命题进行了系统学习:《指向学科核心素养的单元作业设计与实施》《小学语文作业设计与案例指南》《情境化试题的设计》。通过专家的引领,提高作业设计和命题的质量,增强教学的目标意识。二是如何研课？纸上谈兵显然是不行的。学习平台上有现成的微课资源,很好地呈现了教者的教学理念和设计思路。在观看的基础上结合学校实际进行校本化,包括整体教学架构、教学资源使用、课后拓展实践。教研前布置大家先围绕教研的主题登录上述平台进行自主观看学习,围绕研讨的问题进行思考,集中时再进行交流。

4. 与课堂相结合,提升自学能力

与课堂结合主要采取以下途径:一是配套微课的前置学习,教师根据所学内容的难易程度对微课的使用进行时间上的合理安排。如教学统编版小学语文四年级下册口语交际《朋友相处的秘诀》时,布置课前目标任务:理解记录整理小组意见的方法;和家人进行讨论,提出三条朋友相处时的秘诀,准备和同学交流。这些任务,对于大部分学生而言,都可以通过观看微课在课前完成,课堂上则留出更多的时间让学生进行小组内交流，分小组汇报展示。在此基础上，在课后拓展部分请同学搜集名人与朋友相处的例子，从中找出相处的秘诀，并尝试讲一讲故事，在班级进行分享。二是配套微课的课内应用。国家中小学智慧教育平台中的微课可以选择不同的应用模式，采用双师授课模式时，教师根据需要播放微课内容，可以停止视频内容进行讲解或组织学生参与课堂互动，完成相应的练习，是一种新型的教学方式。三是微课资源的课后应用，为学生复习巩固提供个性化学习的支持。每个学生的学习水平不同，接受能力也有差异。课内有疑惑的学生可以根据自身情况反复观看。（图1-4为国家中小学智慧教育平台界面）

图1-4 国家中小学智慧教育平台界面

5. 主动获取资源，丰富学习内容

泛在学习要做好对学生泛在学习的意识和泛在学习能力的培养。课堂教学的前沿后续是在目标任务驱动下的活动探究，教师可以根据情况推荐一部分学习资源，给学生提供学习的支架。除了推荐资源，还要注意引导主动思考、主动去搜集整理资料丰富学习成果。要避免相同学习资源下，交流反馈内容的同质化。在交流过程中，要对主动学习、多渠道获取学习资源、进行深入研究的学生进行鼓励、表扬，可以请他们交流学习过程和学习收获，让更多学生从中受到启发，增强自主学习意识，改进学习行为。如教学统编版小学语文五年级上册《圆明园的毁灭》时，一位同学仔细阅读了课前导学目标：学习本课生字词；搜集资料，了解圆明园辉煌的过去和被毁灭的经过；理解课文内容，领悟课文通过对比表现主题的写法。然后进行自学，该同学先结合查字典、词典学习了字词，上网查询有疑问的词语，如"玲珑剔透""蓬岛瑶台""武陵春色"查询，重点将"蓬岛瑶台""武陵春色"的资料整理后打印出来在班级交流。在这个案例中，这位同学采用了多种方式进行字词的学习，特别是关注了有疑问的词语，并进行了自主解惑的学习，学习的主动性很强。从对搜集资料的整理可以看出，其学习能力和信息化素养在日常学习过程中得到了很好的培养。

四、转变理念，形成教学模式

课程基地的建设要解决好课堂教学的问题，只有这样才能实现效益的最大化。课堂转变了，教师的理念才能得到真正的转变，学生才能真正从中受益。在实践中，学校积极探索泛在式教学模式,设置阶段性学习任务,引导学生学会主动学习。

泛在式教学模式创建要解决好两个关键问题,一是课内外联系的问题,二是自主学习的问题。泛在学习课程基地除了创建处处能学、时时可学的外部环境,更要促进学生在课外的学习,让学生学会在课外学习,养成在课外学习的习惯。自主学习才能促进学生个性化的发展,才能让每个学生学习方式得到转变。基于上述思考,在实践中总结出了以下"三阶五步式"教学模式。"三阶"指课前、课内、课后三个时段,"五步"指五个学习阶段。

模式一:

对照目标自学→自主学习释疑→课内交流研讨→学习成果展示→课后延展探究

第一阶段,对照目标自学,意在引导学生开展学习活动,围绕目标进行多种方式、多种渠道的学习。让学生自主选择学习资源,自主选择喜欢的学习方式完成任务。

第二阶段,自主学习释疑。泛在学习要以解决问题为目的,而不能仅仅停留在质疑阶段。否则,思维发展只能停留在低级阶段。解决问题的过程更具有挑战性,也会让学习者更有成就感。人的内驱力分为"认知内驱力"和"自我提高内驱力"。"认知内驱力"是直接的学习动机,"自我提高内驱力"是间接但更持久的学习动机。目标引领下的自学基本上是"自我提高内驱力"起作用。自主学习释疑在一次次的努力之后,更能激发学生深层次的内驱力,即"自我提高内驱力"。有的人可能会认为第一、第二两个阶段属于同一个,其实不然。在学习过程中,当教师布置了自学任务后,学生往往会满足于"学了",而不去考虑"学得怎么样",也不会去思考还有什么疑问。当列出自主学习释疑阶段后,学生必须解决两个问题:有什么疑问?怎样去解决?而这两个问题在培养学生自主学习意识、提高自主学习能力方面是必不可少的。

第三阶段,课内交流研讨。前面两阶段的学习都是学生在目标、任务引领下的自主学习,第三阶段虽然在课内,但以学生为主,教师主要起组织点拨的作用。一是聚焦核心问题,这些问题必须是围绕教学目标的。核心问题的获取可以从学生的问题中筛选出来,可以采用自下而上的方式,让学生去比较、鉴别哪些问题更有研究的价值,这本身也是一个学习的过程。同时教师还可以引导学生从不同的角度思考,去发现更有价值的问题;还可基于学生提出的问题进行追问,从而得到更有价值的问题。二是建构知识体系。要将交流讨论的问题进行梳理,形成结构化的知识,从而提升学生的认知水平。

第四阶段,学习成果展示。在自学和研讨的基础上,学生将课前学习成果进行二次加工,并与大家进行分享。由于在前面的交流研讨环节,学生初步建立了知识体系,此时的成果展示可以引发学生更深入思考,更有效地促进知识的内化。

第五阶段,课后延展探究。这一阶段的任务是从课堂交流中选择自己最感兴趣的内容继续进行思考并开展课后学习活动,起到进一步拓宽知识面、促进深度学习的作用。对不同学生来说,他们的选择可能是不一样的,难易程度也不同,重要的是学生能够找到感兴趣的话题,能够主动去学习,这对于学生来说是难能可贵的。

从上述五个阶段的介绍中我们可以看出,这一模式关注兴趣的激发、自主学习能力的培养,有效地实现了课内外的融合,有效提升了学生泛在学习品质。

模式二:

项目化学习→小组内研讨→分小组展示→表现性评价→作品式呈现

第一阶段,项目化学习。与第一种模式相比,项目化学习具有更大的自主性、灵活性,同时也需要学生付出更多的努力。项目化学习有时给学生布置的就是一个问题,也有可能布置的就是某个领域。学生要进行学习,先要有自己的学习思路,小组要有初步的研究方案。

第二阶段,小组内研讨。此时的研讨是对成员初步学习成果的梳理,每个成员在小组内汇报,互相补充完善。成员根据大家的建议再次进行学习,然后再进行小组内讨论。这个研讨有时是正式的,有组织地进行交流;有时是非正式的,小组成员间随机性地进行讨论。

第三阶段,分小组展示。这一环节,可以是日常的常态课堂,也可以是充满仪式感的交流评比。仪式感增强可以进一步激发学生参与的热情,增强集体荣誉感。当采用评比的时候,要事先研讨标准,提前从学生中选好评委,并在展示后进行点评。让每一个环节都成为学生学习成长的平台。

第四阶段,表现性评价。通过互动式、多主体、多样化评价帮助学生更好地了解自己汇报的情况,明确下一步努力的方向。表现性评价无论是对于评价者还是评价对象,都是一次锻炼。在这一环节中,既要让学生认识到优点,也要让其认识到不足,达到一组汇报,全体受益的效果。

第五阶段,作品式呈现。学习品质的提升源于精益求精的打磨。这一步对泛在学习来说非常重要。学生如果缺少了对高品质的追求,学习的效率就会大大降低。完善后的作品不能只限于教师批阅,也不能只限于教室内展示,要让作品在公共区域展示,提高学生的成就感。

五、评价引领,发展良好生态

泛在学习理念重视通过丰富的评价机制实现对学习情况更为客观的分析,对学习者进行积极有效的引导。

1. 丰富评价维度

评价前要明确评价的目的是什么,在泛在学习过程中,评价要注重激发学习者自主学习意识,对学习方式、所做的努力、成果的呈现、学习能力的提升进行考量。同时要注意坚持横向引导、纵向激励的原则,充分点燃学生的学习热情,让学生爱学、乐学。对于个体而言,很难做到方方面面都很优秀,在评价时要突出当中的亮点。淮安小学2019级1班有个女孩,个性很活泼,但语文成绩一般。在一次课前学习情况交流时,她的书写非常美观,格式也很规范,从中老师感受到了她课前认真的态度和付出的努力,于是老师在全班对其进行了表扬。孩子的家长给老师发来信息,说孩子回家后很高兴,很自信地说自己也能成为一名优秀的学生。在后来的日子里,家长说孩子和前面的日子相比,很好沟通,乐意接受合理的建议。老师观察发现,她不仅上课听讲专心,课堂活动的参与度也提高了。课间捧着黄蓓佳《我要做好孩子》,读得很投入。她在用自己的行动不断走向心中的目标。上述案例说明,泛在学习评价在进行客观分析的基础上,要将能够激发学生主动学习的因素纳入评价的维度中来,让评价更具温度且饱含情感,用关爱呵护学生健康快乐成长。

2. 优化评价标准

评价的标准不能只停留在教师的意识当中,而要让每个学生都能够记得住、用得上。张豪锋、赵耀远在《有意义学习视角下的泛在学习环境评价》一文中,建立了三层五维十级的评价模型(图1-5):第一层是评价目标;第二层是5个评价维度;第三层是10个评价指标。在评价目标层,该评价模型被用于评价泛在学习环境。在评价维度层,该评价模型把有意义学习的5个特点作为评价维度,分别是:主动性、真实性、建构性、合作性以及个性化。在数字化学习、移动学习以及泛在学习环境下,个性化特点是不容忽视的,泛在学习强调学习者能够接受个性化的课程,从而能够更加独立地随时随地进行学习。

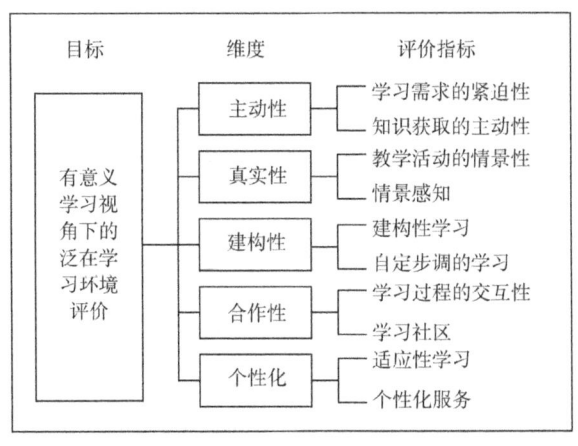

图1-5 三层评价模型

从上图评价指标中可以看出,其关键是主动和个性化发展。随着对语文泛在学习评价的深入,在前期六个维度的基础上,结合核心素养和三维目标设立以下评价指标:自信主动、正确运用、自主学习、互动展示、审美表达。这五项指标也可简化为10个字"自信、正确、自主、互动、审美",简洁明了,易记易操作,其与三维目标和核心素养对应的关系如表1-2、表1-3所示:

表1-2 与三维目标的对应关系

项目	自信主动	正确运用	自主学习	互动展示	审美表达
知识与能力	★	★	★	★	★
过程与方法	★	★	★	★	★
情感态度与价值观	★	★	★	★	★

表1-3 与语文核心素养的对应关系

项目	自信主动	正确运用	自主学习	互动展示	审美表达
文化自信	★	★	★	★	★
语言运用	★	★	★	★	★
思维能力	★	★	★	★	★
审美创造	★	★	★	★	★

自信主动重在考查学习的态度,学习过程中参与的积极性。好的资源、好的学习环境离开了学习的主动性,对个体发展的影响就变得微乎其微。学习的主动性除了表现在外在的活动,还体现为大脑的主动思考。正确运用、互动展示、审美表达与三维目标和核心素养的关联度非常高。由此可以说明,这五个方面无论是对于促进学生语文泛在学习,还是对于促进学生语文素养的提升均具有重要的意义。

3. 强化评价反馈

评价是引领学生发展的指挥棒,而评价也只有反馈才能对评价对象产生积极的影响。实践证明,教学活动中,反馈得越及时,针对性越强,取得的效果越好。这一点从我们日常教学中可以得到很好的证明。课堂练习如果没有对结果进行反馈,没有对错误的情况进行分析,学生的错误认知就得不到及时的纠正。对于评价的反馈要做到以下几点。首先要保证评价分析的科学性,脱离了这一前提,反馈就是无效的,甚至会产生反作用。比如说,面对课堂上学生的汇报展示,如果只看到当中的不足,以偏概全,会极大挫伤学生的自信心和学习的积极性。其次要保证评价反馈的准确性,要倡导个性化的反馈,而不是就个别问题在全班进行分析。最后要保证评价反馈的激励性。这是评价的原则和方向,要让评价为学生助力,让学生始终看到希望,看到努力的成果、前进的方向。

第五节 实施效能呈现

一、学生学习效能提升

(一) 设计了"泛在学习"的实验框架

1. 基于微课的混合学习

学校充分利用"互联网+教育"模式,利用教育资源,智慧开展线上教育教学活动。各学科建立以备课组为单位的网上教研团队,同时有选择性地向学生推送"国家、省名师课堂"等多样的在线学习平台。

借助百度云的分享及视频在线播放功能,构建翻转课堂在线学习辅导的学习新方式。在传统教学模式中,如果想采用翻转课堂的学习方式,学校需要大量投入,构建平台。而现在,借助开放的百度云视频分享功能,教师就可以轻松地实现这一目标。教师可以把需要学生课外学习的内容存入百度云,共享给学生。学生登录百度云就可以查看相应的内容,然后自学。

在对学生的学习辅导上,教师结合百度云和二维码做了一些探索,解决了传统模式中学生回家后作业不会做,只能等第二天到校问老师的问题。教师对学生作业中难度较大或易错的题目录制讲解的视频,或将问题答案存入百度云,然后生成对应的二维码打印在作业后面。学生需要查看对应的答案或视频时,只需用手机扫描二维码,就可以打开相应视频,获取问题的答案。

2. 基于希沃易课堂的智慧学习

基于希沃提供的教育云服务及应用,搭载希沃教学平板、希沃学习平板及希沃易课堂系统,实现互动生成、减负提效的智慧课堂教学。覆盖课前、课中、课后全流程教学场景,支持在线学习、实时互动、精准教学、个性化学习等教学需求。

3. 基于感知的自主式学习

根据课堂教学需要,发给学生预习单,布置适度的课前预习。学生带着任务,通过查找网络,对相应知识先做了解,有初步感知。这样的学习,能使学生印象更深刻。

课题实施过程中,教师的做法恰如其分地展示了"泛在学习"的有效性。教师连接教室里的 WiFi,上新课前播放网络音频中与课文相关的内容,之后再引导学生进行学习,课堂效果大有提升。

4. 基于操作的体验式学习

通过实际操作展现课文内容。比如，译林版英语六年级上册 Unit 8 Chinese New Year 中的"Story time"是一种应用文体，为了引导学生对如何写英语电子邮件有一个清晰的了解，教师打开 QQ，加载电子邮箱，阅读网页，引导学生了解邮件具体内容。学生通过浏览网页，对电子邮件的格式、形式有了深刻的印象。在教师的示范中，学生主动参与，一起写简短的电子邮件，这样的体验促进了知识的深入学习。

5. 基于展示的实践式学习

高效学习离不开学生的真实体验，学生只有亲身体验后才会记得扎实。上学期，我校五年级数学组引导学生在家进行水培大蒜的综合实践活动。学生每天做好记录，并通过微信或 QQ 上传相关信息和图片，然后撰写观察小论文，或制作美篇，将其发送到班级微信或 QQ 群，分享自己的水培实验。同时，学生在班级内展示自己的作品，每班挑选出制作得最优秀的作品，其作者去其他班级介绍自己水培大蒜的过程，并展示自己制作的美篇。

6. 基于互动的合作式学习

学习需要自主参与、独立思考，也需要合作探究。学生几人一组、形成合力，为一个学习点或项目共同努力、齐头并进。教师只需有针对性地点拨，一些知识便可由学生自主习得。此外，教师对学习能力强、有成效的小组进行奖励，一周一评或一月一评，以此帮助学生明确学习动机。

7. 基于数字化学习资源的非正式学习

学校在行政楼、教学楼等场所均设有支持学生非正式学习的数字化学习设备，如"科技云""电子班牌""超星阅读机"等，提供学生随时、随地使用手边可以取得的科技工具进行非正式学习活动。同时，实现学生、教师和学校的资讯信息互融互通。

8. 基于央馆智能研修平台的精准教学

作为中央电化教育馆智能研修平台应用试点学校，我校聚焦"人工智能＋教师教育"，发挥中央电化教育馆智能研修平台功能，开展好各种形式的研修活动，聚焦智能精准教研，实现教师教学水平的精准评估和有效提升。

（二）形成了"泛在学习"的学习样态

在项目开展时，课题组成员的信息化应用能力有了明显提高，在教学相长中实现了个体的跨越式发展。在引导、服务学生的过程中，教师的教学思想、教学方式、技术手段等方面都得到了进一步强化。

1. 开发课程拓展工具，助力"泛在学习"有效开展

"语文阅读+"：帮助学生多阅读、爱阅读是语文学科的目标。在我校的电子屏上，有可供学生阅读的内容，学生可以随时随地进行阅读。不同年级有对应的阅读内容，而且阅读内容会定期更新。有的语文教师在发现好的学习资源时，也会在第一时间推送给学生，让他们自主地学、有选择地学。

"英语 APP"：根据学情，英语教师引导学生有效利用"语音学习系统""一起作业网""纳米盒""英语趣配音"等优质 APP 资源，学生无论在家、在校、在上放学的路上还是在旅途中，都可以轻松完成听读、模仿等小任务。

"音乐小程序"：小学六年结束，学生至少要学会一项乐器。音乐课堂上学生听教师竖笛演示，课后，通过观看、欣赏 APP 上的演奏，再度消化。在不断地仿练中，思考正确的吹奏技巧，掌握正确的方法。接受能力快的、感兴趣的学生，还可自行查找一些简易曲子，跟着吹奏，待到下节课在课堂上分享、展示。

"科学大比拼"：校园电子屏上呈现的科学小知识，常常能夺得孩子们的眼球。学校每年一度的"科技节"，科学教师充分利用信息化技术，组织学生开展丰富多彩的科技小发明、小制作比赛，校外科技考察，撰写科技小论文等活动，启迪学生智慧，激发学生的创新意识和创新能力，提高学生科学素养，使每一名学生都能收获知识和快乐。

2. 搭建学习平台，保障"泛在学习"的实施效果

我校充分利用"名师空中课堂""国家中小学智慧教育平台"等基础课程学习平台，引导学生根据自己的水平或需求选择收听。教师通过作业设计，了解学生线上学习的不足与知识掌握的薄弱点，在此基础上，精准分析，进行知识的补充，例如：数学学科，通过学生自录微课，帮助学生理解难题的解析，真正做到弄懂、学会；英语学科，要求学生登录"语音学习系统"，进行课文的听读、模仿，在读中悟、读中思。对于学有余力的学生，教师利用班级微信或 QQ 群，推荐一些课外绘本阅读线上资源，结合教材内容，每周或每半周发布一本，引导学生看、读、听、猜、理解等。

学校根据教师信息技术应用水平和学科发展实际，聚焦信息技术在课堂教学中的深度应用，要求语文、英语、美术等学科开展泛在学习环境下的学科教学创新实践。教师在执教《太空生活趣事多》一课时，课前，学生进入"国家中小学智慧教育平台"，拓展学习空间，利用网络平台资源进行前置性学习，丰富学习资源；教师通过希沃"易课堂"提前推送资料包，为学生自主学习提供资源保障和学习途径。课中，利用希沃白板 EN5"游戏分组"功能，设计出"词语练一练"游戏，并用"课件推送"功能发送给每位学生的平板，为发现学习提供场景；运用多屏互动软件"乐播投屏"等，展示、评价学生的朗读水平，用技术赋予每位学生展示的空间，进行多维评价；学生利用希沃云课堂中的资料包，围绕太空生活的一个方面开展自主、个性化的学习，学生的资料包里资源类型

较多,包括"国家中小学智慧教育平台"里有关"太空探索"的绘本二维码,便于学生扫码学习,满足不同学习需求;在学习活动的结束阶段,学生借助希沃"易课堂"中的"多选题"功能,对于参与"天宫主讲人"活动的学生进行选择评价,及时搜集数据,实现合作学习、适时数据收集。

  3. 推进学科整合,以"泛在学习"促进学科融合

  核心素养时代,要打破固有的学科壁垒,通过多学科相互渗透、交流、对话,才能真正实现"泛在学习"。以"灵慧"成长为目标,导向学科课程融合。基于学校的灵慧课程体系,开展一系列跨界行动。

第六节　学生综合素养提升

一、"淮安娃"智慧成长方案实施

(一)跨界行动,赋予儿童生长力

  1. "跨"学科融合,培养家乡情怀

  充分利用语言、数科、艺术、体劳、心理课程,挖掘学科教学中的地域文化要素,开展主题式跨学科实践,激发学生的家乡情结,多面培养学生的综合素养,实现灵性成长。

  我们将学科课程分为思政一体化、语言文字、数学科技、艺术文化、体能劳动、心理健康、社会生活,建构主题式跨学科课程体系,依托淮安地域特色,以安澜园、淮晓窗、淮艺星、灵淮社、安沁馆、博淮院为课程主题名称,开展课程实践,实现"淮安娃"内涵发展(表1-4)。

表1-4　"跨"学科融合支架

课程分类	融合内容	主题名称	主题项目
思政一体化	淮安党史、思政研学	思政园	党史分享、思政讲坛
语言文字	淮安方言、地方文学	安澜园	方言达人秀、亲近文学
数学科技	地方数据、淮安科技	淮晓窗	思维训练营、科技之光
艺术文化	戏剧表演、民间美创	淮艺星	淮剧之声、美创小编
体能劳动	地方体育、劳动特色	灵淮社	"嗨"动起来、田间农家
心理健康	淮安名人精神	安沁馆	娃娃讲坛
社会生活	淮安风景名胜	博淮院	"玩转"淮安

(1) 思政园:用红色文化铸魂

立足淮安地方党史、地方大学、红色基地等,讲好学生爱听、能懂、愿行的思政课,感悟思想伟力,引导学生坚定"四个自信",努力成为堪当民族复兴重任的时代新人。

(2) 安澜园:走进语言文字

学生在已有的语文、英语学科学习基础上,开展方言达人秀、亲近文学主题项目,探索淮安方言特色、阅读地方文学,感受地方语言文字的魅力。

(3) 淮晓窗:放眼数学科技

借助大数据和地方文史科技馆,了解淮安人口、地理概况、科技发展等,利用思维训练营、科技之光项目,着眼家乡发展,培养学生主人意识。

(4) 淮艺星:感受艺术风采

淮安地方艺术文化丰富,承载艺术文化的场域众多,在淮剧之声、美创小编的主题实践中,涵养学生审美创新能力。

(5) 灵淮社:体验劳动生长

以强健体魄为目标,开展各项体能锻炼。依托学校娃娃小农场,开展劳动实践,走出校园,走进农田,挖野菜、种植、除草、耕田等,做"田间农家",在真实劳动情境中收获成长。

(6) 安沁馆:培养积极心理

在学校心理辅导站的基础上,了解淮安文化名人精神品质,在娃娃讲坛上开展小课题研究,形成创新、奉献、开放、艰苦奋斗的积极品质。

(7) 博淮院:体悟社会生活

学生生活与家乡息息相关,学生博览感受淮安风景名胜,"玩转"淮安,升华浓郁的家乡情。

上述课程是基于学科课程,结合地方文化特色,进行拓展延伸的。开放性的跨学科课程,让学生走进最真切的生活情境,整合地方多种资源,为学生构建一个开放的课程体系与学习空间,通过解决现实性问题,让学生体验收获和成功的喜悦,获得社会性成长。

2. "跨"角色融通,厚植淮安精神

学生是生活在本土的鲜活个体,从自己的生活实际出发,发现淮安地域多种资源。在淮安大地上,有很多名人,学生学习名人事迹,走进名人内心,带领他们走进不同的角色中,沉浸式体验人物精神品质(图1-6)。

同时,引导学生走近劳动模范、平凡英雄、职业能手等,近距离感受人物身上的精神品质,让淮安精神在学生心中生根。

(1) 回溯时光：唤醒"淮安娃"的伟人情结

淮安自古以来就有不少伟人、名人，一代伟人周总理、一代兵仙韩信、巾帼英雄梁红玉、《西游记》作者吴承恩、汉赋大家枚乘、民族英雄关天培……学校通过搭建"淮安娃讲淮安"娃娃小讲坛活动，将淮安历史名人的故事搬上舞台，孩子们通过角色的融通，故事的演绎体会人物的精神，唤醒孩子们的伟人情结。

(2) 关照当下：讲述"淮安娃"的平凡故事

淮安除了有众多伟人领袖，还有很多值得称赞的平凡英雄，道德模范。为了近距离感受这些平凡人物身上的精神品质，学校充分依托中队主题展示，通过中队活动呈现职业能手和平凡英雄的故事，让这些平凡英雄的精神品质内化为"淮安娃"的实际行动。

3. "跨"场域融汇，传承地方文化

淮安素有"运河之都"美称，且为淮扬菜的主要发源地之一、江淮流域古文化发源地之一，被誉为"淮水东南第一州"。学校以"淮安"作为校名，以地域文化特色作为学校建设抓手，带领学生走进淮安风景名胜，领略家乡风韵，熏陶儿童心灵，提升文化底蕴。

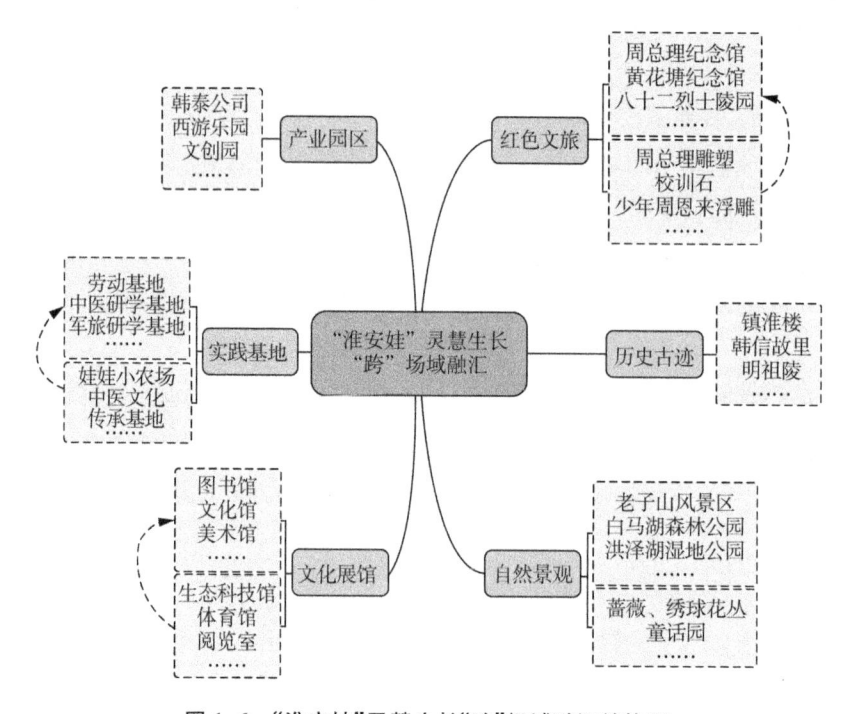

图 1-6　"淮安娃"灵慧生长"跨"场域融汇结构图

学校围绕红色文旅、历史古迹、自然景观、产业园区、文化展馆进行跨界行动,在具身的实践中,学生全方位感知、了解家乡,体会文化魅力。

"跨"学科、角色、场域行动,让学生精神、精气、悟性的培养贯通于基础教育始终,学生实践融知识、情感、智能、意志于一体,为学生的一生打下基石,赋予学生灵慧生长。

(二) 多向展示,积聚儿童自信力

学校注重为学生搭建和提供多样展示平台,让学生在自我展示、自我认知和被认同中获得全新学习体验,并不断形成良性学习思维,逐渐建立健康学习体系,培养自信力(图1-7)。

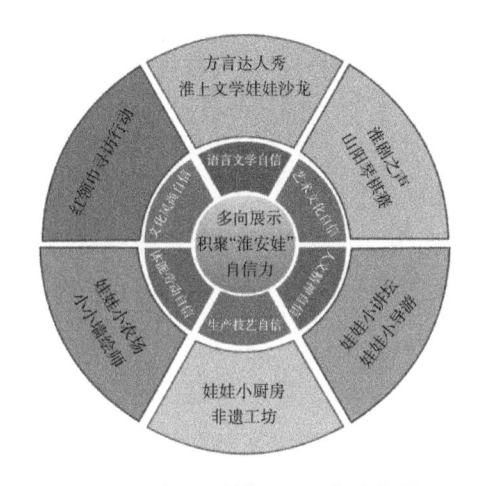

图1-7 "淮安娃"展示平台建构图

1. 方言达人秀、淮上文学娃娃沙龙——语言文字自信

方言承载着一个地方的文化。围绕"方言达人秀"的选拔和展示平台的搭建,鼓励学生说、唱、谈淮安的民间歌谣、谚语、小调等,感受淮安语言的独特魅力,体会其附着的地域风情;淮安文化源远流长,滋养了一代又一代的文人墨客,著成了各具特色的语言文学作品,以"淮上文学娃娃沙龙"为特色主题,激励学生品读、诵读、讲演淮安文化相关诗词、戏剧、小古文、散文、小说等,在展示中,指向"淮安娃"语言文学自信的培养。

2. 淮剧之声、山阳琴棋赛——艺术文化自信

通过多种形式,以带领学生了解地方戏曲淮剧的历史、识淮剧名家、赏淮剧、唱淮剧、创娃娃淮剧剧本为活动主线,以学校舞台表演和社区展演为主要展示平台,指向艺术文化自信的培养。了解淮安古代孕育的山阳琴派、山阳棋派的历史,以"山阳"为名,注入时代特色,开展琴类艺术赛、棋类竞技赛,提升学生艺术文化自信。

3. 娃娃小农场、小小墙绘师——体能劳动自信

通过农科所、农业创业园、生态产业园、大运河畔农耕文化产业园,了解淮安的特色物产,提升家乡自豪感;与淮安市中医院合作种植中草药,探寻淮安市山阳医派传承发展研究中心,弘扬中医药文化内涵。开辟校园娃娃农场,装设班级种植筐,种植淮安特色农作物等,提升学生劳动能力;拍摄家乡农业播种、收获等农忙场景、运河渔获场景等,创画具有淮安元素的娃娃农场墙壁彩绘,通过校园环境的陶冶,提升学生体能劳动自信。

4. 娃娃小厨房、非遗工坊——生产技艺自信

广泛利用社会资源,开设娃娃厨房,通过淮扬菜的尝、做、研、品,感受地域饮食文化和、精、清、新的特点;邀请淮安非物质文化遗产传承人进校园,开设中国结、草编、瓷雕、蛋雕、扎染、博里农民画等地域特色讲座、校本课程,在学习和制作中提升生产技艺自信。

5. 娃娃小讲坛、娃娃小导游——人文精神自信

借鉴"百家讲坛"的形式,以"淮安娃讲淮安事"切入,围绕淮安特色文化开展活动,创新内容与形式,搭建展示平台,以讲、演、诵、唱等多种儿童喜闻乐见的形式提升活动效果;选拔、培养娃娃小导游,在节日、纪念日、校园开放日等时间作为导游介绍校园,包括校史馆、校训石、淮安历史文化印记的地面浮雕——淮安交通图、名人故居分布图、"两河一湖"等六块浮雕,讲解淮安"两河一湖三人",参观生命科学馆、美食长廊等,培养学生地域人文精神自信。

6. 红领巾寻访行动——文化风尚自信

走进淮安红色文化教育基地、爱国主义教育基地,寻访伟大成就,学习领袖精神,开展实地寻访、研学活动,利用地域红色文化教育资源教育引导学生传承红色基因,在伟大精神的召唤中,加深对淮安文化风尚的自信。

(三)立体评价,形成儿童反思力

从学生评价方面看,学校将全过程的纵向评价与全要素的横向评价相结合,构成了学生的立体式综合评价。

1. 全过程纵向评价

反思力是学生自我成长的关键能力,更多的重心在于自我改善。反思力不是一种普通的能力,它具有三个主要方面:觉察力、规划力、执行力。学生通过参与各系列课程、活动,觉察个人思维能力、道德修养、审美趣味等方面的经验,进一步规划下阶段的个人成长,并具体执行。设计活动履历,进行学生自评、同伴互评、他人点评,构成多元评价,并将学生参与活动,纳入"灵慧少年"评优,激励学生积极成长,在行动中涵养"灵慧"品质(图1-8)。

学生自我评价表
我能得到几颗小星星？

班级_____ 姓　名_____

成绩\内容	★★★	★★	★	自己评价	同学评价	教师评价
参与态度	能主动组织和参与活动,表现积极。	能参与活动,但主动性不强。	有时参与活动,有时不参加。			
合作程度	小组成员友好配合,互相帮助。	在合作活动中,做好自己的一份。	没有交流,甚至与他人产生矛盾。			
智力表现	头脑灵活,点子多,活动中有创意。	主要听或看别人的,以模仿为主。	完全依赖老师,独立活动能力差。			
活动成果	有作品展示,质量高,或在各级各类评比中获奖。	基本完成活动过程,作品一般。	没有完成或完成的质量非常差。			

图 1-8　"淮安娃"成长手册

2. 全要素横向评价

通过"娃娃小农场""娃娃小讲坛""娃娃小舞台""娃娃小主持""娃娃小导游""娃娃小社团""娃娃小管家"等"淮安娃"系列活动平台,结合少先队争章活动设立"服务章""劳动章""小主人章""活力章""健体章""思维章""向阳章"等多元评价目标。聚焦学习生活,解决真实问题,构建评价体系,在觉察、规划、执行中提升品格能力,引导学生关怀世界,学会担当负责,养成公民素养,成为真正的"灵慧少年"(图1-9)。

图 1-9　"淮安娃"灵慧生长树

二、提高科学素养　培养创新精神

我们紧紧围绕"基础立于此日",扎实开展科学教育活动,取得了一系列骄人的业绩。

(一)强化"一个重点",让科学教育活动有保障

学校以配备完备的功能室为工作重点,统筹规划,合理配备了计算机房、美术室、室内外运动场、多媒体制作室、科学实验探究室、大小报告厅、音乐舞蹈房、生命科学馆、校本课程活动室、广播电视主控室、电视制作室、演播室、师生阅览室、师生餐厅等。校园设植物园、童话园、科技园,为孩子提供充分的实践活动基地。

(二)抓好"两个健全",让科学教育活动规范化

把学校建成有一定影响力的科普教育特色学校一直是我校科学教育的工作目标。学校秉承着培育有灵性的学生、成就有智慧的老师、建设有品位的校园的理念,以科学精神和科学的人文素养引领淮安小学人健康生活。

1. 健全组织网络

学校成立了以一把手校长为组长,分管校长任副组长的科学教育领导小组,职能部门、年级部、班级条块结合,形成上下横通的教育网络,力争实现以"立此日、育精神、求发展"为科学发展目标的淮安小学科技梦。

2. 健全各项制度

学校先后制定和完善了《科学实验室使用制度》《科学素养提升评价制度》《生命科学馆参观制度》《科技馆研究制度》和《娃娃农场种植方案》等,进一步规范学校科学教育相关活动。同时,学校根据发展愿景与学生成长需要制定了科学教育工作三年发展规划,搭建了淮安小学科技教育的整体框架,使全校青少年科技教育工作得到了有力的组织保证、技术保证、后勤保证、科研保证。

(三)践行"四项举措",让科学教育活动系列化

1. 以学习为先导,提升素养

为进一步营造学科学、用科学的氛围,学校定期开展专家讲座、科普知识展览、消防知识讲座,定期召开主题中队会。学校征订了《青少年科技报》《少年科学画报》等杂志,为科技辅导员、教师、学生提供必要的学习材料。学校宣传橱窗定期布置科普材料,班级黑板报须有科技教育内容,校园电视台定期向学生宣传科技知识。

2. 以活动为载体，增强实效

学校定期开展群众性的科普活动。每年的4月至5月利用"知识产权宣传日"和"科普宣传周"开展"校园科技周"活动。在科学辅导员的带领下，走进淮安信息技术学院学习机器人操作技术；参观快鹿牛奶生产基地，了解牛奶的生产过程，以及如何科学、健康地饮用牛奶等知识；走进水果蔬菜种植基地，认识各种蔬菜，了解它们的生长规律，学习科学种植技术；参观农业科技示范园，让学生亲密接触农业科技示范园，了解花卉、蔬果的生长过程，感受科学种植的魅力。走进开发区日月洲生态园，亲密接触大自然，感受科学新技术对建设现代化城市的重要作用，激发学生用科学精神指导自己的学习和生活，树立建设美丽幸福淮安的伟大梦想。学校每学年还举办学校"科技节"，活动形式多样，如进行专题讲座、知识竞赛、科普征文、创新金点子交流、科技小制作比赛等，这些科普活动注重普及，强调班班行动、人人参与。尤其是在每年的"科技节"上，学生的发明创造金点子、科幻绘画、小实验、小观察报告、小制作等作品可达上千件，学校从中挑选优秀作品参加青少年科技创新比赛，其中数十件作品在省市级获奖。

学校还专门开辟了"娃娃农场"，让学生在高楼林立的城市中感受种植的乐趣，体验收获的快乐，观察植物生长的神奇，种子发芽、害虫研究甚至浇水施肥都成为孩子们研究的热门话题。自己不会请教老师，老师不会请教有经验的爷爷奶奶，在边种边讲边体验中，学生学会了种植，收获了知识，还感受到劳动的艰辛与快乐。

3. 以效果为目标，培育精神

学校一向以科学精神指导教学工作，真正地让学生在课堂上100％发言、100％互动、100％激励、100％收获，关注学生的情绪状态、注意状态、参与状态、交流状态、思维状态、生成状态，让关注每一个孩子健康成长成为现实，让促进每一个孩子科学发展成为可能。如在语文作文教学中让学生先感受自然、体验生活，在校园里开展寻找四叶草活动后再进行创作；三年级孩子阅读了《昆虫记》后，开始寻找校园里的昆虫，研究文明的校园环境适合哪些动物生存，并带着这些问题，走进了生命科学馆。走进森林、湿地、草原感受地球环境的多样性，了解动植物生长的环境和周期。在科技馆中，学生还可以看到电、"摸"到电，甚至可以尝试用不同的方式发电，还可以利用电将自己轻松吊起，感受爱迪生发明电灯的创意来源。开放式科技长廊，让学生随兴观察、随处参观、随时探索，既保障了学生充分的科技活动空间与时间，又将探索的主动权归还给学生，让学生在大量的观察与实践中，了解科技知识，培养探究能力，增强对科学的兴趣。使大家对已知了解更加全面，对未知产生强烈的探索欲。目前，四(4)中队已经对爬行动物的演变展开了研究，四(2)中队对生物多样性进行了探讨，六(6)中队则对冰河时代地球如何摆脱冰面覆盖、全球变冷进行了探索。

4. 以评价为驱动，促进发展

小学科学教育以培养学生科学素养为宗旨，健全的科学评价机制有助于培养学生的科学素养。学校形成了集反馈调节、展示激励、反思总结、记录成长和积极导向于一体的多元化评价机制。评价过程不只是考察学生的知识、技能和掌握情况，更为关注学生掌握技能、知识的过程与方法，以及与之相伴随的情感态度与价值观的形成。学校定期举办科技小报、科学幻想画、字母幻想画等展评活动，进行科学实验、调查研究等专题活动，有效促进学生认识自我、建立自信、健康发展。

青少年科学教育工作是一项意义深远的工程，它关系到祖国的未来和民族的兴旺。我们将继续致力于学生终身发展，以我校校训"基础立于此日"为指导，在既往工作的基础上，不断思考探索，勇于改革创新，继续为学生营造优良的科学氛围，在丰富多彩的活动中，锻炼学生科学能力，培养科学态度，使学生的科学素养在素质教育中形成最重要的一环，最终成长为行走在"中国梦"伟大道路上的中坚力量。

（四）内外联通，打造科学教育新样态

1. 聚焦校本教材开发，实现跨学科融合

我校成立科学实验社团，根据学校各年龄段学生的身心发展和学习特点，开发适合的科学教育课程教材。将课程内容按初、中、高三级难度层次进行编排，其中涉及声音、光学、电磁学、力学、天文、地理、数学、生物、化学、信息学等多门科学知识，配套形象生动的科普教材和丰富精美的实验器材，实现跨知识融通、跨学科融通，夯实学生的学科素养。

2. 创设真实问题情境，激发学生内驱力

科学实验社团的教师注重学生学习起点，通过创设真实问题情境激发学生的科学兴趣；结合教学内容指导学生分组动手探究实验，在真实的情境中感受实验的乐趣、团队合作的重要，培养学生的科学思维、探索精神和创新意识。比如，一年级、二年级学生通过学习光的反射知识，会制作简单的抽拉式万花筒；三年级、四年级学生通过学习透镜组合，会制作望远镜；五年级、六年级学生通过学习力的分解与合成，会制作斜拉桥等。用学生内在的、广泛深入的思维活动牵动他们外在的、有效的行为，使学生的动作技能和心智技能得到螺旋式的发展和提升。

3. 培育儿童研究素养，指向创造性成长

我校积极探索陶行知"小先生制"的新时代价值，搭建多元平台让小学生成为小先生，唤醒、激活儿童沉睡、潜在的科学创造力。一个个小先生积极申报开展科学小课题

研究，遇到问题共同商讨解决的方法，在不断的尝试和反思中促进问题的解决。比如参加"小五年规划——我为高质量发展献一计"科学建议征集暨第十届江苏省少年科学院院士评聘活动，引导学生关注自己身边的学习生活、城市管理、农村发展、公共卫生、环境保护、社区建设等。在全国"科学小院士"评选活动中，戴博闻同学获评中国少年科学院"十佳小院士"，3 名同学获评中国少年科学院"小院士""预备科学小院士""科学小研究员"称号，20 余名同学分别获得省、市少年科学院"十佳小院士""小院士""小研究员"称号。

学校与校外实践基地共开展各类科学共建课程(活动)7 项，外请辅导员 40 人次，受益学生多达 4 688 人次。学校将进一步贯彻落实习近平总书记关于"要在教育'双减'中做好科学教育加法"的重要指示精神，深入挖掘和利用好地域社会资源，优化科技创新教育体系，全面提升学生科学素养，为培育具备科学家潜质、愿意献身科学研究事业的青少年群体做出教育人应有的贡献。

三、落实"双减"提质量　社团"花开"绽芬芳

为全面贯彻党的教育方针，落实立德树人根本任务，促进落实好"课后延时服务""一校一案、一年级一策划、一班级一课表"的总体要求，结合"双减"政策，淮安小学策划了"完成作业＋答疑辅导＋拓展提升＋体质训练"与"社团活动"相结合的"课后延时服务"模式。其中的"构建适合学生核心素养发展的校本课程体系"——菜单式校本课程已然成为"课后延时服务"一大特色，促进了学生的体质健康发展和艺术修养提升。

(一) 打造社团课程，提高育人价值

1. 围绕核心素养 构建校本体系

根据校本课程的核心素养将其分成五大类，即文化传承类、科学探究类、品德养成类、崇美体健类、学科素养类，每一类对应的核心素养分别为国家认同，人文底蕴；科学精神，实践创新；社会责任，生命成长；审美能力，身心健康；文化积淀，学会学习。

每一大类都由相对独立的多个课程群组成。如文化传承类的课程有蛋雕、瓷雕、泥塑、淮剧、中国结、经典诵读、名著赏析、国画等；科学探究类课程有航母社、创客工作室、科技工作室、少儿编程、3D打印社等；品德养成类有国际象棋类、足球社、篮球社、乒乓球社等；崇美体健类有健美操社、书法社、啦啦操社、水粉画社、管弦乐团、合唱团等；学科素养类有珠心算社、英语社、演讲社、小主持人、绘本阅读社、写作工作坊等。每一课程都尽可能实现多学科、多领域的融合，深刻挖掘课程内涵，拓展课程外延。

2. 基于地方文化 彰显办学特色

利用地域特色开发校本课程，对具有深厚历史文化积淀的地方资源加以研究和利用，打造学校特色品牌，营造校园艺术特色氛围。泥塑大家潘玄武、国家一级演员许钢、江苏省工艺美术大师季云华、蛋雕传承人吴小琦相继走进校园，孩子们在和大师的"近距离"接触中，感受淮安地方文化的无穷魅力，汲取着传统民艺的丰厚滋养，孩子们在优秀传统文化的陪伴下快乐生长！同时学校还编写了以"风景这边独好"和"名人伴我成长"为主题的校本教材《从这里起航》，引领孩子汲取前人之智慧、乡土之精华，完善自我，不断超越。

3. 坚持参与体验 关注生命成长

有效情绪的管理是品德养成、敬畏生命、尊重他人的必要条件。在课程实施中，围绕生命教育校本教材，即《每个人都是一个宇宙——人与自我》《我们奇妙的世界——人与自然》《绽放生命之花——人与社会》，我们开设了"生命加油站"活动课程，通过拓展体验时空，引导学生在生活中寻找品德养成、生命成长的问题和需求，促使他们在生活中进行历练和提升。

4. 注重行思联动 培养探究精神

科学探究类校本课程旨在培养学生科学精神核心素养，使学生具有崇尚真知、理性思维、勇于探究的意识和能力。学校科学探究类的课程有航模、创客物联网、3D打印、机器人、金钥匙、科学小院士、思维导图等。学校基于学生认知规律，在各项活动中努力做到用学生内在的、广泛深入的思维活动牵动他们外在的、有效的行为，使学生的动作技能和心智技能得到螺旋式的发展和提升。

（二）建立授课团队 创新育人模式

社团开课之前，授课教师需要与学校一起制订社团课程计划、训练计划，撰写教案，每节课需要有过程记录，每位学生需要有社团活动成长档案，以此推动社团课程的规范化建设。

全校教师均可根据自己的爱好和特长采用志愿申请的方式报名，学校社团建设领导小组在申请教师中通过评议、面试等方式确定最终社团辅导教师，并签订安全责任书。

此外，社团授课人员还采取本校与外聘相搭档的方式，每个外聘教师会再带一名有相关爱好的非专业的本校教师作为副教。副教要积极通过课堂、书本、视频学习理论知识和实践操作，要主动跟外聘教师学习课前备课、现场训练、教学指导等，在学习中不断提高自己的社团专业能力。

（三）创新评价标准 助力师生成长

1. 学生评价

在具有竞技性和可评比性的社团里，每位学生确定一位学习搭档，形成"比学赶超的氛围"。这样对学生的学习积极性有很大的促进作用。

每学期末，所有社团都要通过展示或者比赛等形式对学生进行考核评价。每学期初，各社团授课教师要根据自己的社团情况制定学生评价标准，保证各层面学生都能通过考核。可每两个月展示一次，也可以学期末统一考核。对获得优秀成果的学生给予表彰奖励。

同时，学生可以在体艺节、科技节、升旗仪式等重大活动中展示学习成果。学校会通过微信公众号、家校群进行宣传，让学生感受到满满的成就感，让学生在丰富的活动中热情不断高涨，兴趣更加浓烈。

2. 教师评价

坚持巡查和考勤全覆盖，每节社团课都有一位校级领导巡查活动质量，一位专职考勤人员考核社团老师出勤、课堂纪律等，对社团教师进行全程有效的监督，促进其成长。

学校坚持问卷调查机制与现场观摩机制相结合，通过对社团教师的责任心、理论水平、示范能力、指导能力、学生发展等方面的调查摸底与现场考核进行综合能力评价。

每学期末将举行"社团成果展示周"活动，集中展示学生一学期的优秀成果，对评选出的优秀社团的负责教师进行表彰奖励。

开设学生社团是落实"五育并举"的重要途径，是落实"五项管理"和"双减"精神的重要措施，是落实"课后服务"的重要内容。淮安小学在开展社团活动中尽管遇到了很多的困难和瓶颈，但其开创性够足，步伐坚定，效果明显。接下来，淮安小学将不断丰富活动内容，创新活动形式，突出活动特色，让各类社团成为学生彰显个性的乐园和精神成长的沃土，为学生的全面发展奠基铺路。

四、"淮安娃"讲淮安事 民族精神代代传

2015 年，教育部组织专家评选出 282 个全国中小学社会主义核心价值观教育优秀案例，淮安小学的《"淮安娃讲淮安事"，民族精神代代传》是淮安唯一一个入选其中的案例，据悉江苏省共有 10 个案例获此殊荣。

淮安小学开展的"'淮安娃'讲淮安事——娃娃小讲坛"活动正是从少年儿童的健

康成长出发,引导少年儿童学习先进人物、英雄人物,在学习中养成良好的思想品德追求,促进少年儿童从自己做起、从小事做起,一点一滴积累,养成好思想、好品德,努力做最好的自我。

"娃娃小讲坛"汲取了《百家讲坛》的栏目特点,并在此形式上进行了创新,将讲、演结合在一起,配以生动的图片与视频,以更生动有趣的形式呈现淮安的历史、文化,让少年儿童在欢笑与感动中了解淮安、认识淮安,培养爱祖国、爱家乡的朴素情感,培育和弘扬社会主义核心价值观。

(一) 弘扬恩来精神——志远"淮安娃"在成长

承担第一讲任务的是获得"淮安市周恩来班"的孩子们,他们在班主任老师的带领下,确定了本次讲演的主题——"一代伟人周恩来"。小讲师们从"大智、大勇、大义"三方面全面解读开国总理周恩来,让全体师生对周总理为中华崛起、为民族复兴而奋斗的一生有了更全面、更深入的了解。他那积极进取、刻苦好学、甘当公仆、团结协作、宽厚平等、无私奉献的精神激励着同学们从小立志,胸怀理想,努力奋斗,立足今天,时刻准备着将来为建设美好家乡、伟大祖国贡献自己的力量!

(二) 继承先烈遗志——弘毅"淮安娃"在成长

有了一个成功的开始,"娃娃小讲坛"一跃成为全校师生期待的明星节目。每逢周一,同学们都会不约而同地打听这期主讲是哪个班级?主题是什么?

省级英雄中队"八十二烈士英雄中队"在辅导员老师的带领下再次开讲,小讲师们用鲜为人知的生动事例重现了淮安"刘老庄八十二烈士"奋勇杀敌,与1 000多名日寇进行两昼夜的殊死战斗,最后弹尽粮绝,壮烈牺牲,掩护党政机关和老百姓顺利转移的英勇事迹。报告厅中坐满了认真倾听的小观众,同学们时而为"刘老庄连"的英勇抗敌鼓掌叫好,时而为他们不顾自己、勇于牺牲的精神而感动落泪。当讲到连长白思才、指导员李云鹏壮烈牺牲,"刘老庄连"全连覆没的时候,在场的师生深受感动,泪水夺眶而出。烈士们履行了神圣的职责,维护了民族尊严,他们大无畏的革命主义气概和英雄主义精神气贯长虹,彪炳史册,永远激励后世。

这场满含泪花的精彩讲坛,让同学们走近了"刘老庄连",感受到了民族精神的深刻内涵,体会到了今天美好生活的来之不易。同学们纷纷表示:当年,先烈们用生命擎起民族自强的大旗,冲锋陷阵;如今,我们要接过他们手中的旗帜,牢记自己的使命,进德修业,用学识完善自我品行和能力,用努力提升自己的修养与人格,将来在祖国需要我们的地方,勇于担当,实现自己的人生价值!

(三)传承民族精神——尚德"淮安娃"在成长

两次"娃娃小讲坛"的成功开讲,为淮安小学培育和弘扬社会主义核心价值观开拓了一条知伟人、学伟人、爱祖国、爱家乡的新路,于是更多的同学参与了进来,他们纷纷报名开讲:"吴承恩与《西游记》""巾帼不让须眉——梁红玉""一代名将——韩信"……一场场精彩的讲演,让同学们在生动活泼的形式中增强了对家乡的了解,感受到了一代代淮安人胸怀梦想、努力拼搏、自强不息、报效祖国的伟大精神,"志存高远、尚德笃学、诚信友善"的价值观已经在同学们心中悄悄生根、发芽。

一个民族的文明进步,一个国家的发展壮大,需要一代又一代人的接续努力。伟大的民族孕育着伟大的精神,而伟大的民族精神又必将成为民族发展的动力。江苏省淮安小学"'淮安娃'讲淮安事——娃娃小讲坛"活动的开展,对继承和弘扬民族精神、民族优秀文化起到了积极的推动作用,激发了同学们爱祖国、爱家乡的积极情感,培育和弘扬了社会主义核心价值观,让新一代少年儿童在星星火炬的照耀下,在党的阳光的沐浴下,为实现中华民族伟大复兴的中国梦时刻准备着!

第七节 形成教师泛在育人模式

泛在学习在技术的推动下日益发展成为一种主流。它融合了数字化学习和移动学习的优势,意在构建一个以学习者为中心的、智能的、无所不在的学习环境。这种学习空间可以通过对学习者与技术之间的最优化整合,促使现有学习范式发生转变,形成泛在育人环境,从而促进教师教学方式和学生学习方式的变革。

一、"泛在育人"团队目标任务

为了深入贯彻习近平总书记关于"四有"好教师、做学生引路人的指示精神,铸师魂、强师能,我校着力构建泛在学习环境,力求打造一支"厚德博学、宽容相济、泛在育人"的教师队伍,构建"泛在空间下的个性化学习"课堂,将课堂还给学生,回归教育本真,追寻课堂与美最近的距离。故确立以下教师团队建设目标任务:

1. 以"泛在学习空间课程基地"建设为抓手,搭建系统完善的师生泛在学习平台,开发出丰富多彩的线上、线下学习课程资源,构建网络化、数字化、智能化、个性化、终身化的教育体系,建设人人皆学、处处能学、时时可学的学习环境、教研环境。

2. 以数字化、智能化为抓手，促进信息技术与教育教学深度融合，创新课程、教学、评价方式，以信息技术为突破口，建立一支科研型、具有持续创新力和研发能力的教师团队。

3. 以培养创新人才为根本，以建设未来学校为核心，探索富有前瞻性的教育形态，营造灵动的学习空间，促进教师主动发展、全面发展、个性化发展。

二、建设重点与实践做法

泛在育人好教师团队的培养是一个系统工程，集阶段性、连续性、系统性于一体。学校把教师发展作为建设重点去落实，依托课程基地建设，培育教育情怀和专业精神，提升课程研发和实施能力，培养卓越教师。

（一）建设重点

1. 设计互联智慧环境

互联智慧环境，既强调为学习者提供个性化学习支持，也强调为无处不在、无时不在的学习提供支撑，关注教室、网络以外的学习环境，凸显课堂学习、网络课堂、班级活动、校园文化、社会实践的相互关联、相互补充，以实现全时空、全方位、全过程的学习。包括校园建筑设计、智慧教室、个人智能学习工具等。

2. 开发优化教研平台

学校内强教师素质，外树学校形象，实行教师发展"一二三四规划"。开展菜单式培训、在线培训、实践培训，不断更新教育理念，实行科研常态化，进行教育教学的重构与变革，积极实践探究网络环境下的教学模式，优化课堂教学，在泛在空间支持下为教师提供全方位、移动化、个性化的培训学习。

3. 开展丰富的社团活动

目前我校有万物互联、3D打印、STEM实验室等四十几个社团，在更新和完善课程菜单、课程方案设计与活动过程中，以"教—学—思—研"提升教师学科融合能力，提升教师文化素养、信息素养、专业水平和身心素质。

4. 构建协同育人机制

创设泛在教育协同育人环境。包括开发生态化的学习资源；提供智能化的学习工具；组建灵活化的学习、沟通社群；成立融合性的教学教育社群。提供泛在教育协同育人新思路。通过技术充分赋能，促进教师专业化和家校互联。

(二) 实践做法

1. 建设信息技术与教育教学深度融合的泛在学习环境

（1）打造优质数字化学习资源

从"以教师为中心"向"以学生为中心"转变教育思想，增强为学生服务的意识。数字化学习以学生为中心，学生是学习的主体；教师的角色由知识的讲授者转变为学生学习的参与者、指导者，由教学支配者、控制者转变为学生学习的组织者、促进者，由静态知识的占有者转变为动态知识的研究者。近年来，精品课、微课、慕课、翻转课等新型数字化学习资源受到学生的普遍欢迎，进一步说明符合学生个性化学习需求才是数字化学习资源建设的正途。

（2）构建网络学习空间

网络学习空间是基于网络的人才培养平台，为每个学生提供私有的和个性化的个人学习空间以及承担公共服务功能的公共学习空间。网络学习空间的构建应结合泛在学习和网络学习空间的内涵与特征，遵循如下原则。一是注重教育理念与学习空间的融合。基于泛在学习视角，融入教学设计、智慧教育、全纳教育等理念，以教师的"教"和学生的"学"为宗旨，尽可能地发挥网络学习空间的建设效益。二是尊重学生的个体差异。泛在学习的一个重要特征是充分考虑并尊重学习者的个性化差异，网络学习空间的构建与设计应具有良好的适应性和包容性，使个性需求不同、学习风格迥异的学习者都能够较好地融入学习空间，并能利用空间提供的各种资源、工具和支持服务完成预期的学习目标。

（3）创新教学模式，转变教学理念

一是基于网络学习空间的翻转课堂模式。翻转课堂使传统的"课堂上听教师讲解，课后回家做作业"的教学习惯、教学模式发生了"颠倒"或"翻转"，变成"课前在家里观看教师的视频讲解，课堂上在教师指导下做作业（或实验）"。该模式的特点主要体现在以下三个方面：第一，体现翻转课堂教学过程的特色；第二，强调网络学习空间具体功能支持；第三，融入泛在学习的理念。

二是基于网络学习空间的个性化学习模式。个性化学习是在尊重学生个体差异、兴趣和需要的基础上，以每个学生的能力与发展为目标，学生按照自己的学习情境自主选择学习环境、学习内容，自定学习步调的一种学习方式。结合其所具备的泛在环境、数据分析、综合评价等特点，构建基于网络空间的个性化学习模式。该模式以泛在学习理念为指导，以网络学习空间为支撑，基于学生的个性化需要，通过学习资源、学习路径和学习方法的自适应智能推介来帮助学生实现个性化学习。流程如下：第一，确定学习目标；第二，感知学习情境；第三，选择学习路径；第四，开展个性化学习。第五，多元评价反思。

2. 构建以泛在学习为支撑的创新人才培养模式

(1) 开放与个性化的培养体系

一是设定明确的培养目标。贯通式人才培养模式下，探索学生创新意识和能力培养的有效途径，教学过程必须从知识的传授型向创新意识的激发型转变，以培养学生的能力为目标，以激发学习热情、启发创造性思维为原则，为学生将来在事业中具有持久的核心竞争力打下坚实基础。

二是建立综合课程体系。课程体系是培养体系的核心内容，坚持"创新课程体系、整合教学内容、改革教学方法"的课程改革思路，强调以终身教育思想为指导，进行课程重组与整合，加强课程之间的有机联系，实现课程的模块化、系列化。

三是强化泛在学习模式。第一，建立协作式的学习模式。通过泛在技术组建一个共享、互助合作的平台。当学生面临相同的学习任务时，可以通过平台以协作的方式学习、收集资料，这样既方便学生之间的交流，同时也对问题的解决提供了有效的帮助，而这些行为最终都能够提高协作学习的质量。第二，构建探究式的学习模式。探究式学习是学生对问题情境的主动感知行为。泛在学习环境为探究学习提供了有力的技术支持，它能够利用仿真技术和虚拟现实技术等制作泛在学习资源，把虚拟世界和真实的自然世界进行无缝连接，使学生可以按自身需求自主感知各种情境，并能够主动收集、分析和处理信息数据。

(2) 资源共享与多维管理的开放平台

一是资源共享平台。泛在学习环境对海量学习资源的要求促使我们必须改变学习资源的构建模式，应该尝试让学习者本身成为学习资源的建设者和使用者，共同建设、共同分享，充分发挥群体的智慧力量，最终形成学习资源可以无限扩展的建设模式，使服务和知识完美结合。

二是多维管理平台。学生可以根据自身需要自主选择学习内容，安排学习进程，形成个性化培养方案，充分发挥学生的主观能动性，使不同类型的学生各得其所。

(3) 基于大数据的"教学力"与"学习力"综合评价体系

一是"教学力"状态评价体系。遵循"教"的规律构建教师"教学力"状态评价体系。"教学力"包含了教师的学习能力、课程开发能力、专业教学能力和实践能力、技术服务能力以及教学研究能力等，具体表现为对学生的凝聚力、控制力和转化力等。学校依据"教学力"内涵，将改革教学这一"软指标"变为"硬指标"，实施"教学力"评估。构建动态评价、多维评价、分类评价、团队评价"四位一体"的综合评价系统。

二是"学习力"形成性评价体系。遵循"学"的规律建立学生"学习力"形成性评价体系,实施学习过程评价。"学习力"评价改变以往"注重学习结果、忽视学习过程""注重记忆能力、忽视逻辑能力""注重理论推导、忽视问题综合解决能力"的简单方式,建立有利于学生自主探究学习的评价导向,除了将学生的课内表现(听课状态、作业情况等)纳入指标体系,还兼顾学科专业差异,突出学生的个性特质,将学生参与创新活动、自主学习表现等纳入考核,建立多维评价系统。

第二章　以学为中心的泛在学习实践探究

第一节　泛在学习理念下的教学设计
——以《古人谈读书》第二课时教学为例

泛在学习作为一种教育理念依托现代教育技术不断发展逐步走向现实，在小学生语文学习中融入泛在学习理念，是顺应时代发展、教育技术创新、教育模式变革以及实现立德树人根本任务的必由之路。

泛在学习的本质是以人为中心的，基于学习任务进行的主动学习。学生关注的是学习任务本身，而不是学习工具和外在环境。泛在学习理念下的教学设计要聚焦教学目标、学习任务的设计，结合激励性的教学评价调动学生学习的积极性，促进知识的内化。

一、研读教材，做好泛在学习任务规划

（一）结合编排特点，设计泛在阅读任务

《古人谈读书》是统编版小学语文五年级上册第八单元的课文，摘选了《论语》以及朱熹所作文言文。该单元以"读书明智"为主题，编排了精读课文《古人谈读书》《忆读书》和略读课文《我的"长生果"》。三篇课文从不同角度分别介绍了从古至今人们读书的态度、方法、经历与感悟。所选取的内容充分考虑学生的年龄特点，根据三篇课文的编排策略，可以设计课外学习任务，丰富学生的阅读积累。

（二）结合课文特点，设计课前探究任务

《古人谈读书》选取古人关于读书学习的文言文片段，告诉我们读书的态度和方

法。本课教学的第二则选自朱熹《童蒙须知》(一作《训学斋规》),告诉我们读书要心想、眼看、口诵。作者开篇先提出读书的方法,表明观点,接着从正、反两方面进行阐述。课文观点鲜明,说理透彻,理由充分。

(三)结合语文要素,明确教学核心目标

本单元的语文要素是"根据要求梳理信息,把握内容要点"。对照语文要素,教学《古人谈读书》第二则时要引导学生概括出课文主要讲了哪些读书的方法(观点)和理由。

二、结合学情,优化泛在学习驱动

(一)了解学情,把握泛在学习难点

五年级上学期学生已经学习过《司马光》《守株待兔》《王戎不取道旁李》《精卫填海》《文言文二则》等文言文,初步掌握了借助注释等学习文言文的方法,积累了一定的学习经验。前面学习的文言文都有故事情节,很多都是学生耳熟能详的故事,而本课第二则文言文属于说理性文章,缺少情节,不容易引起学生的兴趣,理解起来也有一定的难度。因此,在前置学习和课堂教学中要注意适当丰富教学内容,增加故事化的情节设计,让学生能主动参与到学习中来。

(二)任务驱动,情境化学习探究

根据2022版新课标和"融学课堂"理念,本课的教法主要采用情境教学法、任务驱动法。借助朱子讲学图创设语文学习情境贯穿整节课的教学,以"朱子讲学"构建学习任务群,设计学习活动,给每个学生提供实践机会,满足学生个性化学习的需要(图2-1)。

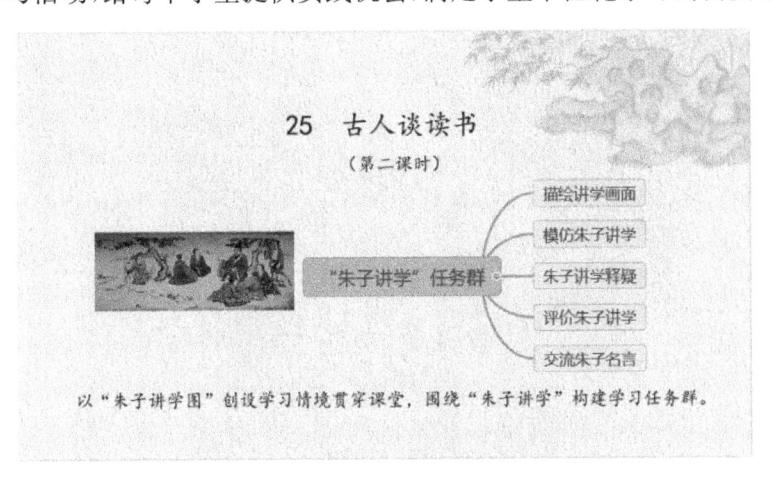

图2-1 以"朱子讲学"构建学习任务群

学法主要采用诵读法、合作探究法、交流讨论法。文言文教学重在朗读,通过层层推进的朗读,体味语调、韵律、节奏、韵味,熟读成诵,悟文明理。通过小组学习的差异化资源,促进学生的深入思考和智慧碰撞,在诵读中感受古韵,在运用中提高能力,在交流中促进思考,在表达中提升素养,让学习真正发生,促进学生核心素养的发展。

三、课堂教学,目标引领下的主动发展

适切的目标可以有效促进学生学习的主动性,激发学习的潜力。在充分研读教材、了解学情的基础上,制订了如下目标:

(1) 认识"矣、岂"2个生字,会写"岂"等生字;
(2) 能正确、流利地朗读课文,背诵课文;
(3) 能借助注释,理解课文大意;
(4) 感受课文所讲读书方法的好处,体会表达的方法。

第一个目标是基于语文学习的基本任务,生字词的掌握是语文学习的基础,也是学生理解文言文的前提。第二个目标是基于语文学习和文言文学习的特点,语文学习要重视语感的培养,对于经典的作品要能够做好积累。第三、第四个目标是围绕单元语文要素进行设计,提升学生梳理信息、把握要点的能力。

具体教学过程如下。

(一) 复习导入,激发兴趣

1. 诵读孔子关于读书的名言(图2-2)。
2. 出示国学大师钱穆的话体会朱熹在儒学上的地位。

图 2-2　课件展示

(设计意图:巩固上节课所学的知识,为新课学习做铺垫,同时通过国学大师钱穆的评价激发学生的学习兴趣。)

(二) 走近作者,识人知书

1. 指名说对朱熹的了解,指名读朱熹的简介。(图 2-3)
2. 猜谜语感受朱熹的成就。

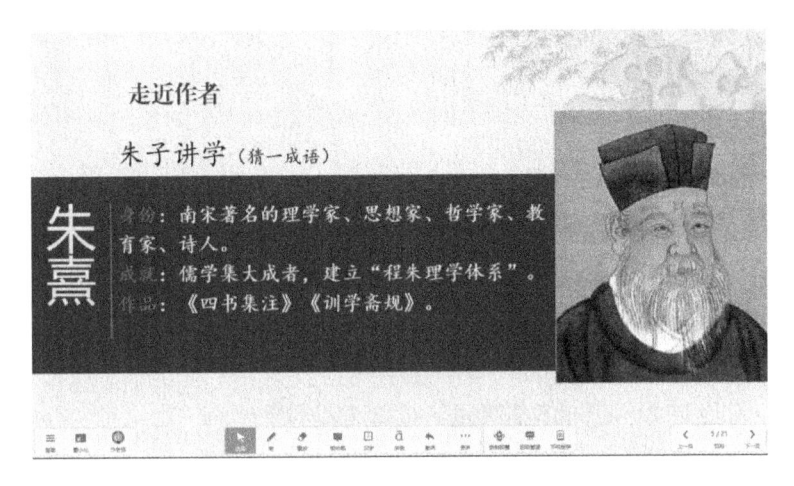

图 2-3　课件展示

3. 观察并描述朱子讲学图,理解《童蒙须知》(一作《训学斋规》)书名的意思。(图 2-4)

图 2-4　课件展示

(设计意图:通过人物简介、猜谜语、描述画面等形式,创设情境,加深学生对朱熹的了解,对书名的理解,促进学生对学习内容的认知,激发学生的求知欲。)

（三）熟读成诵，感知韵味

1. 自读课文，读准字音

出示自读要求：自由读课文，读准字音，声音响亮，注意停顿，难读的地方多读几遍。学生练读。对照自读要求评价。

2. 标出停顿，读出节奏

1）指名学生上黑板标注停顿。
2）讨论点拨。
3）学生练读。

3. 学习"矣"字，读出韵味

1）出示"矣"字，联系"挨"字识记字形。
2）比较：悔之晚矣　此言差矣　心既到矣；探究字义，教师范读，讨论语气词的朗读特点。
3）读好课文中含有语气词的句子：

　　　　心既到矣　记亦不能久也　眼口岂不到乎（图2-5）

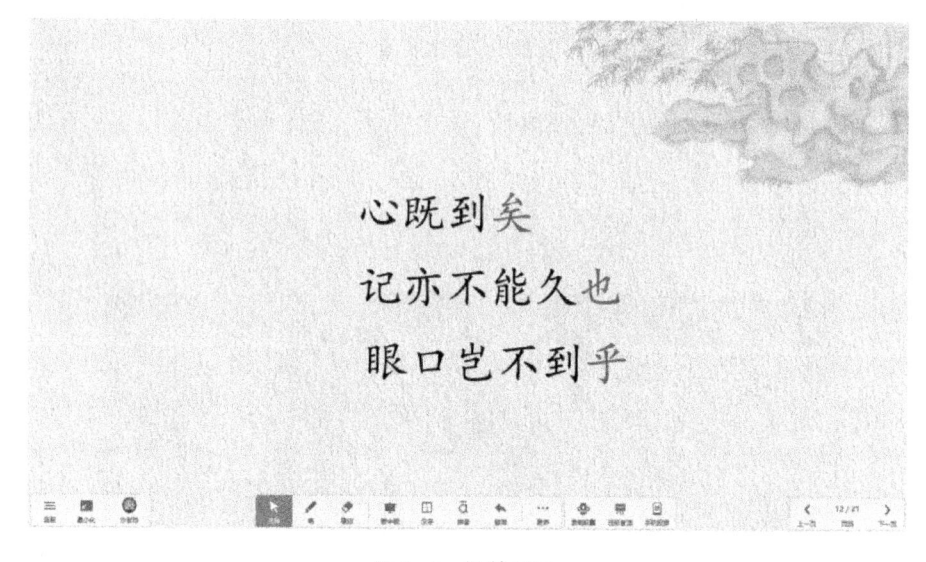

图 2-5　课件展示

4. 自选角色，读出感情

1）观察朱子讲学的画面，了解听讲的对象，讨论所用的语气。
2）学生选择不同的听讲对象，模仿朱子讲学，反复练读。
3）汇报展示，相机评价。（图2-6）

图 2-6　课件展示

（设计意图：文言文的教学，重在正确、流利地朗读，通过语调、韵律、节奏等悟文明理，体会情感。四轮朗读，层层推进，学生读得专注，学得开心。结合讲学画面创设的情境，让说理性文章变得趣味盎然。）

5. 了解方法，突出要点

指名说朱子讲授的读书方法，教师相机板书。

（设计意图：书读百遍，其义自见。熟读方能知其义，在熟读的基础上聚焦课文讲述的读书方法，快速把握课文的要点。）

四、小组讨论，解释文意

1. 创设情境：将朱子的话解释给孩子听。出示小组活动要求：借助注释，用自己的话说说课文的大意，在练习纸上记下遇到的问题并在小组中讨论。

2. 小组讨论

3. 全班汇报

1）交流遇到的问题。

预设：同一个"谓"在这句话中两次出现，结合查字典理解第二个"谓"的意思。

第四句：用反问的语气，起到了强调的作用。结合查字典理解"岂"的本义，联系生活中含"岂"的词理解"岂"的意思。指导书写"岂"：观察字形，总结书写规律"山扁横等距，口张末笔开"，教师范写后，学生练习并自评。（图 2-7）

图 2-7　课件展示

2）指名说课文的大意。

（设计意图：通过小组合作学习，培养学生的质疑能力和合作精神，利用学生间的差异，促进相互学习、深度学习。）

五、体悟写法，交流书签

1. 学生评价朱子的讲学
2. 讨论朱子的讲学好在哪里，体会表达方法

预设：先说观点，再说理由，而且是从正、反两方面来说的。

教师相机板书：观点　理由。

（设计意图：以评价朱子讲学为切入点，帮助学生梳理课文要点，体会表达方法。）

3. 以书签的形式出示朱熹提出的读书方法，学生齐读。（图 2-8）

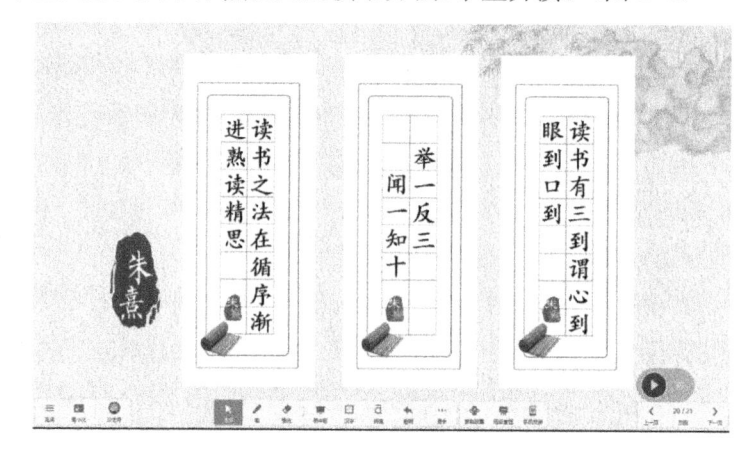

图 2-8　课件展示

4. 选择其中的一条书写出来,思考准备送给谁,表达怎样的祝福

学生书写。

展示交流。

(设计意图:以书签交流的方式送祝福,促进学生对读书方法的思考,增进同学间的友谊,也让交流变得更顺畅自然。)

六、课外拓展,巩固延伸

1. 背诵课文,将意思说给家人听
2. 和家人共读《训学斋规》
3. 搜集名人的读书方法在班级交流

(设计意图:巩固本课教学的重点,通过篇的教学引导学生进行书的阅读,感受祖国优秀的传统文化。课外拓展让学生在语文实践中丰富知识、提高能力。)

【板书设计】

25　古人谈读书

心到

眼到

口到

观点　理由

第二节　高效阅读课堂助推泛在学习能力发展

课堂是教学的主阵地,泛在学习兴趣能力的培养要立足于课堂。阅读教学是语文教学的重头戏,构建高效阅读课堂,对促进学生学习能力提升有着重要的意义。长期以来,课堂的有效、高效问题一直困扰着教师。在这里要说明的是高效指向的是课堂单位时间内学生的收获,而不是学生的收获与教师付出的比值。高效要着眼于学生的长远发展,要面向所有的学生,这样才是真正的以生为本。

一、深入钻研教材——高效课堂的前提

教师在上课之前一定要读懂教材,吃透教材。对于课文的主要内容,表达的主旨,

写作的方法，编者的意图等都要做到心中有数。如果教师自身都不明白，而只是照本宣科，这样教师教得稀里糊涂，学生学得也会不明所以，对于高年级的阅读教学尤为如此。只有研透教材，才能做到长文短教、事半功倍。很多教育名家都强调，书不读熟不开讲。我想这句话既是对学生的要求，更是对教师的要求。从教多年的老师有时会有这样一种感觉，每教一次都会有新的发现、新的感受。如在教学《青海高原一株柳》时，如果仅仅停留在理清课文脉络，解决课后的问题是远远不够的。课后有一个问题：为什么说这是一株神奇的柳树？问题回答起来很简单，关键是阅读如果仅仅满足于解决问题，而疏于对课文的理解，所得就会非常有限。如果教学中紧扣题眼"神奇"，将写柳树的高大粗壮、想象柳树的生长过程、家乡灞河的柳树极易生长与"神奇"的关系理清，学生就会豁然开朗，教起来就会游刃有余，学起来也会轻松自如。在此基础上写法的指导也就水到渠成。

二、把握教学重点——高效课堂的基础

俗话说得好，"好钢用在刀刃上。"课堂教学时间是有限的，高效就是要紧扣教学重点进行有效的学习，促进学生整体学习水平的提高。高效建立在全体学生对教学目标达成度大幅提升的基础上。达成度越高，教学效率越高。不同的年级、不同的单元、不同的课文，教学的目标和重点都不一样。备课时，要根据年级目标、单元教学目标和具体的课文特点来确定教学重点。《聂将军与日本小姑娘》讲述了在抗日战争中，聂将军照顾两个日本孤女的事，课文抓住人物的语言、动作生动塑造了聂将军至仁至义的高大形象。课文抓住典型的场面，生动再现了当时的感人画面。在本课教学中，我将场面描写作为教学的重点。在场面描写的教学中，我着重抓住人物的动作、语言，体会聂将军的慈善、宽容。刚开始教学这一课时，对课后设计的练习"40年后，美穗子拜访聂将军时会怎么说、怎么做？"也只是让学生说说而已。事实上编者这样的安排是有深意的，意在通过想象，进行语言表达，让学生逐步学会场面描写。语文教学中，我们要逐步转变重文本分析，忽视语言实践和方法指导的现象，要在方法点拨的基础上开启学生想象的大门。课堂上我引导学生回顾生活中登门道谢的场景。同时，在表达时让学生关注人物的神态、动作，体会人物的内心活动，取得了良好的教学效果。

三、巧妙设计教学——高效课堂的保证

教学设计要从整体入手，从整本书、整个单元出发进行挖掘迁移，促进方法的内

化。相比较而言,在进行方法迁移时,我们更倾向于关注对课文的挖掘,做到"因材施教"。这样既有利于将问题讲清楚,又有利于学生对知识和方法的牢固掌握。

(一)挖掘教材,课内巩固

要充分利用好教材,从教材中来,到教材中去,在最短的时间内进行知识点的强化。这样做不仅利于目标的达成,也利于培养学生良好的学习习惯。如在教学《天游峰的扫路人》一课时,结合课后问题,引导学生思考明明是写扫路人,为什么要写天游峰的高和险。在学生理解了对比的写法基础上,顺势让学生到课文中找一找,还有哪些地方采用了对比的写法,学生很快就发现将扫路人与游客也进行了对比。有了这一发现,学生显得很兴奋,巩固了学生的认知,也调动了学生学习的积极性。

(二)激活思维,内化语言

只有激活了学生的思维,学生才能真正地参与到课堂学习中来。《螳螂捕蝉》这篇课文,讲的是一位少年通过螳螂捕蝉的故事,巧妙进谏,让吴王打消了攻打楚国的念头。同样是劝说,目的一样,但结果迥异。学习这篇课文时,人们在到底在教什么上产生了争议。有的人认为应将重点放在道理的揭示上,其实道理是显而易见的:前有大臣的劝说,再加上故事的描述和结尾的照应,学生预习后是不难理解的。我觉得关键要将劝谏的艺术探讨作为重点,教学既要基于学习内容,又要体现语文学科工具性的特点。在研究教材时,从课后习题中也发现了两条依据。课后一个题目是"听少年的话,吴王为什么打消了攻打楚国的念头?"编者意在引发学生去比较不同的劝说方式及其产生的不同效果。另一题是要求学生分角色朗读课文、复述课文,达到学习语言、内化语言的目的。由于重点确定得当,设计时读、说、议、演相结合,学生参与率高,思维活跃。

(三)读练结合,张弛有度

高效的课堂,不能片面追求多目标、大容量。关键在于学生收获多少,能够掌握的学生有多少。贪多学不透,不如精讲精练,这就是阅读教学中的以少胜多。《卢沟桥烽火》记叙了卢沟桥事变的经过,揭露了日本侵略者蓄意挑起事端,野蛮侵略我国领土的行径,歌颂了我国军民同仇敌忾,抗击侵略者的顽强精神。编者根据学段目标和本课的特点,在课后练习中安排了体会词语的感情色彩的训练。在备课时,我发现《补充习题》除了有对课后练习的巩固,还将写我军撤退和敌人溃败的语句放在一起进行比较,加深学生对词语感情色彩的理解。补充习题内容设计立足课本,举一反三,对于学生习得方法、提升能力非常有益。眼看千遍,不如手摸一遍。教学中,将补充习题与课堂教学结合，可使课堂动静结合，有张有弛，有效提高课堂效率。同时以词语感情色彩的学习为突破口，在不知不觉中理解了内容，感受到了军民可歌可泣的斗争精神，可谓四两拨千斤。

四、促进主动探索——高效课堂的目标

教是为了不教。这里的"不教"应该包含两层意思：一是在教的过程中增强了学生学习的内驱力，学生实现了从"要我学"到"我要学"的转变；二是培养了学生自主学习的能力，学生实现了从"带我学"到"我能学"的转变。所以在课堂教学中要做到三点：一是促进学生掌握所学的知识；二是让学生习得学习的方法，掌握了方法，学生才能举一反三；三是激发学生的学习兴趣，让学生主动地去学习。而在这三点中，最重要的是第三点，激发学生的兴趣对于学生的学习，甚至对学生的终身学习都是最为重要的。

（一）探索中感受研究的快乐

学习需要动力。动力不是来自廉价的表扬，学生最好的动力就是让他们在学习过程中有所发现，有所收获，享受成功的喜悦。《夜晚的实验》生动地记叙了意大利科学家斯帕拉捷通过多次实验，终于揭开蝙蝠飞行的秘密的事。课文的字里行间充分体现了斯帕拉捷细心观察、善于思考、潜心研究的科学精神。教学中，学生围绕"实验"展开探究：四次实验的顺序是否可以颠倒？这一实验是否有需要完善的地方？你从后人的研究中明白了什么？第一个问题是关注内容，指向实验的过程，具有一定的挑战性；第二个问题是在第一个问题基础上的延伸，需要学生进行缜密的思考；第三个问题关注的是深层次的思维拓展。三个问题环环相扣、层层推进，对提高学生的理解表达和思维水平都有很大的帮助。课后还留了一道思考题：本课与五年级学的《天火之谜》都是写实验，请比较两者的异同。课结束了，可新的探索又拉开帷幕……学生在不断的探索中获得快乐，在问题的解决中收获自信，推动他们不断向前迈进。

（二）阅读中体悟写作的方法

探索文字背后的秘密，既可以满足学生的求知欲，也可以激发学生的写作兴趣，提高学生的作文水平。

"文似看山不喜平"，这是我们常挂在嘴边的一句话。在教学中，我们结合具体的课文，引导学生感悟，让抽象的规律与成功的实践形成对应，并在学生的内心产生共鸣。《半截蜡烛》讲的是"二战"期间伯诺德夫人一家三口和德国军官巧妙周旋保护情报的事情。文章情节曲折，扣人心弦，读了以后让人回味无穷。为保护情报，三个人都

在想办法,他们的言行中折射出勇敢和智慧,两次失败,到第三次成功,情节跌宕起伏。教学中,我从文章的内容入手,根据情节的发展,在黑板上以线条的形式,反映情节的变化。同时,在运用线条表现过程中,我让学生讨论后面情节起伏表现能否和前面一样。学生表示反对,并说明了自己的理由,蜡烛越来越短,形势越来越紧张,想到暴露的后果,也越来越担心,后面起伏应比前面大。将简笔画图和讨论有机结合起来,不仅使学生对文章的情节安排有了清楚的认识,也使学生进一步体会了这样写的妙处。

(三)复习中感受发现的喜悦

教学要有助于学生知识体系的形成。有了《半截蜡烛》的学习,学生对情节安排的"一波三折"有了初步的认识。在学习《三打白骨精》这篇课文时,学生一下子就发现了文章结构上的这一特点。文章的"三打"情节增强了文章的可读性,也更好地塑造了孙悟空这一形象,教学是不是止于此呢?同样是一波三折,是不是有不同之处呢?我让学生默读课文,比较"三打"的不同。学生很快就有所发现,一是人物的变化,二是详略的区别。一打时,悟空先不在场,妖精欺骗后被悟空识破;二打三打,悟空始终在场……在讨论中,有的学生还发现,每次所凸显的人物都不一样:一打主要突出妖精;二打主要突出唐僧,三打主要突出悟空。接着我布置了一项课后作业,找一找四大名著中与"三"有关的故事情节,比较其写法上的特点。这样做,既调动了学生课外阅读的积极性,又进一步加深了学生对"一波三折"写法的认识,可谓一举两得。

作为语文教师,要着眼于学生语文学习能力的培养,提高课堂教学效率,做到整体设计。在研读教材的基础上,把握好语文学科特点,抓住教学的重点,引导学生在语言实践中体验成功的喜悦,促进学生积极主动的探索。只有吃得透,抓得准,在关键处着力,才能收到事半功倍的效果,才能达到教师乐教、学生乐学的境界,才能更好地提升学生的语文素养。

第三节　构建语文泛在学习智慧课堂场域

随着现代教育技术的发展,网络、智能化已经深入人们的生活,作为学校教育,更应当顺势而为,进行教育教学变革。现在我国的教育信息化已经进入了创新发展阶段,《教育信息化 2.0 行动计划》中提出实施"智慧教育创新发展行动"。学生的学习方式正在发生变革,作为学校,要将泛在学习和智慧课堂相结合,以智慧课堂建设促进教育教学方式的变革。作为语文教师,更要充分依托智慧课堂,构建语文泛在学习场域,增强学生语文学习体验。

一、智慧互联：泛在学习场域显著特征

场域是受共同行为规则制约并由一组符合惯例的言语情景构成的活动领域。一个场域可以被定义为在各种位置之间存在的客观关系的一个网络，或一个构型。进一步说，场域是一种具有相对独立性的社会空间，相对独立性即是不同场域相互区别的标志。

智慧课堂以学生为中心，在信息技术的支撑下，为学生学习提供智能化、多元化的服务，充分满足学生个性化学习需要。在智慧课堂中，学生实现了信息的及时获取，学习结果的及时反馈，教师、学生、学习资源实现了紧密的关联。可以说智慧课堂给学生构建了便捷的学习环境，对于提升学生的泛在学习水平具有重要的作用。

二、观照个体：增强泛在学习具身体验

智能手机对学生有着很强的吸引力，原因在于它具有反复尝试、及时肯定、自主选择、多维开放、交流顺畅的优势。依托网络、云计算、智慧白板技术的智慧课堂从某种意义上来说让尝试、激励、自主、开放、合作得到了很好的整合，促进了学生语文学习的具身体验，让学生在不知不觉中爱上学习，融入语文学习中。

（一）依托平台，开放学习环境

如何把握学习的起点？教学的重点应放在哪里？教师必须要对学生的预习情况实时了解。在传统的教学中，这个问题是没有办法解决的。依托白板云平台技术，教师可以推送学习任务，网络可以收集学生预习中遇到的问题。时空的开放，使课堂教学得到了有效的延伸，同时任务式的驱动，可以有效地提高学习效率，培养学生良好的学习习惯。教师可以根据学生反馈的问题，为所教的学生量身定做个性化的教学设计，让课堂教学更具针对性。同时开放式的学习环境，可以减少学生学习时的干扰，专注于学习内容。

（二）依靠网络，实现实时分析

网络环境是智慧课堂的前提条件。对于语文教学而言，要提高教学效率必须能够及时了解学生存在的问题。以语文字词教学为例，在开始学习课文时，老师要花大量时间用于巩固读音，认清字形，费时且低效。特别是生字词较多的课文更是如此。在智慧课堂里，我们可以使用白板软件配套的答题器解决这个问题。如可以通过选择读

音,了解学生读音掌握情况。学生选择后,白板软件会实时对学生回答进行自动批改并将对错情况显示在屏幕上。点击错误的选项,能准确显示答错同学的名字。这时老师可以精确掌握学生难点,并可有针对性地对答错的同学进行个别化的训练。这样的反馈可以让学生的注意力更加专注,增强学习反馈的效果。

(三)依靠导图,理清课文脉络

语文学习只有理清了作者的思路,才能真正领会谋篇布局、遣词造句的妙处。《滴水穿石的启示》通过古今中外的名人事例及雨水的例子从正、反两方面说明了目标专一而不三心二意,持之以恒而不半途而废,才能实现我们美好的理想的道理。课文从太极洞内的奇观切入,再举事例说明,最后点明观点。课文从生活现象入手,娓娓道来,不蔓不枝,很有说服力。教学中,可以充分利用白板软件的思维导图功能,让学生分组讨论作者的思路。然后到屏幕上通过拖拽的方式移动文字向全班汇报小组学习的成果。这样的汇报更直观形象,同时能很好地锻炼学生的表达能力。我在实际教学中,将全班同学分成五个组(教室里有五块希沃一体机),每组6至7名同学进行讨论。在讨论时,要求每组先让潜能生先讲,然后大家补充。必须人人发言,最后由一人向全班汇报。汇报时,前面小组讲过的内容不再重复,只作补充发言。依托交互白板软件的思维导图,让抽象的思维变得直观有趣,激发了学生的参与意识,有效利用学习差异进行个性化学习指导。

(四)利用"活动",激活学生思维

在智慧课堂的白板软件中,提供了"课堂活动"这一模块,包括趣味分类、超级分类、选词填空、知识配对、分组竞争。这里的每一项都可应用在语文课堂教学中。特别是分组竞争,两组的选手可以同时在一块大屏上操作。答题的得分根据正确率及时显示,软件中的卡通形象随着答题情况实时变换表情,充分调动学生学习的热情,有效培养学生学习专注力和思维力。分类可以用于事物,也可以用于词性,还可变通用于对错的判断。选词填空可以用于近义词的辨析,帮助学生体会锤炼词语的乐趣。知识配对可以较直观地呈现学生思考的过程,检验结果的对错。如教《滴水穿石的启示》一课时,为了帮助学生更好地理解课文,我将启示中的四个关键词"目标专一、三心二意、持之以恒、半途而废"从句中拿出来让学生填入句中并说明理由。此项活动看似简单,实际操作却很有讲究。一种操作就是学生到大屏上将词语拖入正确位置,然后齐读。另一种是分组在大屏上操作,这时可能出现三种情况,一是全部正确,二是两种前后颠倒,三是未能将相反的进行正确配对。对于第一种情况,先问为什么这么做,然后追问前后两组调一下行不行。对于第二种情况可以让学生和书上的对照,想一想能不能调

过来说,从而让学生体会到要想取得成功,要先有目标,然后再持之以恒地去努力。第三种情况则让其关注句子中的"而不",感受前后空格上的词语意思应该是相反的。如果能结合课文说出课文先讲了李时珍、爱迪生、齐白石的例子,然后再说雨水,是先说目标专一取得成功的,再说半途而废而失败的;在讲述每个人物事例时,是先说目标,再说他们是如何努力的,这样就更精彩了。长期这样训练,学生的思维会越来越活跃。特别值得一提的是,这样的教学课件可以传屏到学生的平板上,让学生自主练习,及时自我检查答题对错。学生在尝试中不断获得成功的体验,增强学习上的满足感和幸福感!

(五)推送资源,促进个性化学习

古人说:功夫在诗外。写诗如此,读文亦是如此,课堂教学也不例外。传统的阅读教学在一篇课文上花费了很多的时间。其实学好语文,离不开丰富的积累。智慧课堂可以及时推送大量与学习有关的资料供学生自主选择阅读,满足学生个性化学习的需要(图2-1)。如《滴水穿石的启示》教学中,学生通过阅读资料,结合《本草纲目》进行介绍,突出了李时珍取得成功与他立志学医、不懈努力是密不可分的。交流爱迪生的故事,学生知道了爱迪生的乐观,当别人嘲笑爱迪生失败了1 500次时,爱迪生回答:"我没有失败,我知道了这1 500种材料不适合做灯丝。"学生通过研究齐白石的虾图及题字,从白石老人题字所反映的年龄上感受老人持之以恒的精神。所有这些都是学生通过自主阅读后与大家进行的交流。这也是交互式白板软件与平常课件的区别。交互式白板软件让学生自主选择、自主探究,能促使学生学会学习;而平常的课件都是老师给学生出示,大家看到的内容是一样的,顺序是一样的,即使是小组讨论时也会陷入信息相同觉得无话可说的窘境。

三、智慧课堂:促进泛在学习场域建构

智慧课堂在受到关注的同时,也存在着一些认识上的问题,正确看待这些问题,有助于促进观念转变,扩大智慧课堂的影响力,构建更加强大的语文学习深度体验场域。

(一)高昂投入与全面推广

智慧课堂尽管被大家看好,但是能够投入使用的学校却很少。一间教室建设起来要几十万元,但是不是就没有解决的办法呢?答案是否定的。只要有平台,只要每个班级教室都配备网络和一体机,智慧课堂教学就可以开展。虽然分组呈现时少了一些大屏,但也可以为每个组配备一个平板,汇报时进行投屏操作,从而达到同样的效果。

(二)教学模式与个人风格

智慧课堂在构建学生语文学习深度体验的同时,也要提高教师的应用体验。在普及过程中,建议先探索总结几种教学模式,让老师们照样操作,在模仿中学会应用。如果一开始就让每个人自己去设计,势必会让更多的人产生畏难情绪。有了模式,操作起来简单,熟能生巧。熟练了,自然就能与个人的教学风格得到有机的融合,进而催生创新做法。

(三)深度体验与班级授课

语文学习的深度体验在于个性化学习需要得到满足。如果在智慧课堂教学设计中忽视这一特点,只能说是经过重新包装的传统课堂。在推广中,要改变班级授课与个性化学习相矛盾这一观念。有了平台的支撑,这样的问题是可以得到有效解决的。特别是随着技术的发展,软件会越来越完善,实时反馈诊断的功能会更强,使用起来会更加便捷。

(四)教学资源与备课投入

学校不仅要重视硬件的投入,更要注重软件的应用。智慧课堂虽处于起步阶段,但已取得了显著的效果。如现在很多的智慧课堂学习平台在做好软件的同时,越来越重视云资源的建设。教师通过账号登录平台,可以搜索到很多可以借鉴的资源,有效改变了过去每上一节课都要投入大量的精力的局面。在学校中,可以有计划地推进,利用备课组的力量去集体建设,形成个性化的学校资源,这样会取得更好的效果。

总之,智慧课堂促进了语文泛在学习课堂场域的建构,增强了学生语文学习的成就感,激发了学生语文学习的内驱力。深入推进语文泛在学习场域研究,可以更好地促进学生语文学习方式的变革,提高学生自主学习能力,从而更好地提升学生的语文素养。

第四节 基于单元整体设计的泛在学习探索
—— 以统编版小学语文第五单元为例

2022版义务教育语文课程标准指出:"语文是实践性很强的课程,应该着重培养语文实践能力。"语文是母语课程,学习资源无处不在,无时不有,要充分将学生的语文学习与生活实践相联系,在实践中不断提高学生的语文能力。

泛在学习的重点是自主学习,即采取主动的学习行动。学习兴趣是学生主动学习的内驱力。课程标准在学习目标中多处强调"兴趣"的重要性。单元整体教学设计可以统筹做好学习活动设计,课内外有效衔接,有效激发学生的求知欲望。

单元整体教学设计有助于开阔学生视野,有助于知识的迁移运用,可以帮助学生有效建立知识架构,能更有效地吸引学生参加到课堂学习和课后实践,增强学生语文学习的获得感和成就感。

一、教材梳理

统编版小学语文第五单元为习作单元,安排了"精读课文""初试身手""交流平台""习作例文""习作"五部分内容。"精读课文"包括《海上日出》《记金华的双龙洞》。"交流平台"结合精读课文对如何写游记进行回顾、梳理。"初试身手"让学生运用学到的习作方法练习表达,教材安排了两项内容:第一项,引导学生画路线图,介绍参观顺序,落实过渡句的训练;第二项,引导学生观察附近的一处景物,按一定的顺序把景物写下来。通过这两项训练,为单元习作做准备。"习作例文"为学生的习作提供范例,继续体会写法。同时旁边的批注引导学生写作时要按顺序、写好过渡、写清特点。"习作"是将本单元学到的方法加以运用,强调写清游览顺序,写好印象深的景物。

二、教学思路

本单元的语文要素"了解课文按一定顺序写景物的方法"和习作要求"学习按游览的顺序写景物"共同组成本单元学习目标,单元的各个部分都为此服务。每一部分的教学都要围绕这一关键能力培养展开,其他内容的教学要能服务于这一中心任务。整体来说就是先了解"课文按一定顺序写景物的方法",再通过练笔、尝试"学习按游览的顺序写景物"。在整个教学的过程中要注意读写双线的融通,为了更好地促进学生的学习,遵循"认识—实践—再认识—再实践"的认知规律,将《记金华的双龙洞》与"初试身手""交流平台""习作例文"进行统整,在指导的过程中,借助对"了解课文按一定顺序写景物的方法"中的"顺序"和"方法"的研究,细化单元目标,做到化整为零,逐个击破,迁移运用,培养关键能力,达成学习目标。

三、框架设计

围绕单元目标"了解课文按一定顺序写景物的方法""学习按游览的顺序写景物",对教材进行统整,将《记金华的双龙洞》与"初试身手"相融合,将从课文中学到的写过渡句和写景的方法进行迁移;将"交流平台"与"习作例文"相融合,更好地梳理按一定顺序写景物的方法。统整后的单元结构符合学生的认知规律,提高了教学的效率。为了更好地达成单元目标,从"顺序"和"方法"两个维度细化课时目标,如《记金华的双龙洞》在"顺序"方面的任务是理清游览路线,学会用过渡句交代游踪;在"方法"方面的任务是学习写过渡句的方法,学习"直观描写+真实感受"的方法。在实施策略上,创设具体的情境,设计学习任务群,促进学生的主动探究,培养学生的关键能力,从而实现单元教学目标。(图 2-9)

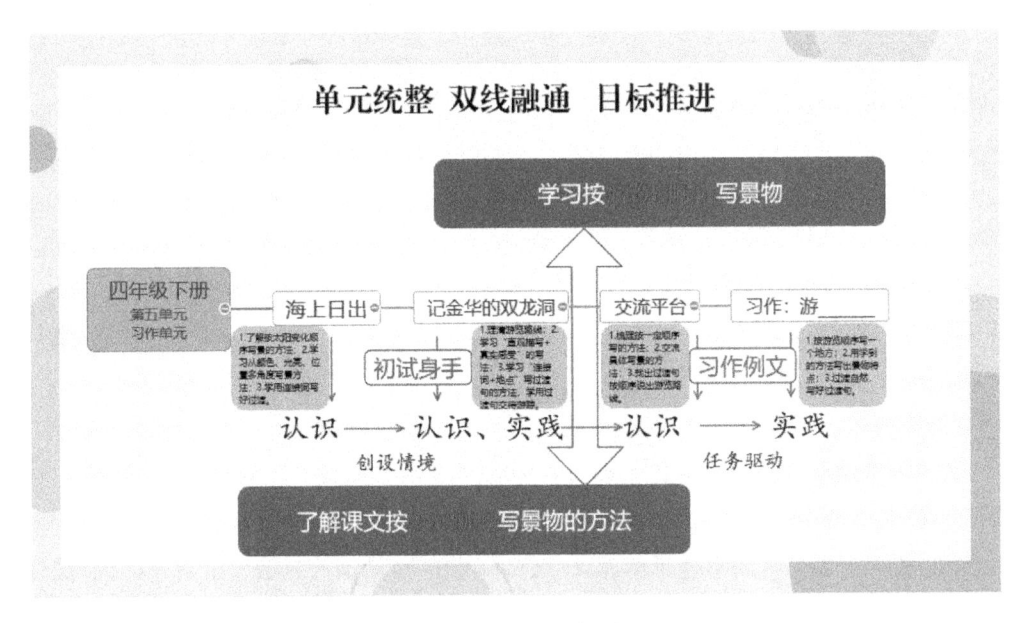

图 2-9 单元教学目标

整个教学,从单元目标出发,结合认知规律,教材有效统整,进行逆向设计,目标细化到位,读写双线融通,教学层层推进,有效促进学生思维发展和能力提升。

四、课堂教学

课时教学设计是落实立德树人任务、落实单元教学目标的重要环节。在课时教学中，要将单元教学目标进行分解、细化，结合具体的学习任务，在具体的情境中去落实。接下来以《记金华的双龙洞》第二课时为例进行说明。

教材分析：

《记金华的双龙洞》记叙作者游览金华双龙洞的过程，按游览的先后顺序，依次介绍去双龙洞路上、洞口、外洞、孔隙、内洞的见闻感受及出洞情况。文中多次描述了作者行踪变化，游览路线是课文的线索之一，在不同地点，作者都写到泉水，泉水流经的路线，是课文的另一线索。（图2-10）

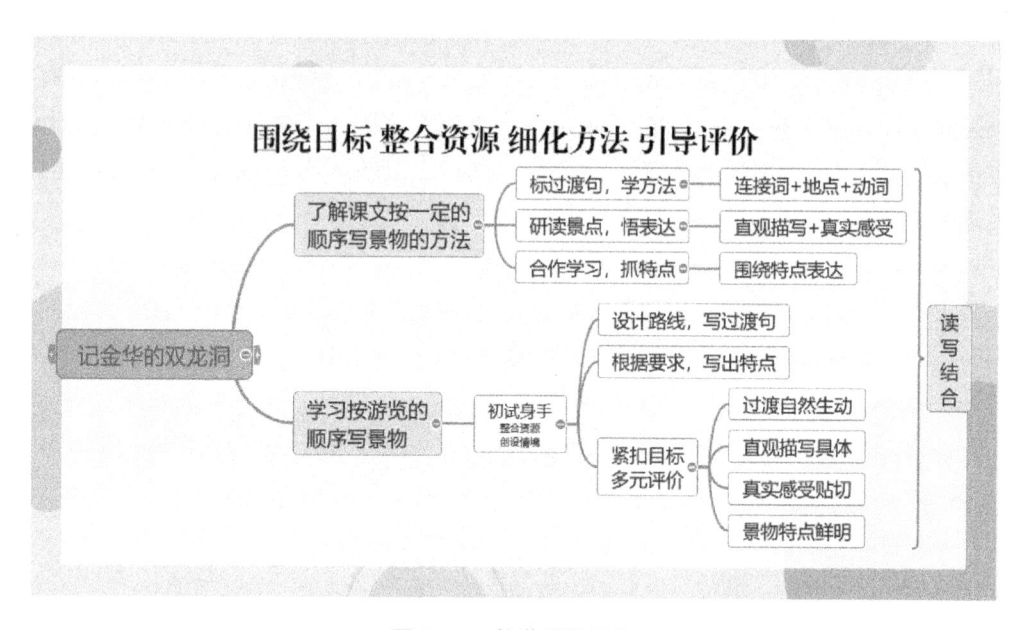

图 2-10 教学目标细化

本单元的语文要素是"了解课文按一定顺序写景物的方法"、习作要求是"学习按游览的顺序写景物"，要实现单元目标，就要结合课文将目标进行细化。第一篇《海上日出》的教学主要是帮助学生了解课文"按一定顺序写景物的方法"，了解连接词，抓住不同画面感受颜色、光亮、位置的变化，感受海上日出的壮观、神奇，丰富学生对"顺序"的认知，学习抓住"变化"写景物的"方法"，为《记金华的双龙洞》的学习作铺垫。《记金华的双龙洞》的学习要在体会过渡、体会特点、学用方法方面进行深耕，促进按顺序写景物方法的内化与应用。根据单元语文要素、习作要求和本课特点，将目标细化为学写过渡（连接词＋地点）、抓住特点、学习表达（直观描写＋真实感受），从而将目标落到实处。（图2-11）

设计理念：

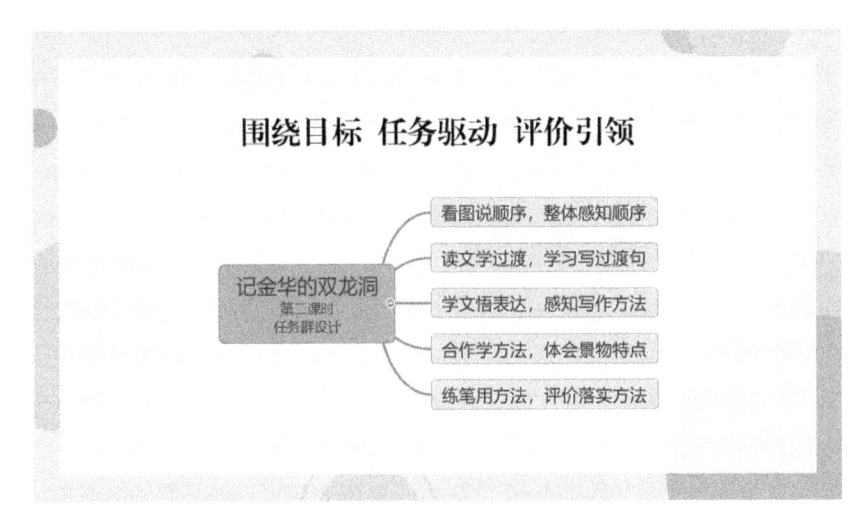

围绕目标 任务驱动 评价引领

记金华的双龙洞
第二课时
任务群设计
- 看图说顺序，整体感知顺序
- 读文学过渡，学习写过渡句
- 学文悟表达，感知写作方法
- 合作学方法，体会景物特点
- 练笔用方法，评价落实方法

图 2-11　教学目标分解顺序

以单元目标为引领，紧紧围绕单元语文要素和习作要求，确立课时教学目标，以学习任务为载体，设计语文学习任务群；创设丰富多样的学习情境，设计富有挑战性的学习活动，引导学生注重积累，勤于思考，乐于实践，勇于探索，促进学生自主、合作、探究学习，如结合画面说过渡、联系生活练表达、小组合作学方法；选用恰当的评价方式，抓住关键，突出重点，在练笔环节，对照教学训练点，列出评价表格，增强评价的多元性与互动性，促进评价方式的变革。

学习目标：

（1）理清作者游览顺序，了解按游览的顺序写景的方法；

（2）学习过渡句的写法，把游踪写清楚、写生动；

（3）感受双龙洞各处景物的特点，了解课文是如何把重点景物写清楚的，感受大自然的神奇美丽。

学习过程如下。

（一）学习任务 1：看图说顺序

1. 上节课我们随着叶圣陶先生来到金华，初步游览了金华的双龙洞。指名学生对照板画说游览顺序。

（路上、洞口、外洞、孔隙、内洞、出洞）

2. 本节课我们继续学习课文，学习作者是如何按顺序把景物特点写具体的。学生齐读课题。

3. 小结:写游记时,我们不仅要选择主要的景点,还要按照游览的顺序来写,这样有利于将游览过程介绍清楚。

(设计意图:写好游记时不仅要选择主要的景点,还要交代游览路线。开始以画面创设情境,结合画面标注主要景点,同时回顾路线,直观形象,为后续学文练笔做好铺垫。)

(二) 学习任务 2:读文学过渡

1. 作者是怎样把游览顺序表达清楚的呢?请大家快速浏览课文,画出作者游览地点变化的句子。

2. 学生汇报,根据学生回答在屏幕上显示。

3. 比较如果没有这些句子,读起来有怎样的感觉?

(不知道作者是怎样游览的,也不知道各处景物之间的关系,读起来也不连贯)

4. 点拨:(出示文中的过渡句)这些句子,它们用上一些连接词将每个地点巧妙地串联起来,我们称它们为过渡句。(标注连接词)学生说一说知道的别的连接词。

5. 讨论怎样写过渡句。(连接词+地点)

6. 出示"初试身手"中植物园示意图,仿照文中过渡句的写法,口头说一说游览路线。(图 2-12)

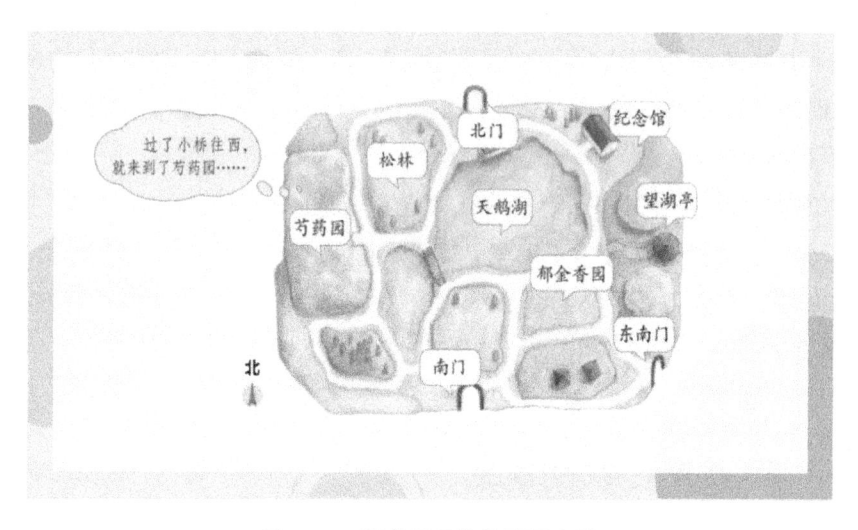

图 2-12　课件展示植物园示意图

7. 小结:写游记时,要巧妙地使用过渡句,让游览顺序更清楚,让文章表达更生动。(板书:巧妙过渡)

(设计意图:写过渡句是写游记的一个难点,按一定顺序写游记,首先要写好顺序。

学生在找、画、读、思中感受过渡句的特点,概括过渡句的写法,并结合教材"初试身手"中植物园示意图进行训练,用学到的方法去解决真实情境的问题,促进关键能力的形成。)

(三) 学习任务3:学文悟表达

1. 浏览课文,找一找最让作者感到好奇和紧张的景点。
(如:孔隙)

2. 默读描写孔隙的这段话,说说孔隙有什么特点?(板书:狭小)

3. 自由读课文第五自然段,边读边思考:从哪些地方感受到了孔隙的狭小?圈画文中的关键词句,并作简要批注。

预设:

(1)"怎样小的小船呢?两个人并排仰卧,刚合适,再没法容第三个人,是这样小的小船。"

点拨:从这句话中你读出了什么?

(小船的小突出了孔隙的狭小。)

(2)"船两头都系着绳子,管理处的工人先进内洞,在里边拉绳子,船就进去,在外洞的工人拉另一头的绳子,船就出来。"

点拨:一般船的行进方式是怎样的?

(行船方式突出了孔隙的狭小。)

(3)"我怀着好奇的心情独个儿仰卧在小船里,自以为从后脑到肩背,到臀部,到脚跟,没有一处不贴着船底了,才说一声'行了',船就慢慢移动。"

点拨:这句话中哪个词用得好?为什么?

("贴"字写出了独特的乘船姿势,用"贴"强调了必须紧挨船底,防止碰到石壁。乘船姿势的独特突出了孔隙的狭小。)

(4)"眼前昏暗了,可是还能感觉左右和上方的山石似乎都在朝我挤压过来。我又感觉要是把头稍微抬起一点儿,准会撞破额角,擦伤鼻子。"

点拨:"挤压"能换成"挤"或"压"吗?

说话练习:要是我把_____稍微_____一点儿,准会_____。

现在的你什么心情?带着这种心情来读一读这两句话。

(乘船时真实的感受突出了孔隙的狭小。)

4. 结合上面的交流思考:同样是突出孔隙的狭小,刚才所研讨的几个角度有何不同?

(分别是对景物的直观描写和游览时的真实感受)(板书:直观描写、真实感受)

小结:描写景物时,我们可以采用直观描写和真实感受相结合的写法,更好地突出景物特点,给人身临其境的感觉。

(设计意图:如何写好景物的特点是写游记的重点,研讨课文时不仅要读出景物的特点,更要从中学习写景的方法。本环节从读文入手,体会作者如何突出景物特点,再进行写法提炼,便于迁移运用。)

(四)学习任务4:合作学方法

1. 小组合作学习:用不同符号标出双龙洞其他景点直观描写和作者真实感受的句子,抓住关键词语体会它们的特点,完成学习单。

表2-1 学习单示例

景点	洞口	外洞	孔隙	内洞
直观描写			并排仰卧、刚合适、再没法容……	
真实感受			贴着、挤压、稍微、准会……	
景物特点			狭小	

2. 小组汇报

①质疑:学习过程中是否有没有解决的问题?

(预设:"十来进"有多大?这里"进"是量词,平房的住宅内分前后几排,一排为一进)

②分小组汇报,汇报时屏幕投影小组填写的学习单

洞口:直观描写(很宽);真实感受(像桥洞似的);特点(宽)。

外洞:直观描写高高的石顶;真实感受(仿佛到了个大会堂,一千或是八百人开个会,不觉得拥挤)特点:(大)。

(点拨:写感受时可以采用打比方和列数据的方法,准确地突出景物的特点!)

内洞:直观描写(一团漆黑、只能照见小小的一块地方,余外全是昏暗,蜿蜒在洞顶的双龙,一条黄龙,一条青龙,依据形状想象,名目有四十多,形状变化多端,颜色各异);真实感受(不知道有多么宽广,即使不比作什么,也很值得观赏);特点(黑、奇、大)。

小结:通过刚才的交流我们发现,作者通过直观描写与真实感受相结合的方法,生动地展现了景物的特点。我们在写作时要学会运用这样的方法突出景物的特点。(板书:突出特点)

(设计意图:以表格为支架,运用合作、探究的学习方式,丰富对直观描写与真实感受相结合的方法的认知,更好地促进写法的内化。)

(五) 学习任务5：练笔用方法

1. 通过今天的学习,我们学会了写过渡句,还学会了直观描写与真实感受相结合的方法。现在我们再次走进植物园,去欣赏郁金香园的景色(出示郁金香园的景色)。你能用学到的方法写出景物的特点吗?(提醒写完后对照评价表进行评价)

2. 出示评价表。

表2-2 评价表示例

景点	自评(每项一颗星)	互评(每项一颗星)
交代游踪		
直观描写		
真实感受		
突出特点		
文从字顺		

3. 学生自主练习,教师巡视。
4. 写完后对照评价表进行自评、互评。学生根据评价结果进行修改完善。
5. 小组推荐代表在全班交流。
6. 小结:刚才我们选取了当中的一处景点进行了练习,如果再选择两到三处景点,加上开头,就形成了一篇完整的游记。

(设计意图:以游览植物园为情境,根据出示的图片进行写的训练,在单元目标引领下结合本课学习内容制订评价量表,通过评价量表引导学生进行反思,实现了目标引领下的"教学评"一体化,提高了学习效率,更好地服务于单元写作。)

(六) 布置作业,拓展阅读

要想把景物写生动,除了今天学到的方法,我们还要在比较中不断地学习并在实践中尝试。课后请大家比较阅读:《记金华的双龙洞》与"习作例文"中的两篇文章,思考:同是写景,在写法上有何异同?

(设计意图:通过比较促使学生深入思考,总结共同点,加深对按一定顺序写的理解;思考不同点,丰富对表达景物特点方法的认知。同时将学习从课内引向课外,促进学生自主学习、主动发展。)

相关板书设计见图2-13。

17 记金华的双龙洞

巧妙过渡
直观描写
真实感受
突出特点

路上　洞口　外洞　孔隙　内洞　出洞
　　　宽　　大　　狭小　黑、奇、大

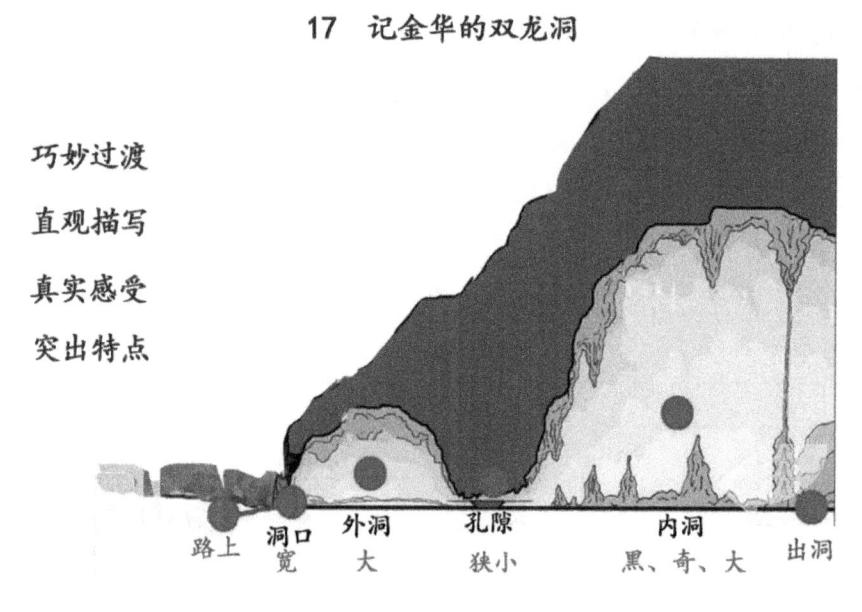

图 2-13　板书设计

教学反思：

《记金华的双龙洞》是统编版四年级下册第五单元的第二篇精读课文。本单元的主要任务是按游览顺序写一个地方，培养学生按顺序写景物的能力。教学时，牢牢把握单元教学的中心任务，培养学生关键能力的形成。

（一）聚焦：让教学目标更明晰

目标的细化要结合单元语文要素及教材特点。在精读课文的教学中，往往会受阅读单元教学的影响，从朗读理解、积累运用、拓展实践等方面进行目标定位。但是作为习作单元，每一部分的教学、每一个环节的设计都要围绕"按一定顺序写"这一关键能力展开，在研读教材的过程中，从"顺序"和"方法"两个维度，从回顾景点理顺序、抓住过渡写顺序、理解特点练表达三个方面确立教学目标，迈好落实单元语文要素的第一步。

（二）融合：让课堂教学更高效

在本课教学过程中，立足整个单元，有效整合教材。课堂中出示的植物园平面图源于本单元的"初试身手"部分。教学中，两次运用这幅图，训练学生练习表达游览顺序，非常直观且形象，创设了情境，也让学生更好地体会到如何结合实际进行表达，将写作与生活进行了很好的链接。在学完课文后写的环节中，再次出示图片，出示郁金香园的画面，学生综合运用学到的方法进行练习，做到读写评结合，提高了教学效率。

（三）推进：让方法学习更扎实

习作单元要让学生动起来，要在实践中练习写作。本课教学中紧扣"巧妙过渡""直观描写""真实感受""写出特点"设计教学任务，不走过场，不流于形式。无论是学写过渡句，还是学习"直观描写＋真实感受"的写法，都设计了多个学习活动，有序推进，促进了写法的内化和迁移。学生在实践中发现，学得轻松、练得有效。

整节课的教学通过细化课时目标，有效整合教材，科学设计任务群，激发了学生的兴趣，促进了写法的内化和迁移。所以学生最后写也好、评也好都像模像样。

以上的教学设计和反思，均基于单元整体教学进行，在合理统整教材，提高教学效率的同时，更有助于知识体系的形成；以任务为驱动，激发学生参与的积极性，促进学生的主动学习；实现了课内外的融合，以目标任务引领学生自主探究，让泛在学习真正发生。

第五节　基于泛在学习视角的小学文言文教学

泛在学习的关键是激发学生主动学习的意识，促进学生学习方式的改革。文言是中国文化的根，文言文蕴含着中华优秀的传统文化。学习文言文可以认识中华文化的丰厚博大，汲取民族文化智慧。小学阶段是学生语言发展的重要时期，以短小而富有趣味的文言文调动学生的生活经验，激发学生的学习兴趣，对培养学生学习的主动性、促进学生的语言发展和语文核心素养的提升都有着非常重要的意义。统编版小学语文教材从三年级起有机地安排了篇幅简短、有趣的文言文，让学生感受文言文的特点，培养学生学习文言文的兴趣。在 2022 版《语文课程标准》中对文言文的教学提出"能借助工具书阅读浅易文言文""过程性评价重点考查学生在语文学习过程中表现出来的学习态度、参与程度和核心素养的发展水平"。但在实践中因对文言文特点认识不足，对教学目标把握不准，导致教学环节冗繁，目标偏离，学生学习兴趣缺失。泛在学习视角的小学文言文教学就是在课程标准总目标下，从儿童语言发展出发，基于儿童学习需要，精准制订课时目标，明确每个教学环节着力点，给学生提供必要的符合学生年龄特点的学习支撑，让学生爱学、乐学。

一、准确定位:把准文言文教学目标

文言文教学目标的确立要认真研读课程标准和教材,目标过低,教学低效,影响学生的语文素养的提升;目标过高,学生难以达成,人为地为学生的发展设置障碍;适宜的目标,方能有效调动学生学习的积极性,激发学生学习文言文的兴趣。

对于小学而言,文言文教学要将诵读、积累放在重要位置,要紧扣课后习题制订教学具体目标。如二上《司马光砸缸》的课后练习为"1.跟着老师朗读课文,注意词句间的停顿。背诵课文。2.借助注释,用自己的话讲一讲这个故事。3.这篇课文的语言和其他课文有什么不同?和同学交流。"《王戎不取道旁李》的课后练习为"1.正确、流利地朗读课文。背诵课文。2.结合注释,用自己的话讲讲这个故事。3.说说为什么'树在道旁而多子,此必苦李'。"前者安排在三年级上学期,后者安排在四年级上学期。其共同点是都有读、背的要求。读利于增强语感,读也是学习语言的重要手段;背是为了积累语言,内化语言。在读、背的基础上,都采用了讲故事的学习方式,这样的安排符合学生的年龄特点。但我们也应看到不同学段教学目标的渐进变化。从二上的跟读,到三上的正确、流利地朗读;从关注课文的不同形式,到关注对文本内容的思考。读的要求在提高,对思维的要求也是渐进式上升。

二、儿童立场:满足学生学习需要

文言文的学习,对于小学生来说有别于白话文的学习。适当的教学方式有助于学生主动认知,亲近文言文,为后续学习奠定基础。

一是遵循儿童的学习规律。无论是第一、第二学段,还是第三学段,对语言学习的兴趣均远远重于对语文知识的掌握。在语言学习时需要经历感知、模仿、练习的过程。所以我们在教学时,要关注学生对文言文学习的兴趣,流程安排时要循序渐进。

二是采用适当的学习方式。一篇文言文,无论长短,对于学生而言,可能只是内容的不同,难易的区别。如果教学方式无法调动学生的学习兴趣,学生将会与文言文渐渐疏远,甚至让学生失去亲近优秀传统文化的机会。

三是了解学生的学习需求。学生会的不要讲,讲了只会更多地消耗学生的学习兴趣,浪费学生宝贵的学习时间。课前备课时,要具体分析学生学习的难点,抓住教学的重点,引导学生深入探究,交流研讨,让学习真正发生,做到学有所思、学有所获。

四是重视个性化学习指导。学生的发展存在差异,同样的学习要求,对不同的学生来说难度是不一样的。设计教学环节时,要充分考虑不同的发展水平,做好个性化学习指导：(1)利用差异化资源,促进共同提高,小组内互学互助、同桌间互帮互学都是很好的措施；(2)利用现代技术手段,准确定位需要帮助的学生,即时给予帮助；(3)对发展水平不同的学生进行分层要求、分层指导。

教学的儿童立场,就是课堂上眼中要有儿童,要根据学生学习的需要展开教学。而不是根据预设一味地执行教案。

三、聚焦关键：促使学习真正发生

课堂学习能否真正发生,关键看学生是否能投入课堂学习,语言能力是否得到训练,思维水平是否得到提高,情感态度是否得到增强。课堂在关注学生参与的同时,更要从以下几个方面去分析和思考。

（一）对照目标确立点

课堂的时间是有限的,每一篇课文的安排都有其意图,不能以一篇涵盖全部,更不能随心所欲。课文教学前要仔细分析单元的人文主题和语文要素,力求做到有机结合。同时关注课文后的习题,结合年级段要求确定教学目标。然后将目标与课文进行对照,确定好教学的难点和重点,努力做到巧妙解决难点,细致落实重点。如在教学《书戴嵩画牛》一课时,我用图示的方式帮助学生识记了"曝"的字形,并记住了它的意思,用时少,效果好,一图胜千言。理解文章的内容是本课的重点,我通过结合画面理解关键句的意思,结合全篇理解人物形象,联系生活理解蕴含的道理,层层推进,加深学生对课文的理解。

（二）基于需要突出点

文言文课堂教学要基于学生发展和学习需要,突出教学和训练的重点。点不宜多,教学时力量要集中,力求实效,富有成效,达到高效。因此在教学设计时,就要精简环节,减少干扰。试教《书戴嵩画牛》时,我在课前针对教学中存在的问题,搜集了大量的资料,对于存在的问题进行了细致的研究。无论是在检查自学情况、课文理解上,还是在拓展延伸上都做了精心的设计。在教学中发现,花费时间长,增加了学生的学习负担,教学重点未能得到凸显。在交流研讨后,对于正音环节和课文朗读环节,突出易错的,避免面面俱到；课文理解部分,从开始的逐句对应,到抓住难以理解的句子,从而将更多的时间留给学生练习编讲故事。

（三）落实语言训练点

　　文言文的教学是语文教学的有机组成部分，同样遵循语文教学的规律。文言文教学和白话文教学一样，同样要落实语言训练。不同的篇目，训练的侧重点不同。有的侧重于一字多义，如《学弈》《王戎不取道旁李》中，多次出现"之"字，通过对"之"的理解，让学生感受文言文的魅力，提升学生的理解能力。有的侧重于句式的训练，如三年级上册《司马光》一课中，教学时老师抓住"群儿戏于庭"，引导学生进行仿写，学生学习的积极性很高，"群儿戏于操场""群儿戏于道旁"……在此基础上，还说出了"群生学于室"等句子，学生的创作热情和学习自信得到极大增强。仿写加深了对课文的理解，应用增强了对文言文学习的兴趣。显而易见，学生会从内心喜欢上文言文。

（四）拓展延伸增长点

　　文言文是前人留下的宝贵的精神财富，内容博大精深。在教学文言文时，教师要有广阔的视野，要站在文化传承的角度，以一篇带多篇，以一篇带一本，以一篇了解一个人，以一篇了解一段历史。老师在教学了《王戎不取道旁李》后，向学生推荐了《世说新语》，并出示了里面的小故事，激发学生的阅读兴趣。在教学《书戴嵩画牛》时，课堂上我出示乾隆先后两次为《斗牛图》写的题跋，让学生走近关于《斗牛图》的历史之争。学完课文后，我推荐了苏轼的另一篇题跋《书黄筌画雀》，难易程度相当，写法相同，利于学生迁移运用，加深理解。

（五）环节设置有趣点

　　文言文学习因理解上有一定难度，对一部分孩子来说带有一定的畏难心理。教学中，如果只是一味地读、一味地讲，只能让学生感到枯燥，让原本有畏难情绪的学生丧失兴趣。结合导入揭题、字词学习、课文理解、拓展延伸进行符合学生年龄特点的教学设计，让课堂有趣，让学生充满兴趣，对于学生投入学习和后续文言文学习来说，都是意义非凡的事情。如将《书戴嵩画牛》做成一本连环画，学生在实践中，动手动脑，学得兴趣盎然。

（六）前置学习增起点

　　有准备的课堂是高效的课堂，有准备的学习是高效的学习。课堂的前置学习对于促进学生语文素养的提升有着非常重要的作用。首先，前置学习往往是学生自主探究的过程，可以培养学生的自主学习能力。其次，前置学习可以让学生在原有学习基础上，加深对所要学习内容的理解，可以让更多的学生主动地参与到课堂学习中来。如教学《书戴嵩画牛》时,让学生提前阅读连环画《三难苏东坡》,加深了学生对苏东坡的理解,也对连环画这种传统的表现形式有了直观的认识。这样学习苏东坡写的这篇题跋时,就缩短了与文本的距离;也为制作古今对照版连环画《书戴嵩画牛》做了铺垫。

四、搭建支架:提供有效学习支撑

学生学习文言文遇到困难时,教师要搭建学习支架,帮助学生突破学习障碍。

(一)图文对照

形象的画面有助于学生对语言的理解和记忆。如果缺少表象的积累,学生就无法将文字还原成画面,想象和创造新思维都会受到影响。特别是小学生,刚接触到文言文,以图文对照的形式,可以很直观地帮助学生理解句子的意思。同时可以通过画面的选择,促进学生高阶思维水平的提高。如《书戴嵩画牛》中,对于牧童的话,我选择了四幅图。这样学生在用文中的话给图写说明时,就要仔细分辨,到底画的是哪一句。学生不仅要观察,还要仔细理解牧童话语的意思,这样才能顺利完成任务。

(二)链接生活

语文的学习离不开生活。文言文的学习同样离不开生活。文言文所写的内容有的需要我们从古人的生活中去进行解释,有的需要结合现在的生活进行理解。如《囊萤夜读》中"夏月则练囊盛数十萤火以照书"。在理解"练囊"时,仅仅用文字解释是不够的,还要让学生想一想:如果让你选择不同的白布,你会用什么样的白布来做袋子?是厚一些的,还是薄一些的?为什么?这样不仅加深了学生对课文的理解,还提高了学生的思维能力。

(三)对比阅读

小学阶段的文言文选择的往往是一些清浅、有趣、典雅的小故事。教学中,如果提供白话文版的故事,可以有效降低学生学习文言文的难度。同时还可以在对比中感受文言文的语言特点。在文言文教学起始年级,提供的白话文与文言文的吻合度可以高一些,加深对文言词语的理解,感受文言文翻译成白话文的方法。高年级的白话文版故事,情节大致相同即可,这样在提供辅助的同时,还可以引导学生比较异同,引导学生更好地创编故事,更好地落实高年级文言文学习要求。

（四）思维导图

学习文言文时，引导学生画思维导图可以帮助学生理解意思，还可以帮助学生快速记忆，更能让学生在动手中感受学习的乐趣。五年级上册《古人谈读书》的学习，相对来说有点单调，没有情节，只是古人关于读书的名言。根据单元教学的语文要素"根据要求梳理信息，把握内容要点"，可以组织学生围绕问题"课文是从哪几个方面来谈读书的"画出思维导图，然后进行交流，从而让单调的理解意思转变为主动的思辨活动，用积极主动的创造代替机械的识记，在思维碰撞中闪烁智慧的光芒，体会成功的喜悦。

小学阶段的文言文学习，要着眼于文化的传承发展，关注学生语文的核心素养，聚焦学生发展的关键点，精准施策，为学生文言文学习提供有效支撑，为学生的语文学习打开一扇明亮的窗，去领略祖国传统文化的迷人风景。

第六节　基于新课标的小学语文融合教学实践探索

随着教育现代化的发展，信息技术手段运用成为语文教学中的一种常态。与此同时，信息技术简单化、过度化的运用也随之而来，降低了语文教学效率，也影响着学生语文素养的提升。2022年4月，2022版义务教育语文课程标准（以下简称新课标）颁布实施，给语文融合教学指明了探索的方向，提供了实践的路径。

一、新课标中融合教学的内涵

语文是母语课程，与社会生活紧密联系。信息技术在生活中的深度应用给生活带来了极大的便利。学生的发展不能脱离社会现实，新的技术手段，理应成为语文学习的资源和方式。新课标充分关注社会生活的变化，倡导在语文教学中关注互联网时代语文生活的变化，探索语文教与学方式的变革，促进信息技术与语文教学的深度融合，拓展语文学习空间，促进评价方式改革，发挥信息技术在学习情境设计、教学资源提供、个性化学习指导、学习证据收集等方面的优势，提高语文教学效益。

（一）总体要求

新课标中明确提出提升教师的信息素养，促进信息技术与语文教学的深度融合。当中的"深度"二字是首次提出，意味着信息技术要更好地为语文教学服务，运用得要恰当，不能停留在简单的文字、图片的呈现上，要能够运用信息技术更好地突破教学的重点、难点，促进教学评价的变革，要在智能化、提高语文教学效益上下功夫。教师要加强信息素养的提升，将信息技术的新成果及时地引入语文教学中，为学生发展服务。

（二）具体措施

1. 拓展语文学习空间

现实生活与信息技术深度融合的秘诀在于网络平台应用、多终端支持和大数据采集。语文融合教学的发展必须打破过去课件单机版使用的局限，引导教师积极进行网络平台的应用探索，不能只满足于课件的使用，要求学生借助网络平台，丰富学生的语文学习生活。在教师的组织下，有的学生将自己的朗读、文章、手抄报等上传到自己的空间与人分享，有的学生利用网络资源结合自己的薄弱点进行巩固性训练，有的学生利用网络与同伴进行交流……在混合式教学中，学生因故不能到校上课的，则在家中连线与在校学生同上一节课。

2. 促进评价方式改革

评价方式的改革不仅体现在课堂，而且要注意与课外学习、家庭教育的联系，在反馈上做到及时高效。要学会借用信息技术制作智能化程度高的课件，选用网络化的课件平台，实时进行学习情况反馈；通过网络平台，对学习情况过程性数据进行采集，通过大数据对学生的语文学习进行诊断。

3. 创设语文学习情境

情境是新课标中的高频词，新课标还对情境进行了分类，强调让情境贯穿于教、学、评的各个环节。信息技术在创设语文学习情境方面具有得天独厚的优势。要根据教学内容特点，选择好相应的情境，再采用合适的信息技术手段进行情境创设。

4. 强化个性化学习指导

个性化学习是未来教育发展的方向。利用信息化整合的资源要能够考虑到学生的个体差异，满足学生个性化学习的需要，做到资源丰富、交互性强、功能体系完善，提供及时诊断，方便学生自学。

5. 做好学习证据的收集

通过收集学习证据，引导教师发散思维，学会运用网络空间，利用网络平台软件，收集学习成果，完成实时反馈，进行大数据分析，为改进教学提供依据。

二、新课标理念下的融合教学样态

新课标理念下的语文融合教学前提是教师信息技术应用水平的提升，以信息素养的提升促进信息技术与语文教学的深度融合。

（一）分类实施，创设多样情境

新课标指出，要基于情境去学语文。新课标对情境进行了分类，分为日常生活、文学体验、跨学科学习三类语言文字运用情境。在实践操作中，要结合不同情境的特点进行深度设计。

1. 创设日常"真实"情境，再现生活真实的情境

在现代的舞台表演中，随着音乐的旋律，舞台上变换着不同的生活场景，让人以为置身于真实的生活当中。有时电视机前的观众竟为敲击的鼓面上溅起的是否是真实的水花而发生争论。试想在这样的环境中，演员的表演能不投入？如果置身于这样的课堂，学生的精神能不振奋？六年级说新闻的语文实践活动中，我截取了中央电视台新闻播报时的画面作为背景，录制了两个新闻短片，男女各一个，便于男女生分别模仿。并将播音员播报的新闻打印出来发给每个学生。每则新闻就几句话，学生前一天晚上背诵，并反复观看视频进行模仿，努力做到声情并茂。第二天，学生轮流上台展示，让每个学生都体会一下当中央电视台播音员的感觉。整个过程学生们都很投入。真实情境的创设，关键在"真"，在于郑重其事，在于精心准备，充分利用信息技术呈现逼真的效果。

2. 结合文字，呈现情境尝试表达

文学的语言是经过锤炼的，结合文字创设的情境也是审美意象的恰当选择和巧妙组合，从而与文字相得益彰。四年级下册"语文园地一"词句段运用中，要求是：读句子，再选一幅图画照样子写一写。教学设计一种是在学习例子的基础上，将图呈现在屏幕上，学生选择一幅进行练习。另一种是将题目中的画面进行分解，同时再提供一些景物，学生在屏幕上可以自由选择3至5种进行组合，然后再仿照样子进行描绘。第二种教学充分运用了媒体的交互功能，给了学生自主选择、动手操作的机会，在操作中促进了观察与思考，在组合中更是融入了审美创造，融入了个人丰富的情感，表达起来也就水到渠成。第二种设计中，要关注一个细节，就是景物数量的限制，既要与教材原意一致，也要避免学生在构图上花费过多的时间，分散学生的注意力。

3. 选择主题，制作互动式课件

引导学生在探究中学习，运用语文及其他学科知识去解决问题。如主题手抄报的制作，教师可以通过提供素材进行拖动式排版，快速完成版面设计，让学生在操作中体验学习的乐趣。

（二）任务驱动，促进深度学习

课程内容是以任务群的形式呈现的，基于新课标的教学要对照课标对接相应的任务群，然后确定教学内容，开展实践活动。

统编版语文四年级下册第六单元围绕"成长"这个主题编排了《文言文二则》《小英雄雨来（节选）》《我们家的男子汉》《芦花鞋》四篇课文，展示了不同时代少年儿童成长的故事。依据教材内容和课程内容，结合四年级学生的学情，可以确定该单元教学内容要点是：了解长文章结构的特点，整体感知、学习、把握文章的主要内容，品味语言，感受人物形象和优秀品质。教学内容确定后，再结合具体的课文确定情境，设计学习任务，开展语文实践活动。《文言文二则》的教学中，结合课文插图、课文内容想象车胤夜晚读书的情境，在集体讨论用组词法理解文言文的基础上，设计了研究性学习任务，分组讨论文中可以采用组词法解释的字，然后小组派代表进行汇报。在汇报的时候关注每组汇报的差异之处，以差异化资源促进学生的深入思考。

（三）及时反馈，促进个性化学习

新课标要求树立教学评一体化的意识，让评价贯穿教学的全过程。在教学评价时，要科学选择评价方式，合理使用评价工具，妥善运用评价语言，注重鼓励学生，激发学习积极性。如何更好地反映学生语文学习状态，更好地发挥不同教师的主动性和创造性，让评价与日常的语文教学有机融合？易课堂、班级优化大师这两款软件都可以很好地融入教学过程，评价的维度可以实现班级按需定制。如在语文作业完成方面，可以设定按时完成作业、书写认真、书写美观、全部正确、订正及时、作文出色等。而这些指标的设置并不是一成不变的，可以根据班级语文学习阶段性的问题逐步完善。这样的指标设计，让每个学生都能从中获得肯定，也能更全面地了解每一个学生语文学习的状态。

在课堂教学中，还可以利用希沃白板的智能交互功能及时对练习情况进行评价，便于学生自我改进。教学五上《古人谈读书》中的生字"矣"时，笔者先出示学过的"挨"，然后点击去掉提手旁，指名学生认读，学生一下子就记住了这个字。再出示"悔之晚矣 此言差矣 心已到矣"让学生去观察，推送课件页面到学生平板电脑上，学生尝试选择恰当的选项：A. "矣"一般在句尾；B. 是语气词，相当于"了"。学生选择完成后，软件及时进行判断并给出激励性评价，激发了学生的学习兴趣。接下来让学生试着说一说每句话的意思，学生轻松理解了文中"心既到矣"的意思。这一环节的设计，从学生已有知识经验入手，运用图像处理软件将字进行分组和透明化处理，巧妙地帮助学生打通知识上的联系，再通过自主尝试练习理解字义，进而理解句意，达成目标。

（四）小组合作，促进课堂生成

小组学习在新课标中得到了特别的强调，究其原因，主要有以下几点。一是落实核心素养的需要。素养来自基于真实生活情境的语文实践，小组学习利于学习情境的创设。二是小组学习为学生提供了更多语文实践的机会，更有利于促进整体水平的提升，也能凸显学生的主体地位。三是小组学习更有利于满足个性化学习需要。如何进行小组学习？网络化教学软件希沃易课堂与希沃白板软件相结合，可以很好地为小组活动提供支持。在四年级下学期《文言文二则》教学组词法释义这一环节中，我先出示课后练习，结合书上旁边的小提示，说说例子的意思。接着完成书后练习，对于不同的答案讨论：是否都可以？明确两点：一是用加点词组词，二是意思相近。然后进行点拨：文言文有的词语和我们现在的意思基本一样，这时可以用组词的方法帮助我们理解。在此基础上，开展小组合作学习。指名读小组学习要求，根据要求进行小组交流活动。

小组活动时，教师通过易课堂软件推送单张课件图2-14。该课件采用希沃白板软件中的超级分类功能进行制作，学生将其认为可以用组词法释义的字拖动到后面的图标上完成标注。通过小组学习，给每个学生提供了表达、交流的机会。同时小组讨论结束后，四块大屏可以直观地呈现小组间的学习差异，促进学生的进一步思考。从别的小组差异化学习成果中获取学习资源，促进深度学习。教学中让学生读懂例子学习方法。在小组合作中学用方法，在相互讲解中促进内化，给了学生与同伴更好的展示、锻炼的机会。

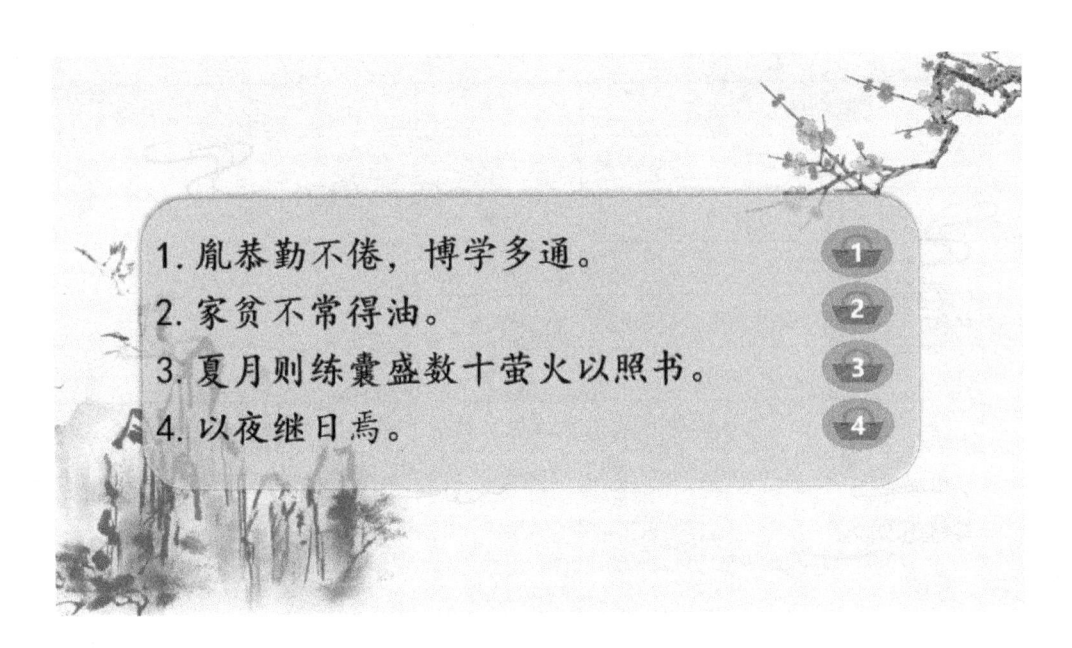

1. 胤恭勤不倦，博学多通。
2. 家贫不常得油。
3. 夏月则练囊盛数十萤火以照书。
4. 以夜继日焉。

图 2-14　小组学习课件展示

在日常教育环境下，可以采用拍照上传的形式进行展示、汇报，也可取得同样的效果。如四下《口语交际》的例子《朋友相处的秘诀》，从教学内容看属于发展型任务群的思辨性阅读与表达，本学习任务群旨在引导学生在语文实践活动中，通过阅读、比较、推断、质疑、讨论等方式，梳理观点、事实与材料及其关系；辨析态度与立场，辨别是非、善恶、美丑，保持好奇心和求知欲，养成勤学好问的习惯；负责任、有中心、有条理、重证据地表达，培养理性思维和理性精神。第二学段的教学内容有在日常学习和生活中，主动记录、整理、交流自己发现的问题和思考，学习辨析、质疑、提问等方法。这里我们要抓住当中的关键词，抓住当中的方式、方法，确定教学内容。结合教材可以这样进行设计：同桌讨论怎样才能更好地汇总小组的意见？（不限于书上的一种形式）如果我们只教书上的，只能说明我们的思想还只停留在教知识的基础上，而没有将学生的发展放在第一位，没有与学生的生活相联系，缺少语文学习情境的创设。在此基础上，讨论朋友相处的秘诀，明确小组学习的任务，用量表引领小组学习。从分工方式、活动参与、活动成果、汇报展示、活动秩序等方面进行量化，引导学生内化评价标准、把握评价尺度，在评价中学会评价。根据难易程度给出权重，根据完成的情况进行打分。小组活动完成后，将成果和评价表同时拍照上传，全班同学在听取汇报的同时，对照评价量表进行评议，充分发挥评价的功能，让学生不仅会学，还要会评，学会进行自我诊断、自我调控。

表 2-3　评价表示例

项目	星数	成绩	总成绩
任务明确，人人都有分工	★		
积极参与，人人完成任务	★★		
及时记录，围绕目的记录	★★		
整理统计，合并相同意见，标出大多数人认同的意见	★★★		
有条理地汇报，声音响亮	★★		

新课标为语文融合教学的探索指明了方向，作为一线教师，要做的工作就是发挥聪明才智朝着理想的样子前行。信息技术的发展日新月异，语文融合教学只有以信息技术为支撑，与现实生活实现同频共振，才会焕发出更加蓬勃的生机，助力师生更好地发展。

第七节　融合生长：挖掘古诗教学价值　促进写作水平提升

古诗是中华民族文学宝库中一颗璀璨的明珠。古诗的学习历来受到人们的重视。当孩子咿呀学语的时候，长辈们就会教孩子背诵古诗。有很多孩子在上学前就已会背很多首古诗。翻开统编版语文课本，里面古诗的比重明显增加。但从古诗教学的现状来看，课堂所学往往是课前所知的，难以调动学生的学习积极性，对提升学生的语文素养成效甚微。如果我们从写作视域统整古诗教学，就能更加充分地发挥古诗的文学价值，调动学生的积极性，促进学生的更好发展。

一、学诗与写诗

"诗言志，歌永言"，意思是说诗歌是用来表达人们内心的思想情感的。"诗言志"是诗的本质特征，这一点是我国古代文论家的共识。《毛诗序》云："诗者，志之所之也。在心为志，发言为诗。情动于中，而形于言。言之不足，故嗟叹之。嗟叹之不足，故永歌之。永歌之不足，不知手之舞之，足之蹈之也。"诗歌本来是不分家的，诗的韵律美充分说明了这一点。古代的启蒙读物基本是以韵文形式出现的。现在教材的编写也是充分注意到了这一点。以统编版一年级语文上册课本为例，除了古诗，还安排了现代诗歌、对韵歌。可以说编者充分考虑到了中国古诗学习的特点。

古人学诗以吟咏体悟为主。吟咏是感受其韵律美，体悟是感悟诗人情感。但这些并不是学诗的目的，学诗是为了以诗言志。读诗是为了学习和模仿，在读的基础上，古人更注重写诗。诗人高兴时写，伤心时写；相逢时写，送别时写。诗能绘景，诗能叙事，诗能抒情；诗中有儿女情长，诗中有家园故土，诗中有国家大义。古代，弟子常在老师的带领下，游历赋诗。"暮春者，春服既成，冠者五六人，童子六七人，浴乎沂，风乎舞雩，咏而归。""两句三年得，一吟双泪流"，由此可见，诗与生活紧密相连，诗承载着人们的喜怒哀乐。

随着社会的发展，白话文的兴起，古诗的教学也在发生着显著的变化。现在的古诗教学，基本上是了解作者，理解诗意，体会诗情。和古人学诗相比，缺少了与写作的融合，现在的教学止步于体会抒发的情感。而表达才是阅读的目的，现代文的教学强调读写结合，古诗的学习亦应如此。文化的传承，不能仅仅是积累，更应从中汲取写作的智慧，更好地传承和发扬中国的传统文化。

二、古诗与表达

（一）古诗是学习表达的宝库

古诗虽然篇幅短小，但是其所包含的表达技巧却包罗万象。

从修辞方面来说，常见的比喻、拟人、排比、夸张、借代、对比、设问、反问、对偶在古诗中比比皆是。就拿《咏鹅》来说，诗中的"曲项向天歌"采用了拟人的修辞手法，生动地描绘了鹅仰头欢叫的情景。"白毛浮绿水，红掌拨清波"一句诗人用对偶的手法抓住颜色突出画面的美感。当中"浮""拨"相对，生动描绘鹅在水中凫游的姿态。"白毛""红掌"相对，"绿水""清波"相对：白毛红掌，绿水清波，相互映衬，美不胜收。从表现手法来看，或渲染烘托；或直抒胸臆，或借景抒情。从表达方式来讲，叙事、描写、抒情、议论在诗中更是举不胜举。《咏鹅》这首诗以描写为主，动静结合，形、色、声多角度呈现，表达了诗人对白鹅的喜爱之情。对于小学生来说，谋篇布局是一个难点。古人写诗分"起、承、转、合"四步。如果学诗时关注这一点，可以帮助学生更好地理解诗意和诗人表达的匠心所在，让学生不仅知其然，更知其所以然。比如说《咏鹅》这首诗，第一句"鹅、鹅、鹅"，紧扣诗题，这是"起"，这与我们写作指导时告诉学生要点题是一脉相承的；第二句"曲项向天歌"，承上句"鹅"字，引申出"歌"来，展现了鹅向天欢鸣的动人画面，这是"承"。"白毛浮绿水"诗人笔锋一转，由鹅的欢歌转向其浮于水上的画面，使人眼前一亮，以绿水更显鹅的外形之美，这便是"转"。是诗人写作的匠心所在。"红掌拨清波"是"合",扣合"咏鹅"诗题,照应第一句,使全诗浑然一体。

更重要的是,这首诗家喻户晓,人人耳熟能详,当教学中与写作相链接后,能更好地激发学生探索的欲望,满足不同层次学生学习的需要。说诗意、悟诗情只是停留在诗人写了什么、为什么写的层面上,而怎样写才是学诗的关键所在。

(二)古诗是精彩表达的范例

古人写诗讲究"炼字""炼句""炼篇",其中所蕴含的严谨的写作态度也对学生起着潜移默化的影响。

"炼字"是根据写作的需要,选择准确且富有表现力的字词表情达意。古人写诗很讲究"炼字",当中流传着很多生动的故事。王安石写《泊船瓜洲》,就"春风又绿江南岸"中的"绿"字,他先后换过"到、过、入、满"等词,都不满意,后来无意中看到岸边盎然的绿色,豁然开朗,最后决定用"绿"字。一个"绿"字生动展现了春风拂过,大地一片绿色的生机勃勃的画面,更表现了诗人对新法推行的内心活动。关于"炼字",贾岛"推敲"的故事更是被传为美谈。相传贾岛在写《题李凝幽居》时,对"鸟宿池边树,僧敲月下门"中到底用"推"还是"敲"拿不定主意,骑在驴背上一边吟咏一边做着动作,不小心冲撞了韩愈的仪仗队。韩愈问清缘由,思考后觉得用"敲"字好,"敲"字突出了月夜的宁静,表明自己是一个有礼貌的人,读起来也响亮些。两个故事,一个是诗人反复思考,一个是两人共同商讨,从中可以看出"炼字"是古人写诗的一种非常好的习惯。教学中,要以"炼字"为突破口,引导学生体会用词的精妙,学会斟酌字词。如在教学《暮江吟》时,老师设问:"一道残阳铺水中"的"铺"字能换成"照"字吗?通过小组讨论,全班交流,学生体会到"铺"准确地写出了余晖斜照、江面洒满阳光的景象。可谓一字传神,让人心生向往。

"炼句"就是对诗句进行精雕细琢,使之传神动人。前人论诗有"句乃诗之眼"的说法,要写好古诗,就不能没有打动读者的佳句。如果文天祥的《过零丁洋》中没有"人生自古谁无死,留取丹心照汗青"这样的名句,就不会成为流传千古的名篇。提起《望庐山瀑布》,人们肯定会对"飞流直下三千尺,疑是银河落九天"印象深刻。诗人通过夸张、想象等手法,让诗句直抵人们的心灵。

季羡林:"说写作:炼字、炼句重要,炼篇尤其重要"。现在的语文教学,在指导学生谋篇上还是有所欠缺的。自由表达不是无逻辑的表达。写作文要一环扣一环,语句之间要有一种内在的逻辑性。古诗篇幅不长,但在整体布局上非常讲究,就像前面所说的"起、承、转、合"一样,有章可循。教师要指导学生学会构思,下笔前要做到"胸有成竹"。

（三）古诗是学习表达的捷径

现代文篇幅长，分析冗长，对于小学生而言很难记住。而古诗简短，朗朗上口，便于反复吟咏体味。即使一时没有明白，也会有顿悟的一刻。同时向古诗学习表达的方法比较灵活，根据不同的学段可以分为几个不同的层次：一是了解古诗的写作方法，领会其是如何表达的；二是在训练时将古诗中用到的写作技巧和方法运用到平时的作文当中；三是尝试在文中模仿创作诗句，以其点缀文章，增添文采；四是尝试进行诗的创作，可从现代诗入手，逐步过渡到古体诗。向古诗学习表达，不是让每个学生去写诗。诗只不过是一个例子。今天学古诗与过去学古诗的目的应该一脉相承，都要指向写作。虽然形式在变，但万变不离其宗，都是适当运用写作方法达到表达情感的目的。

三、课标与策略

无论是古诗还是现代文的教学都属于阅读教学，在研读《课程标准》时，我们不仅要关注诗歌的教学要求，而且要关注阅读的教学要求，要将两者结合起来看。如语文课程标准对第三学段阅读教学要求指出"在阅读中了解文章的表达顺序，体会作者的思想感情，初步领悟文章的基本表达方法"。对表达顺序和表达方法的学习提出了明确的要求。如何从写作的视角进行古诗教学，可以采取如下策略。

（一）根据目标定内容

学习写作不是一蹴而就的，就像古人教孩子学诗一样，要循序渐进。新修订的语文课程标准指出，低年级学生"诵读儿歌、儿童诗和浅近的古诗，展开想象，获得初步的情感体验，感受语言的优美"，对古诗的选择、学习的目标提出了明确的要求。怎样与表达进行结合？请关注要求当中的"想象"，"想象"要通过语言来表达，学生结合诗人的想象进行丰富和拓展，通过表达进行外显，这一过程就是学表达的过程。"感受语言的优美"则是激发学生的学习兴趣，并以此为范例，进行创造性的表达。同时通过反复诵读，让学生感受语言的音韵美，培养学生的语感，为语言的运用奠定基础。如一位老师在教学《咏鹅》时，先通过涂色感受画面色彩的明丽，再让学生用自己的话来说一说诗中描绘的画面，然后让学生添画，尝试用上好看的色彩，再说一说。这样的处理，让孩子在操作中体会写作上的方法：抓住色彩来写出事物的特点。课后老师布置学生观察小动物，试着抓住颜色来说一说观察的对象。这样的设计既符合教学的年段目标，又与表达进行了有机的结合，起到了"润物细无声"的教学效果，学生的学习兴趣和表达能力也有了显著的提高。

（二）循序渐进悟写法

古诗的教学和现代文阅读教学一样，分析教材时要关注其表达上的特点，结合单元教学目标进行学法设计，让学生在不断探索中有所发现，感受诗人表达的匠心之处，体验学习的成就感和满足感。如六上第十七课《古诗三首》共选取了三首古诗《浪淘沙（其一）》《江南春》《书湖阴先生壁》。单元的语文要素是抓住关键句把握文章的主要观点。课文中的三首诗都采用了想象的表现手法，让画面更加生动形象，更好地抒发了诗人的情感。

如《书湖阴先生壁》的第一句"茅檐长扫净无苔"，诗人看到的是庭院很干净，而"长扫"则是诗人由眼前之景所产生的想象，让表达的内容更加丰富，画面更加鲜活，更感受到了诗人对湖阴先生的欣赏。同样下一句"花木成畦手自栽"中"手自栽"也有异曲同工之妙，诗人勤劳质朴的形象跃然纸上。三四句"一水护田将绿绕，两山排闼送青来"，诗人将山水想象成人，主动亲近湖阴先生，突出其品行之高洁。三四句除了运用拟人的修辞手法外，还运用了对偶和用典的手法，增强了表达的效果。一位老师在试教这首诗时，先是解释诗题，然后学生初读古诗，读准字音和节奏；再讲解诗句的意思；接着交流三四句的修辞手法，最后体会人物形象。这样的设计，定位在理解诗的内容和人物形象的感悟，学生学习的兴趣和积极性不高。经过研讨，后来在目标中加入学习想象，化静为动的写法，体会用典的妙处。对教学设计进行了如下的调整：首先设计了一个主问题：你觉得诗人和湖阴先生之间的关系怎样？以大问题统领学生的学习活动，激活学生的思维。根据学生的交流，相机进行点拨。学习一二句时，通过分辨看到的、想到的、怎么知道的感受两个友人之间的深厚感情，提炼方法：想象和化静为动。学习三四句时，让学生观察有什么发现，有的学生很快发现诗人同样采用了化静为动的方法。其次通过理解诗意，体会拟人手法，感受诗人对朋友的仰慕。最后结合课后第二题再读诗句，学习对偶的修辞手法，补充对偶修辞手法的特点。对偶讲求工整，这里的"护田"是一个典故。作者想用这个典故说明什么？要做到对仗工整的话，想一想下一句哪一处也应该用典。质疑为什么"如今直上银河去，同到牵牛织女家"只有一处用典。这样的设计调整，让学生不仅知道作者要表达什么，更体会到诗人表达的精妙之处。

（三）结合写法巧迁移

有人说，体会古诗的写法本来就很难，要做到迁移更是难上加难。写法的迁移运用可分为两种情况：一是了解这种写法和作用并能在阅读中运用，提高学生的阅读鉴赏能力；二是能借用古诗的写法提升现代文的写作能力。如《书湖阴先生壁》，第一句用了想象的手法，化静为动，突出了人物的特点。在分析第一句的基础上，学生通过讨论交流，能自主鉴赏下面三句中想象方法的运用，说明其已初步掌握了这样的方法。这是在一首诗中的迁移，还可以补充其他的诗来进行分析。在学完这首诗后，老师安排了练笔，打通现代文写作与古诗表达之间的壁垒。练习设计是这样的："用想象的方法，将下列情境中的句子补充完整，表达自己的情感。坐在餐桌前，望着丰盛的早餐，我仿佛看到了_____。"这样的设计在巩固习得方法的同时，更打通了古诗与现代文写作之间的隔膜，有利于知识的融会贯通、举一反三。

（四）融入习作添文采

古人写诗时会引经据典，在积累一定的古诗后，我们也要指导学生在写作中适当引用。如表达对老师无私奉献精神的赞美，可以引用李商隐《无题》中的诗句"春蚕到死丝方尽，蜡炬成灰泪始干"；描写春天的美丽风光，可以引用朱熹的"等闲识得东风面，万紫千红总是春"……另外可以模仿古诗的写法自创诗句，这样可以迅速提高学生的炼句水平。特别是开头、结尾和议论、抒情的关键处，适当运用可以令文章大放异彩。

将古诗教学与学生写作训练相结合，丰富了学生学习内容，增添了学习的趣味，培养了学生主动学习的意识，充分体现了语文课程标准精神，与古代的诗歌学习一脉相承。对于借鉴古人创作的智慧、提高学生的写作能力、提升学生的语文素养大有裨益。

第八节　以语文个性化教学促进学生的主动发展

社会在发展，科技在进步，人们的生活、学习方式发生了巨大的变化。泛在学习已经成为生活中的常态。《国家中长期教育改革和发展规划纲要》指出："尊重教育规律和学生身心发展规律，为每个学生提供适合的教育。"所谓"适合"，即符合实际情况或客观要求；"适合的教育"就是根据学生的实际，让学生选择更适合自己的学习方式，满足学生个性化成长的需要。语文个性化教学不仅是对教育规律的遵循，更重要的是促进学生学习方式的改变，提高学生泛在学习能力，满足学生成长的需要。

一、语文个性化教学的意义

在"适合的教育"视域下去审视语文教学，可以让我们对语文个性化教学有更深层次的理解。

（一）语文个性化教学引导师生遵循母语学习规律

语文教学是母语教学，有别于其他学科的学习。母语的学习受语言环境的影响，是儿童主动获得的过程，对母语的认同感和情感的倾向性伴随着习得的过程。个性化的语文教学，会让我们从上述的维度去思考母语学习的规律，寻求更好的语文教学之道，从而在创设学习情境、激发学习兴趣、增强文化自信方面做出努力。

（二）语文个性化教学引导教师更好关注个体差异

学生是学习的主人。教学中要赋予学生学习语文的自主权和探究权，让不同的学生真正经历学习过程，收获丰富的自主学习体验。但人的发展是有差异的，不同的学生语文学习的基础、学习的方式、理解感悟的能力也不一样，这就要求教师尊重学生的个性差异，耐心引导、积极帮助，真正做到因材施教。

（三）语文个性化教学引导教师推进语文教学变革

语文个性化教学的内容和传统的语文学习无论是教学的内容、教学的方式、教学的环境、评价的方法都在发生着变化。在个性化教学理念引导下，教师才能更好地反思日常的教学行为，并努力尝试做出改变。通过调整教学设计，优化教学环节，改进评价方式，促进技术融合，为学生的学习提供更适合的支撑。个性化语文学习给教师提出了一个新的课题，引导教育者用思考的眼光将社会、学科与学生的发展结合起来，重新审视我们习以为常的教学，更好地促进学生的发展。

二、语文个性化教学的特征

语文个性化教学不同于个别化教学，不能简单理解为学生需要什么，教师便给予什么。要进行语文个性化教学，我们首先要认识其基本的特征。

（一）语文个性化教学是凸显学生主体地位的教学

学生是学习的主人，个性化教学的目的是激发学生的学习兴趣，进一步调动学生学习的主动性。在教学中，要通过小组合作、交流展示、自主探究等方式让学生经历学习过程。根据学生学习成长的需要提供适时、适当、适度的帮助，促进其主动发展。

（二）语文个性化教学是促进学生主动参与的教学

语文个性化教学的目标是让学生发展得到最大化，而实现这一目标的前提就是激发学生学习的内驱力。教师要根据学生发展的需要，为他们提供更适宜的学习环境，更合理的学习方式，更有效的评价方法，促进其合作、探究，主动思考和解决问题，使其保持一种积极的、稳定的生长状态。

（三）语文个性化教学是为学生量身定制的教学

适合的教育是一个教育理念，一种价值追求。个性化教学是适合教育最好的呈现方式。语文个性化教学要求根据学生的实际情况灵活调整教学目标，调整教学节奏，选择教学方式，提供针对性指导。

当教学关注到了每个学生，学生的学习主动性才能得到增强，自主学习的能力才能得到更好的培养。这样学生才能更有效地实现学习方式的转变，让泛在学习成为生活的常态。

三、语文个性化教学探索

过去，对语文个性化教学的认识不到位，往往将个性化等同于个别化，将个性化教学与班级授课制当作一对不可调和的矛盾。关注个性化教学的形式，而忽视规律上的探究。这些认识得不到纠正，个性化教学只是纸上谈兵。

（一）目标制订策略

教学目标是课堂教学的方向，过去目标的制订往往追求效果的最大化，要求所有学生达到同样的目标。而这在实践中是不可能的，实施起来也大大影响了师生的自我价值认同。如何制订适切的目标？可以从以下几个方面进行尝试。

1. 目标制订准确把握起点

找准学习的起点，才能让学生愉快地进入学习旅程。在初步确定教什么的基础上，要分析学生已知的和未知的，结合教材制订具体的教学目标。如在写人作文教学中，不同的学段、不同的年级是不一样的。同样是写人的作文，如统编版三上习作一安排的内容是《猜猜他是谁》，要求抓住"他"特别的地方，选择一两点写下来。三下习作六安排的内容是《身边那些有特点的人》，要求学生用恰当的词语概括人物的特点，并结合相应的事例来写。同样是写人的作文，安排的时间不同，要求也不同。上学期是抓住人物一两个特别的地方用几句写一写，写完后再猜一猜他是谁。要求较低，重在激发兴趣,是让学生写"放胆文",克服写作文的畏难心理。到了下学期,根据平时的表现概括特点,并结合事例进行说明。由于有了上学期的基础,所以在写的内容上有了更高的要求。到了四年级上学期,习作二安排的是《小小"动物园"》,要求写出家人与某个动物之间的相似点,引导学生注意观察,注意比较,写出人物外貌、性格、饮食等方面的特点,并结合具体事例来写。四下习作七安排的是《我的"自画像"》,要求选择外貌、性格、爱好、特长等几方面介绍,要结合具体的事例来写。同样是写人,由写别人到写自己;同样是通过事例写出人物特点,但上学期是写一个方面,下学期可以是写多方面,多特点,多件事。由三四年级写人作文安排可以看出,内容上是由人及己,写法上是逐渐推进,难度上是由易到难。只有注意到这些要求上的变化,才能了解学生已有的水平,制订好教学目标

2. 关注不同年段学习目标

语文学科教学有别于数学学科,即使用同样一篇文章,在不同的学段、年级、单元,它的教学目标也是不一样的,教学重点也是不同的。如《云雀的心愿》这篇课文,在中年级教学时,可将"总分总"的构段方式的学习作为重点,在课内抓住森林蓄水、调节气温两部分在结构上的相同点进行迁移巩固训练,在课后练习设计上,也可以采用"总分总"的方式检查学生课文内容,达到内化写法的目的。但如果放在高年级则要更多关注作者在谋篇布局上的特点,一是以童话的形式写出森林的重要性,二是在写森林作用的时候从正、反两方面进行描写的方式。

3. 紧贴学生"最近发展区"

个性化的课堂教学要充分关注到学生个体。所以在目标制订时要能充分体现各自的差异。还以《云雀的心愿》为例,中年级学生作文练习重点是段的训练,将一个意思有条理地说清楚是重点也是难点。阅读教学中,要将读写结合起来。课后练习第3题:为什么说"森林实在是太重要了"? 先有条理地说一说,再写下来。对于学有余力的学生,如果仅仅说一说、写一写,缺乏总体考虑,势必影响教学效果。如果将讲和练结合起来,引导学生模仿文中"总分总"的结构进行练习,以练促进学生对总分总结构的掌握。有了前面的讲,后面的迁移,再加上从说到写的巩固提升,关注学生的学习规律,在最近发展区给学生一个推力,教学效果就会得到有效提升。对于学习困难的学生,可突出说的训练,在写上适当降低要求。特别是在课堂巡视中,根据对每个人的预设的目标有针对性地进行指导。

4. 目标要充分关注个体差异

以课外语文实践中搜集整理资料为例,可根据难易程度不同布置给不同发展水平的学生,而不是搞"一刀切"。如《暖流》一课的教学中,为了加深学生对课文的理解,教师将资料的搜集分为三个层次:一是人物资料,二是名句整理(课本中提到了多篇经典

篇目,了解当中的名句可以积累语言,激发学生的学习兴趣),三是词曲区别(要求在多篇资料阅读基础上进行整理,形成自己的材料,难度最大)。这样不同水平的学生都能有事可做,都能在活动中有所收获。

(二) 教学设计理趣化

小学、初中、高中在教材处理上是有差异的。跨度越大,差异越明显。同时要引起注意的是,孩子年龄越小,差异也越明显。对于小学而言,低中高年级在教材上的处理也是不同的。

教材是教学的载体,是实现教学目标的凭借。学生只有对教学内容感兴趣,才会更投入地进行学习。在教材处理时,不要面面俱到,要围绕教学目标,选择有价值的内容设计难易适度的问题引发学生探究。在策略上,可以采用读一读、说一说、画一画、写一写、辩一辩的方式,结合小组合作,与课外阅读、现实生活相联系,让学生以愉悦的心情投入到语文课堂学习中。在课堂活动中,可根据任务的难易程度和学生的学习优势,合理分工,实现互帮互学。课堂有趣了,学生的学习才有兴趣,学习才会投入,学习效果才能达到最大化。

关注"趣"只能将学生引进学习之门,而状态的稳定保持则取决于课堂学习的成就感。如果能从每一节课中都听到自己成长拔节的声音,学生就会对语文学习乐此不疲。在教材处理时,要根据教学目标,抓住关键点注重方法上的渗透。无论是写字教学、词语学习、内容理解还是思想表达都要从方法入手,力求在每一环节中都能习得方法,掌握打开阅读、写作的金钥匙。对于学习优秀的学生,要在讨论交流中让其融会贯通;对于需要帮助的学生,要引导其在品读中领悟,在举一反三中得到巩固。如在《莫高窟》一课教学中,对彩塑、壁画的介绍都采用了点面结合的写法,教学中通过彩塑的教学,让学生初步理解点面结合的写法。这时,基础扎实、思维灵活的孩子基本已经掌握。然后让学生再从文中找一找还有哪些地方运用了这样的表达方法,有了前面的讲解,再从课文中找一找,相对而言就容易得多,这时机会就可以给那些若有所悟的学生。虽然理解掌握的时间上有差异,但学生心中的成就感是相同的。

教材处理的理趣结合,既符合学生心理的共性特点,又关注了学生的个性化需求。在理趣结合时,要了解知识的不同阶段的具体目标要求,提高教学的针对性,否则就会出现在低年级段拔高要求,在高年级降低要求的现象。从三到六年级写人作文的安排来看,每个年级、每个学期的教学目标是清晰的。如果教学中不能有效地掌握知识的前后联系,就无法正确地确立教学内容在教材中的地位,就会出现教学目标导向上的错误,个性化教学就不能落到实处,更无从谈促进学生的泛在学习。在语文课堂实施中,同样要发挥学生不同水平的差异,选择回答时要尽可能地先让学生"跳一跳摘果子",同时让学生相互交流,在学生讲解、辩论中获得课堂效益的提升。

(三) 教学时间灵活化

在班级授课制下,更多的人将目光紧紧地盯在课堂上,而忽略课前和课后。要培养学生泛在学习能力必须打破时间上的束缚,而前延后续的方式,拓宽了学生语文学习的自主性和学习时空,很好地解决了个性化学习的异步问题。

课前,教师通过学生自主学习反馈,聚焦学习中的主要问题,在课堂上给予针对性的指导。从学生个体学习的延续性和个性化来说,课堂要采用合适的教学形式促进学生的主动学习,实现学习探究的"后续",培养学生的闭环思维。美国缅因州的国家实验室提出了学习金字塔理论。研究认为基于传统的教学方式中最常用的被动学习的效果在30％以下;而团队学习、主动学习和参与学习的效果均在50％以上。学生的知识水平、能力发展、兴趣爱好是存在差异的,在教学中,要将这种差异转化为学生学习的有效资源,变不利因素为有利条件。如在小组合作中,根据差异进行合理分工,让成员相互学习,体验成功。还可让学生互相讲解,解决潜能生学习上的困难,同时也促进"小老师"知识的内化吸收和综合能力的提高。

语文教学不能随着下课铃声响起而终止,相反,这是个性化学习的新起点。课本只是教学材料,不是学习的全部。课后可布置不同类型、不同难度、可以选择的问题供学生自主探究。

作为教师,在教学中更要牢固树立前延后续的意识,及时捕捉生活中的教学契机。开学初,一位学生给教室板报写了一副对联。教师先和学生一起看对联贴的位置是否正确,让学生学会区分上下联,并懂得上联在右,下联在左。然后读对联,体会对联对仗的特点。最后,教师问同学们是不是还少点什么。学生发现缺少横批,教师因势利导讲解了如何写横批。结果第二天走进教室,发现多了一个横批,教师扫视了一下全班,发现那个写对联的男生正在开心地笑呢。作为语文老师就要善于捕捉生活中语文学习的机会,让生活成为课堂的延续。写作是语文教学中的难点,如何让学生主动地写而又不成为一种负担？一位教师利用假期让学生整理自己的优秀作文打成电子稿并进行修改,自己写上评语,班级准备出电子作文选。虽然当初只规定一篇,结果很多孩子交了三篇以上。平时的征文比赛,这位老师是尽量鼓励学生参加,对于交上来的电子稿也是认真修改,在学期结束会就征文获奖举行隆重的颁奖仪式。这些"后续"有效地调动了学生学习的积极性,促进了学生个性化发展。

（四）教学评价实时化

及时巩固练习符合学习需要和认知规律。课内练习也更有利于发现学生学习过程中存在的问题，便于老师及时调整教学策略。

随着智慧校园建设的推进，教学设备现代化、智能化水平越来越高，对于客观题的自动化批改成为现实。课堂中判断题、选择题、填空题都实现了"秒批"，并且这些智慧平台还实现了数据统计功能，让老师对学生的掌握情况有了总体把握。这对于发现每个孩子身上的闪光点，及时树立典型非常有帮助。教师根据学生的错误情况，及时讲解后，可以立即通过平台推送同类型练习进行强化训练。课后，教师还利用"一起作业"这个网络学习平台，每周根据需要推送语文作业，学生每次花费不到 10 分钟的时间即可完成，教师根据网上答题统计结果，进班进行针对性讲解。学生兴趣高，效果明显。

在适合教育视域下，重新审视语文个性化教学能进一步加深我们对教育规律的认识，进一步拓宽我们的思路，解决过去认识上的问题，在实践上取得新的突破，更好地提升泛在学习效果，促进学生综合素养的提升。

第三章 泛在学习视域下统编教材传统文化要素分析及教学策略探寻

第一节 语文教育的传统文化根基

一、中华优秀传统文化的内涵

党的十八大以来,党和国家高度重视中华优秀传统文化的教育意义,并强调推进中华优秀传统文化的创造性转化和创新性发展,赋予其崭新的时代内涵。针对"中华优秀传统文化"这一概念,应在理解我国"文化"和"传统文化"内涵的基础上对其进行进一步的探讨。

(一)文化与传统文化

1. 文化的内涵

"文化"是中国语言系统中古已有之的词语。汉语中的"文化"由"文"与"化"组成。"文"的本义,是指各色交错的纹理,《易·系辞下》曰:"物相杂,故曰文。"《说文解字》中也提到,"文,错画也,象交文"。之后陆续引申出包括文物典籍、礼乐制度以及文德教化在内的诸多含义。"化"字诞生时间相对偏晚,本义是事物动态发展的一系列过程,如《易·系辞下》:"男女构精,万物化生。"《礼记》:"可以赞天地之化育。"后又引申出伦理道德的化成等意义。"文""化"合用,最早见于《周易·贲卦》:"观乎天文,以察时变;观乎人文,以化成天下。"西汉刘向则第一个把"文""化"两个字合成一个词来用,其《说苑·指武》曰:"凡武之兴,谓不服也;文化不改,然后加诛。"在这里,"文化"含有"文治教化"之意,与野蛮、武力相对。

"文化"的含义极广,其内涵和外延具有不确定性。因此,自"文化"一词产生以后,中西方学者见仁见智,提出了几百种甚至上千种不同的定义。然而通常而言,文化这一概念也存在广义、狭义之别。从广义层面看,文化指的是人类在生产实践中所创造的一切事物,不仅包括物质文化,也包括精神文化。狭义的文化则主张把文化概念的外延限定在精神领域,认为其主要是指人类精神创造活动及其成果,包括文学、艺术、教育、科学等。

在对文化结构进行具体研究时,研究者们又会从不同角度进行分类,本书采用普遍的分类法,包括物质、制度、行为、精神四个层面。其中,物质文化是指为了满足人类生存和发展需要所创造的物质产品及生产活动本身,比如饮食、服饰、建筑、生产工具等;制度文化是人类为了生存发展的需要而创制出来的有组织的规范体系,如法律制度、经济制度、政治制度、人才选拔制度;行为文化指人的生活方式、实际行为、态度和价值等,主要以礼俗、民俗、风俗等形态表现出来。精神文化是人类在社会实践和意识活动中创造出来的价值观、审美观、伦理观、思维方式等,通常以著作或艺术作品等物态化的形式表现出来。

2. 传统文化的内涵

本书中的"传统文化"是指"中华传统文化"。"中华传统文化"由中华、传统、文化三个词组成,应分别从这三个方面进行理解。

首先,"中华"为地域及其特点的限定。"中"谓居四方之中,"华"为美丽、光辉之义,最初指定居中原的具有灿烂发达的文化的华夏一族。随着版图的扩大和多民族的融合,"中华"的含义逐渐演变为包括中国境内各族的中华民族共同体。在近现代,"中华文化"体现为区别于西方文化的、我国本民族的文化。

其次,"传统"是从时间维度的考量。它是指产生于过去的、某一地区或民族世代传承的某种具有根本性的东西,它渗透在各种思想观念、伦理道德、社会制度、风俗习惯以及思维方式、行为模式中,被历代诠释,至今依然存在,且深深地影响着人们的现在和未来。对于传统文化的时间分界,徐仪明认为,主要包括中国氏族社会晚期、奴隶社会、封建社会三个历史阶段。张岱年将其界定为1840年鸦片战争以前的中国文化。金鸣娟认为:"中国传统文化,主要是指中国社会自夏商周三代以来至鸦片战争以前的文化,即中国奴隶社会和封建社会时期的文化。"由此可见,"传统文化"的研究范围主要包括自文化产生,到鸦片战争之前的这段时间,也就是我们通常所说的"古代"。

最后,"文化"是其内涵所指。既然"文化"有广义和狭义之分,那么传统文化也包括"广义"和"狭义"两方面,可以从物质、制度、行为、精神四个层面对其进行分析。

综上,笔者从广义的角度,对传统文化进行如下的界定:中华传统文化是指鸦片战争以前,中华民族在社会生活中所创造的一切灿烂的文化成果,包括饮食、服饰、建筑等物质文化,法律制度、经济制度、政治制度等制度文化,礼俗、民俗、风俗等行为文化,以及语言文字、文学、史学、艺术、哲学与宗教、教育与科技、伦理道德等具有各种知识价值的精神文化。对于中华民族而言,中国传统文化是最为本质且最具特色的一类文化,它们在历史的进程中不断地被诠释、更新和传承,形成了一种稳定且具有内在联系的有机整体,深刻地影响着中华民族的现在和未来。

（二）中华优秀传统文化

中华优秀传统文化是中华五千多年文明的结晶,是中华民族的独特标识。习近平总书记指出,这些思想文化体现着中华民族世世代代在生产生活中形成和传承的世界观、人生观、价值观、审美观等,其中最核心的内容已经成为中华民族最基本的文化基因,这些最基本的文化基因是中华民族和中国人民在修齐治平、尊时守位、知常达变、开物成务、建功立业过程中逐渐形成的有别于其他民族的独特标识。但在复杂的文化体系中,也包含着一些糟粕性的、消极的、不符合当代文化发展潮流的内容,比如二十四孝中一些过于极端的做法等,这些内容对于国民尤其是年青一代的发展具有负面的影响,需要我们加以辨别和摒弃。

学术界对中华传统文化的研究较为深入和广泛,一种观点认为,中华优秀传统文化是指能够提高人们的思维能力,促进社会主义物质文明和精神发展,推动社会进步的一切优秀精神的成果的总和;另一种观点则认为,中华优秀传统文化是指那些通过了实践、时间和社会的检验而保留下来并能传之久远的优秀文化。结合对文化、传统文化的认识以及学者的研究成果,中华优秀传统文化的范围应当是中华民族在鸦片战争之前的社会生活中所创造的一切物质文化、制度文化、行为文化和精神文化等灿烂的文化成果。其中,只有那些具有历史继承性和稳定性,在当代仍然能够反映中华民族前进的主流方向,对人的发展仍具有一定价值和积极影响,能激发人们的民族认同感、弘扬民族精神的内容,才能够称为中华优秀传统文化。

二、优秀传统文化教育融入语文课程的必要性和可能性

对于"文化"的阐释自古就有,《周易·贲卦》云:"观乎天文,以察时变;观乎人文,以化成天下。"以"人文"而"化成天下",可见在古代中国,我们的祖先就已经在讨论"以文教化"的重要性和可能性了。"文以载道,以文化人"是千百年来被实践证明了的优秀教化思想。现在,社会飞速发展,同时也出现了不少文化缺失的现象。优秀传统文化中许多宝贵的内涵,如人文精神、道德理念和传统美德等,恰好可以帮助人们净化心灵,促进社会和谐发展。所以,继承和发扬优秀传统文化对于我们的民族和国家来说具有十分重要的现实意义。在这样的背景下,如何更有效地继承优秀传统文化?这应

当是当代教育工作者义不容辞的社会责任和历史责任。

(一) 优秀传统文化教育融入语文课程的必要性

优秀传统文化教育融入小学课程的必要性主要表现在社会和个人两个层面。

于社会层面,党和国家已经把弘扬优秀传统文化提升到国家文化建设和文化发展的战略高度,并出台多个文件对优秀传统文化教育融入学科课程做出了明确要求。于个人层面,在诸多不良思潮的影响下,出现了部分学生对主流文化不认同等一系列文化教育缺失的现象。而优秀传统文化蕴含丰厚的民族精神和道德理念,是新时代进行青少年文化教育的重要思想养分,对提升学生的文化自信和文化自觉具有不可忽视的作用。

1. 国家文化建设和文化发展的战略需求

中华优秀传统文化是深植于中华民族灵魂与基因之中的"根"与"源",其中蕴含着丰富的人文精神、道德理念和传统美德,在中国历朝历代均发挥了巨大的社会作用,具有重要的文化价值。在当代社会主义中国,中华优秀传统文化更是培育社会主义核心价值观、践行立德树人根本任务的宝贵资源。将优秀传统文化融入学科课程,尤其是语文课程,符合国家层面的文化建设和文化发展需求。

2017年1月《关于实施中华优秀传统文化传承发展工程的意见》(以下简称《意见》)中对优秀传统文化教育的必要性和在学科课程中的渗透作了更为全面的说明。2018年9月,习近平总书记在全国教育大会上再次强调,把立德树人融入思想道德教育、文化知识教育、社会实践教育各环节,贯穿国民教育始终,学科体系、教学体系、教材体系都要围绕这一目标来设计。在具体的教育目标上明确指出要在"坚定理想信念""厚植爱国主义情怀""加强品德修养""增长知识见识""培养奋斗精神""增强综合素质"等方面下功夫,而这些培养目标的实现都需要借助优秀传统文化在具体课程中的渗透来完成。教育部在2021年1月发布了《中华优秀传统文化进中小学课程教材指南》(以下简称《指南》)。《指南》是对过去一系列关于中华优秀传统文化教育文件的贯彻落实,不仅对中华优秀传统文化进中小学课程教材的重要意义、基本原则、总体目标、主题内容、载体形式、学段要求、学科安排、组织实施等多个方面进行了阐述,而且首次系统、权威地回答了有关中华优秀传统文化为什么进、进什么、如何进中小学课程教材的三个核心问题。这无疑为中华优秀传统文化进中小学课程教材提供了直接遵循的标准。

具体到语文学科,与其他学科课程相比,语文课程在课程内容和教学形式等方面均具有先天优势,是国家在教育领域培育和践行社会主义核心价值观、弘扬优秀传统文化、增强文化自信、加强德育建设、实现中华民族伟大复兴梦的一条捷径。同时,国家制定的语文课程的纲领性文件《全日制义务教育语文课程标准(2011版)》(以下简称《语文课程标准》)中指出:"语文课程对继承和弘扬中华民族优秀文化传统和革命传统,增强民族文化认同感,增强民族凝聚力和创造力,具有不可替代的优势。"《义务教育语文课程标准(2022年版)》于2022年4月初发布,相较于2011年版的语文课程标准,新课标不仅在各个部分凸显了弘扬中华优秀传统文化的重要性,而且将中华优秀传统文化明确为课程内容主要载体之一。此外,《语文课程标准》的"教材编写建议"部分,不仅对教材选文、内容安排、体例和呈现方式等具体层面作了清晰、明确的要求,并且从宏观层面提出教材应体现时代特点和现代意识、应符合学生的身心发展特点、教材编写应努力追求设计的创新和编写特色等多个方面的要求。

可见在义务教育阶段新课标中已经明确提出了语文课程应该依据自身传承民族文化的优势更好地行使课程使命,并希望在小学阶段开展的语文教学活动中,借助优秀传统文化以文化人、滋养心灵的力量,培养学生的民族精神、爱国情感,使学生在传统文化的熏陶下修身养德,最终成长为能够肩负起民族文化传承使命的新时代中华少年。

2. 基础教育阶段传统文化教育亟待加强

随着我国改革开放不断深入,在新兴文化及外来文化流传所带来的负面影响下,青少年个体在思想文化上表现出越发明显的独立性和差异性,如今如果仍旧依靠文化灌输的方式已经无法满足甚至难以帮助青少年实现对传统文化的认同,更谈不上继承和发扬的重任。其中虽然也有网络文化和外来文化这些外部客观因素的负面影响,但青少年主观上对中华传统文化认同方式的转变却是其文化认同出现挑战的根本性因素,具体表现在以下三个方面。

一是全球化背景下青少年对传统文化认同呈弱化趋势。从主观上来说,成长在全球化时代的青少年,对传统文化的认识非常匮乏,这个问题在一定程度上也归因于我们之前的传统文化教育在内容上和形式上存在不足,使得青少年对本民族传统文化缺乏自觉自信,对中华传统文化兴趣不浓;从客观上来说,伴随着我国改革开放的进程,中西文化碰撞加剧,西方消费文化大量涌入,在外来文化阴暗面的不利影响下,部分青少年对感性、时髦的文化物品产生了极大的兴趣,从而对西方文化表现出盲目追随和迷恋。二是校园文化的多元化干扰了青少年对主流文化的认同。信息技术的发展为文化传播带来便捷的同时,却也为一些不良思潮涌入校园创造了新渠道,一些带有不良价值诱导的文化元素开始在校园内传播流行,直接影响甚至腐化着新时代青少年的思想,极大地削弱着青少年对主流文化的认同。三是功利主义盛行,蚕食青少年的理想信仰。随着经济水平的极大提高和物质条件的丰富,消费文化和功利主义开始传播和盛行,使得一些青少年原有的文化、精神信仰受到冲击,甚至产生了信仰危机。诚然，这种民族文化信仰危机并非只发生在青少年身上，但作为祖国未来的建设者和接班人，青少年的信仰危机更应该得到重视。

面对青少年民族文化信仰缺失的现状，习近平总书记指出："当高楼大厦在我国大地上遍地林立时，中华民族精神的大厦也应该巍然耸立。"这就要求教育工作者在新时代充分反思和纠正以往精神文化教育方面存在的问题，重新认识文化教育的规律和特点，使中华优秀传统文化在新时代重新焕发活力，同时要注意对青少年的内在引导，优化甚至重构文化认同机制，使青少年能够由内而外地对民族文化产生认同，从而帮助青少年实现对中国特色社会主义文化的认同。

（二）优秀传统文化教育融入语文课程的可能性

优秀传统文化教育融入语文课程的可能性主要是基于语文课程的性质而言的。语文课程是集合了文化教育与语言教育的复合型课程，具备人文性与工具性相统一的特点，而恰恰是语文课程的人文性，能够促进学生对优秀传统文化的理解与认知能力的提高。语文作为一门学科课程，在课程性质、课程内容、课程实施和课程评价上都为优秀传统文化的融入搭建了平台，换句话说，语文课程的性质决定了它在优秀传统文化融入的过程中所具备的先天优势。

1. 符合语文课程性质：文化教育具备先天优势

《义务教育语文课程标准（2022年版）》强调的"工具性与人文性的统一"，是语文课程的基本特点。日本教育家小原国芳说："国语教学不只是简单的文字或字母用法和段落句法的问题，除此之外，更重要的是内容问题。国语不是训诂之学，而是活的思想问题，是川流不息的生命。"从这个意义上说，语文教育实质上就是民族文化教育、民族思想感情的教育。语文教育也是在培育学生语言运用能力的同时，继承和弘扬中华优秀传统文化、革命文化、社会主义先进文化。

2. 提供语文课程内容：是传统文化教育的主要载体

《义务教育语文课程标准（2022年版）》指出，要围绕创造性转化和创造性发展要求，确定中华优秀传统文化内容主题，主要弘扬讲仁爱、重民本、守诚信、崇正义、尚和合、求大同思想理念；弘扬有利于促进社会和谐、鼓励人们向上向善的中华人文精神；弘扬自强不息、敬业乐群、扶危济困、见义勇为、孝老爱亲等中华传统美德。主要载体为汉字、书法、成语、格言警句、神话传说、寓言故事、历史故事、民间故事、中华民族团结一家亲的故事、古代诗词、古代散文、古典小说、古代文化常识、传统节日、风俗习惯等。

3. 具有课程实施环境：为传统文化教育搭建平台

《中华优秀传统文化进中小学课程教材指南》确定了不同学段的教育目标以及具体学习内容、载体形式，区分层次、突出重点，体现学习进阶。小学阶段，以培育学生对中华优秀传统文化的亲切感和感受力为重点，由启蒙教育入手，介绍中华民族重要历史人物、传统节日、节气与风俗、发明发现、特色技艺等，使学生初步了解中华优秀传统文化的源远流长、丰富多彩，培养学习兴趣。通过识字写字、诵读诗文、听闻典故、亲近先贤、关注习俗等学习活动设计，引导学生在日常生活中增进对中华文化的认识，养成孝老敬亲、礼貌待人、勤俭节约、吃苦耐劳、言行一致等传统美德，体认中华优秀传统文化，培养对国家、民族的感情。

4. 满足课程评价诉求：顺应传统文化教育趋势

《义务教育语文课程标准（2022年版）》学业水平测试要求指出：考试命题要以情境为载体，依据学生在真实情境下解决问题的过程和结果来评定素养水平。强调命题要参与当代文化生活，关注学生对社会主义先进文化、革命文化、中华优秀传统文化的体认。

第二节 小学语文统编教材优秀传统文化要素归类统计分析

中国传统文化种类庞杂，浩如烟海。包含的内容十分广泛，不同的学者对于传统文化要素做出了不同的分类，我们在制定小学语文统编教材传统文化要素分析框架之前非常有必要进行详细的梳理分析并且从中得到思路，制定本书的研究框架。

一、小学语文统编教材优秀传统文化要素框架构建

1. 前人关于传统文化要素分析维度

中华传统文化博大精深，包罗广泛，内涵丰富，不同视角有不同的理解，要想全面了解并对传统文化进行分类归纳，研究整理前人的分析类目极为重要。目前，前人对于传统文化的研究，主要有以下几种分法。

张岱年、方克立在《中国文化概论》一书中认为，传统文化可以分为九个方面的内容：语言文字、科学技术、教育、文学、艺术、史学、伦理道德、宗教和哲学。

张应杭在分析传统文化的框架的过程中，依据学科分类法，将传统文化分为哲学、教育、文学、伦理、艺术、史学、宗教、科技八个方面的内容。

傅建明将传统文化的内容概括成七个方面，分别是思想观念、语言文字、艺术、教育、科学技术、生活方式和习俗。

金鸣娟认为在我国的文化发展中，儒、道、佛文化占据着重要的地位，应该作为传统文化的一个重要内容。因此，在分析传统文化的过程中，她认为传统文化应该包括六个方面，分别是儒道佛文化以及文学、艺术、科技、民俗、伦理道德。

向怀林认为传统文化不仅包括制度文化、古典艺术、古代科技与传统习俗，还包括儒、道、佛文化。

从学者的分析要素中我们可以看到，第一，中国传统伦理道德要素必不可少，有学者将中国传统伦理道德归为思想观念或儒、道、佛文化，由此可见，传统伦理道德在传统文化中占据着重要的地位。第二，古代艺术和古代科技亦是必不可少的分类要素，每位学者在其分类过程中都将两者单独列出。第三，传统文学、中国语言文字和传统习俗出现频率很高。

2. 前人关于教材中的传统文化要素归类

在学术界，不仅有学者对传统文化要素进行分类，也有学者针对教科书或者语文教科书中的传统文化要素进行分析分类。例如臧霜对教材中传统文化建构的划分比较详细，分为八个方面，分别为汉语言文字文化、文学文化、历史文化、艺术文化、科技文化、传统民俗文化、宗教文化和意象文化。崔峦将小学《语文》教科书中的传统文化要素概括为汉语言文化、古代文学作品、艺术与文化交流、历史名人故事、风景民俗和节日民俗六方面。陈娅诺在比较大陆人教版和台湾翰林版两版小学语文书中的传统文化要素时，将两册教材中的传统文化要素统一划分为汉语言文化、古代诗文、传统艺术、传统民俗、历史故事与古典名著、古代科技六部分。王冰雨在其学位论文中将传统文化要素分为语言文学要素、思想观念要素、古代艺术要素、传统习俗要素和科学技术要素五大类。

3. 国家文件等关于传统文化要素的归类

教育部于2021年发布的《中华优秀传统文化进中小学课程教材指南》要求中小学课程教材主要围绕核心思想理念、中华人文精神、中华传统美德三大主题，遴选中华优秀传统文化教育内容，选择经典篇目、人文典故、基本常识、科技成就、艺术与特色技能等载体形式。第一次对教材中的传统文化内容系统作了细致说明，具体如表3-1所示：

表3-1 教材中的传统文化内容

载体形式	具体类目
经典篇目	主要指以文献方式存在的传世作品，如文献、历史的名篇名著，作为欣赏对象的经典艺术作品等
人文典故	主要指经过历史检验、被人们公认、有特定内涵的人、事、言。如历史人物和故事，神话、传说、寓言、名言名句等

续表

载体形式	具体类目
基本常识	主要指在传统社会形成的且构成中华民族文化基因的基本知识,如时令节气、称谓礼仪、传统节日、风俗习惯等
科技成就	主要指古代人民在科学探索、技术发明方面的突出贡献,如四大发明、都江堰工程、传统医药等
艺术与特色技能	主要指民族性、地域性特征鲜明的技能、技巧与艺术。包括以满足精神生活需要为主的技能、技艺,如书法、音乐、舞蹈、戏曲等;以手工劳动为主的技能、技巧,如烹饪、刺绣、剪纸、雕刻等;以身体运动能力为主的技能、技巧,如传统体育、武术、杂技、游艺等

《义务教育语文课程标准(2022年版)》指出,要围绕创造性转化和创造性发展要求,确定中华优秀传统文化内容主题,主要弘扬讲仁爱、重民本、守诚信、崇正义、尚和合、求大同思想理念;弘扬有利于促进社会和谐、鼓励人们向上向善的中华人文精神;弘扬自强不息、敬业乐群、扶危济困、见义勇为、孝老爱亲等中华传统美德。

4. 本研究对传统文化要素分析维度

基于前人对于传统文化要素的分类框架,笔者结合小学语文统编教材中传统文化的内容将本研究的传统文化要素类别分为七个维度,分别是:汉语言文字文化要素、传统文学文化要素、传统历史文化要素、传统艺术文化要素、传统科技文化要素、传统伦理道德文化要素、传统民俗礼仪文化要素。现简要介绍每个维度包含的具体内容。

一是汉语言文字文化。汉字是中华民族最重要的文化工具,是保存和传递汉民族文明成果的重要方式。在统编小学语文教材中,汉语言文字文化具体表现为成语、字谜、童谣、歇后语、对联、民谚俗语、书法等。

二是传统文学文化。我国传统文学文化是古人思想感情的直接抒发和真实再现,其涵盖面很广,如古诗词、散文、辞赋、小说、戏曲、神话、寓言、传说等,它们承载了古人的情感,生动形象地反映了中华传统文化的基本精神。

三是传统历史文化。历史和文学有着密不可分的关系,一方面,历史人物和历史事件常常是文学创作的题材;另一方面,文学也是历史知识传播的主要途径和方式。

四是传统艺术文化。中国古代创造了非常辉煌的艺术成就,立于世界艺术之巅。中国古代艺术包括:传统建筑艺术、传统手工艺术、传统表演艺术。中国传统建筑艺术比如说故宫、苏州园林、赵州桥等经典建筑,都体现了中国古代劳动人民在建筑领域的高超技艺。传统手工艺术包含剪纸、书法、绘画、陶瓷等都凝聚着中国人民在艺术领域的高超技艺。传统表演艺术包含戏曲表演、皮影戏等。除此之外,根据统编教材的教学内容,本研究把中国姓氏也纳入传统艺术文化当中,相传最初的姓氏是神帝伏羲确定的,他自称为风,从那时起中国人开始有了姓氏并一直延续至今。姓氏的来源范围很广,有的来源于祖先的族号,有的来源于封侯国的名字。每一个姓氏背后也都是一种传统文化,中国人非常珍视自己的姓氏,这也是一种传统文化。

五是传统科技文化。古代的科学是古人关于自然现象和规律的知识体系,包括数学、物理、化学、天文、地理、生物、农学、医学等。古代的技术一般被理解为关于工具、物质产品以及用来达到某种实用目的的有关知识,它通常包括纺织、建筑、机械、冶金、车船、兵器、陶瓷、造纸、印刷等门类。

六是传统伦理道德文化。伦理道德是中华传统文化的核心,是古代社会乃至当今社会处理人与人之间关系的基本准则。教材中涉及的伦理道德大体可概括为仁、义、礼、智、信、忠、孝、悌、节、恕、勇、让等内容。

七是传统民俗礼仪文化。我们国家是一个统一的多民族国家,56个民族聚集在一起构成了这个和谐美丽的大家园,每个民族有每个民族的文化,最具特色的是各民族的服饰、美食等。除此之外,中国民间也有很多风俗比如说传统节日、节令。

综上,本研究在前人对传统文化要素分类的基础之上制定了小学语文统编教材传统文化要素的分析框架。如表3-2:

表3-2　小学语文统编教材传统文化要素类目表

传统文化要素类别	具体内容
汉语言文字文化	汉字、童谣、成语、谚语、歇后语、字谜、对联、绕口令、三字经
传统文学文化	古诗词、文言文、文学名著、寓言、神话、民间故事
传统历史文化	历史名人故事、历史事件等
传统艺术文化	戏曲、书法、音乐、手工、建筑、绘画、青铜、姓氏
传统科技文化	科技发明、天文学、医学、数学等
传统伦理道德文化	仁爱孝悌、精忠爱国等
传统民俗礼仪文化	节日风俗、饮食文化等

二、小学语文统编教材优秀传统文化要素类别分析

上节确定了小学语文统编教材传统文化要素分析框架,本节将在此框架基础上对小学语文统编教材(一至六年级的12册)中包含的传统文化要素做全面的内容维度分析。

(一) 汉语言文字文化

众所周知,汉字是世界上最古老的文字之一,是中华民族几千年流传下来的瑰宝,已经成为中华民族传统文化的重要组成部分。汉字往往可以引起我们美妙而大胆的联想,给人以美的享受。在小学阶段,激发学生识字兴趣、指导学生识字方法、培养学

生识字写字能力是语文教学的首要任务，也是学生进一步了解中国传统文化的基础。而"统编本"的编排也将汉字放在首位，鼓励学生先识字再学拼音。根据"统编本"中的具体内容，本研究将汉语言文字要素分为汉字文化要素和汉语文化要素两部分。

1. 汉字文化

统编小学语文教材结合古人造字法及儿童心理发展特点，采用了灵活多变的识字方法来帮助学生识字，例如一年级上册"识字4"《日月水火》是典型的象形识字，用图文结合的方法揭示了象形字观物取象、以象示意的特点；一年级上册"识字9"《日月明》是典型的会意识字，以短句"日月明，田力男，小大尖，小土尘，二人从，三人众，双木林，三人森……"的形式揭示了会意字"合二字三字之义，以成一字之义，使人观之而自悟"的构字特点；一年级下册《小青蛙》和《猜字谜》两篇课文通过呈现"青"字族的形旁和字义之间的关系，展示了形声字声旁表音、形旁表意的构字规律；一年级下册的形声字识字单元更是重在引导学生通过不同的识字方法，学习运用形声字的构字规律进行自主识字，感受识字乐趣。除了象形、会意识字法，统编本还呈现其他识字方法。例如《对韵歌》和《古对今》两篇文章皆运用对子形式，以对对子识字法引导学生在感受韵文的音韵节奏中掌握汉字。

识字单元所选汉字也处处渗透着中华传统文化。例如开篇识字部分的"天地人"，最早在《周易·说卦》中就有"天地人"三才之道的说法。天地人被视为宇宙系统中最为重要的三大要素，既互相独立，又紧密联系。而对"三才之道"的探讨和论述在春秋战国时期就已经相当广泛，在《三字经》中有"三才者，天地人"的说法，民间春联也有"福禄寿三星拱照，天地人一体同春"。由此可见"天地人"三才之道对传统文化的深远影响。一年级上册"识字2"《金木水火土》中的汉字也在《三字经》中有所涉及，"曰水火，木金土。此五行，本乎数。"这一简单又神秘的五行学说揭示了古人认识世界的一种思维观念，处处充满着中国传统文化气息。

二年级下册的识字单元更是以弘扬传统文化为主题，编排了《神州谣》《传统节日》《"贝"的故事》《中国美食》四篇课文，让学生通过童谣、传统民谣、介绍汉字文化与中国美食的文章，了解祖国博大精深的传统文化，在丰富的内容中识字写字，使学生受到各方面的熏陶感染。"统编本"还编排了关于汉字的学习实践和阅读活动，例如，二年级下册的《"贝"的故事》一文建议学生以"汉字故事"为主题开展活动，讲讲汉字故事，收集汉字故事图片、文章、剪贴制作小报。五年级上册专门设置了"综合性学习：遨游汉字王国"，教材提供了《汉字字体的演变》、《甲骨文的发现》、《有趣的形声字》、《七则字谜》、《故事二则》、《书法欣赏》、《中华人民共和国国家通用语言文字法》（摘要）和《制定国家通用语言文字法的必要性》八份资料，让学生从不同的角度了解汉字历史，传承汉字文化。六年级下册"自主阅读推荐"中推荐学生课外阅读讲述中国文字形成与演变的《汉字骑兵》。为了进一步让学生感受汉字独特的书法艺术魅力，在四年级下册、五年级上册和六年级下册三册教材中选取了颜真卿、欧阳询、赵孟頫和柳公权四位书法家不同碑帖上的局部文字，学生从中可以感受到不同书法家的不同书写风格，更好地浸润于书法文化中。

可见，小学语文统编教材重视汉字文化的编排，处处渗透着汉字文化。学生在学习汉字过程中，不仅可以感受到汉字的构字魅力，还能够了解中国的饮食文化、农耕文化、传统节日习俗文化等，感受到悠久的中华文化，大大激发了学生对于中华传统文化的热爱，有助于学生传承中华文化。

2. 蒙学内容

《三字经》《百家姓》《弟子规》都是古代的蒙学经典，教科书中选入的部分也都是其精华。

一年级下册的《姓氏歌》就是源自《百家姓》，以厚重的中华传统文化为背景进行改编的选文。该课介绍了中国姓氏的"李、张、胡、吴、徐、许"，以及《百家姓》中的前八个单姓和较为典型的四个复姓。并且，课文是以问答游戏开篇的，这样的一问一答，读起来很有韵味和节奏，学生可以自然走进课文的情境，传承中国的姓氏文化。《人之初》选自《三字经》，并直接以选段的前三个字为课题。《三字经》通篇使用三言这样短小的句子来表达意思，同时讲究押韵，"人之初，性本善。性相近，习相远……"读来朗朗上口，为儿童喜闻乐道。学习时还可以用吟诵的方式，感悟传统文化的博大精深。

《弟子规》的选段出现在二年级下册语文园地五的"日积月累"栏目中，"冠必正，纽必结……"前两行的句子告诉学生要讲究服装仪容的整齐清洁，东西用了之后放回原位，要有条理。"唯德学，唯才艺……"后两行的句子讲的是每一个人都应当重视自己的品德、学问和才能技艺的培养。人的价值不是追求外在衣服这些虚荣，而在于品德、学问、技艺和性格的完善，学习和提升它们才是你应该做的。这四句话分别从外表和内里两个方面展开，既告诉学生要内外兼修，又让他们感受了古人的智慧。

3. 童谣、民间歌谣

《国语·晋语》中记录道："童，童子。徒歌曰语。"童谣是受儿童欢迎，在儿童中间流行的朗朗上口的歌谣，对于儿童感知社会生活、学习文化常识、明白事理、培养美好情感具有重要价值。童谣作为民间文学的一种形式，历史悠久。而由劳动人民集体口头创作应运而生的民间歌谣，也反映着不同时期的社会面貌和人民心理，同样具有高度的文化价值。两者皆是人民生活的一种文化积淀，是中华传统文化的宝贵财富。统编版教材中也收录了一些童谣与民间歌谣，例如一年级上册"语文园地八"中的《春节童谣》，不仅让学生体会到了童谣中的淳朴情趣，还让学生了解了春节习俗，体会到过年的快乐。一年级下册第一单元中的"快乐读书吧"以读童谣和儿歌为主题，鼓励一年级学生多读童谣和儿歌类书籍，产生对此类书的阅读兴趣。二年级上册"语文园地二"中的"我爱阅读"收录了表现农历时序的民间歌谣《十二月花名歌》，按照时间顺序介绍了正月至腊月十二个月中开花的花名和特点，二年级上册"语文园地七"中的"日积月累"收录了民谣《数九歌》，二年级下册《传统节日》也是根据传统民谣改编而成的以传统佳节为题材的韵文。

4. 成语

成语是一种长期使用并流传下来的固定词汇或短语，意思精辟，出自古代著作、古代历史故事和人们的口头故事。成语是中华传统文化中的宝贵财富，统编本尤其注重学生成语的学习、积累与运用。除课文及部分课文课后练习外，"展示台"及"日积月累"栏目也为学生成语的积累与运用提供了平台。选编的成语形式多样，除常见的四字成语，还选编了八字成语。如四年级上册"语文园地六"中的"尺有所短，寸有所长""机不可失，时不再来"等成语，均来源于古代文献，寄寓着先贤体悟出的哲理，承载了我国文化传统中的一些价值观念，积累这些成语，有助于学生感受民族智慧，加强文化积淀。

另外，统编版中的成语按主题相近的原则集中呈现。四年级下册"语文园地七"中的"悬梁刺股、凿壁借光、程门立雪"等成语都和古人"读书求学"有关；五年级上册"语文园地四"中的"太平盛世、丰衣足食、兵荒马乱、家破人亡、安居乐业"等和国家兴衰相关的成语都是围绕爱国情怀主题展开的；六年级上册"语文园地七"中的"高山流水、天籁之音、余音缭绕、惟妙惟肖"等成语都是围绕艺术主题展开的。（表4-3）

表4-3 成语在统编版教科书中的分布情况

位置	一年级下册语文园地一	二年级上册语文园地五、七、八	三年级上册语文园地一、二、四	三年级下册语文园地二、七	四年级上册语文园地一、四、六、七、八	四年级下册语文园地一、七	五年级上册语文园地四	六年级上册语文园地七	合计
数量（个）	8	25	26	13	36	16	24	12	160

注：成语部分统计的是以独立形式呈现的成语，多出现在"语文园地"部分。

5. 谚语

谚语类别繁多，通俗易懂，是广泛流传于民间的简明扼要的短句或韵语，也是口头传统文化的一种表现形式。谚语主要收录在语文园地中，二年级下册"语文园地二"中收录了"予人玫瑰，手有余香"等三则社会谚语，培养学生关爱他人的品质；三年级上册"语文园地三"中收录了关于明理的谚语，如"灯不拨不亮，理不辩不明"等。

6. 歇后语

生动有趣的歇后语是一种特殊的传统语言。统编版在一年级下册"语文园地五"中的"日积月累"栏目安排了四句歇后语,如"小葱拌豆腐——一清(青)二白"等,低年级学生可以初步感知歇后语这种传统语言形式的特点,对积累歇后语产生一定的兴趣。

7. 字谜

字谜是一种文字游戏,编写者利用汉字造字规律或者汉字的音、形、义特点进行编写,是中国文化中极具特色的内容。如一年级下册"识字四"《猜字谜》编有两则字谜;另外,一年级上册"语文园地一"里有一首谜语诗"一片两片三四片……",化用了清代郑板桥的《咏雪》,将最后一句"飞入芦花总不见"作了改写。全诗几乎全是用数字拼凑的,却无丝毫违和,生动有趣,适于一年级小学生学习及背诵。五年级下册综合性学习"遨游汉字王国"编有搜集或编写字谜,开展猜字谜活动。

8. 对联

对联是一种具有字数对等、词性对品、平仄对立、结构对应、节律对拍、形对意联六大特点的语言文化艺术,俗称"对子",是中国传统文化中的一大瑰宝。一年级上册《对韵歌》和一年级下册《古对今》两篇课文都以单字对和双字对的形式展示了一幅幅美丽的画卷,帮助学生在简洁的语言和长短句交替的节奏中感受对子这一中华传统文化的特点。二年级上册"语文园地四"选编了四句对联,帮助学生感受祖国山河的壮美。到了高年级,教材鼓励学生在学习活动中进一步了解并积累对联。例如,六年级下册的"综合性学习——我的语文生活"中展示了6副名联,并且让学生分组查找对联资料及广泛收集对联,鼓励学生在寻找"最美对联"的活动中真切地感受饱含传统文化意蕴的对联。

9. 绕口令

关于绕口令,一年级上册有"四是四,十是十……",下册有"妞妞赶牛河边走……",二年级有篇《分不清是鸭还是霞》。这些绕口令语言简洁,联系生活紧密,还配有插图,形象直观,读起来节奏感强、有趣,很适合一、二年级的小朋友阅读,不仅可以提高孩子们的表达能力,说好普通话,还能让孩子们喜欢上绕口令,感受到中华传统文化语言文字的美。而在高年级的教科书中无绕口令。

(二)传统文学文化

传统文学文化是提高小学生古典修养和人文素养最直接的养料,亦是中华民族最宝贵的文化遗产之一,其在小学语文教材中也占据着相当重要的地位,是传统文化的重要组成部分之一。小学语文统编教材中主要涵盖了古诗词、文言文、史书典籍、古代寓言故事、古代神话与民间故事等方面。

1. 古诗词

统编本对古诗词的选编主要从完整的古诗词、名句以及围绕古代诗作的学习活动三方面进行呈现。十二册统编本收录的古代诗作从时间跨度上来讲,涵盖了从汉代至明清代的经典诗作。从体裁上来看,包含了五言绝句、七言绝句、五言律诗、七言律诗、词等。题材广泛丰富,有的描绘了四季不同的景色,抒发了对大自然和祖国山河的热爱之情;有的表达了对友人的依依惜别之情;有的描写了不同节日的活动与景象;有的抒发了自己的志趣和人生态度;还有的抒发了对统治者的不满,表达渴望祖国统一的热切期盼。(表 3-4,表 3-5)

表 3-4 古诗选编情况(课文部分)

册数	课文部分	数量(首)
一年级上册	课文 3.江南(汉乐府)。识字 6.画(王维)	2
一年级下册	课文 7.静夜思(李白)。课文 11.古诗两首:池上(白居易);小池(杨万里)	3
二年级上册	课文 8.古诗二首:登鹳雀楼(王之涣);望庐山瀑布(李白) 课文 19.古诗二首:夜宿山寺(李白);敕勒歌(北朝民歌)	5
二年级下册	课文 1.古诗二首:村居(高鼎);咏柳(贺知章) 课文 15.古诗二首:晓出净慈寺送林子方(杨万里);绝句(杜甫)	5
三年级上册	课文 4.古诗三首:山行(杜牧);赠刘景文(苏轼);夜书所见(叶绍翁)	3
三年级下册	课文 1.古诗三首:绝句(杜甫);惠崇春江晚景(苏轼);三衢道中(曾几) 课文 9.古诗三首:元日(王安石);清明(杜牧);九月九日忆山东兄弟(王维)	6
四年级上册	课文 9.古诗三首:暮江吟(白居易);题西林壁(苏轼);雪梅(卢钺) 课文 21.古诗三首:出塞(王昌龄);凉州词(王翰);夏日绝句(李清照)	6
四年级下册	课文 1.古诗三首:四时田园杂兴(范成大);宿新市徐公店(杨万里);清平乐·村居(辛弃疾) 课文 21.古诗三首:芙蓉楼送辛渐(王昌龄);塞下曲(卢纶);墨梅(王冕)	6
五年级上册	课文 12.古诗三首:示儿(陆游);题临安邸(林升);己亥杂诗(龚自珍) 课文 21.古诗三首:山居秋暝(王维);枫桥夜泊(张继);长相思(纳兰性德)	6
五年级下册	课文 1.古诗三首:四时田园杂兴(范成大);稚子弄冰(杨万里);村晚(雷震) 课文 9.古诗三首:从军行(王昌龄);秋夜将晓出篱门迎凉有感(陆游);闻官军收河南河北(杜甫)	6
六年级上册	课文 4.古诗三首:宿建德江(孟浩然);六月二十七日望湖楼醉书(苏轼);西江月·夜行黄沙道中(辛弃疾) 课文 5.七律·长征(毛泽东) 课文 18.古诗三首:浪淘沙(其一)(刘禹锡);江南春(杜牧);书湖阴先生壁(王安石)	7
六年级下册	课文 3.古诗三首:寒食(韩翃);迢迢牵牛星(古诗十九首);十五夜望月(王建) 课文 10.古诗三首:马诗(李贺);石灰吟(于谦);竹石(郑燮)	6

表 3-5　古诗选编情况("语文园地"日积月累部分)

册数	"语文园地"日积月累部分	数量(首)
一年级上册	语文园地一:咏鹅(骆宾王)。语文园地五:悯农(李绅)。语文园地六:古朗月行(李白)。语文园地八:风(李峤)	4
一年级下册	语文园地二:春晓。语文园地三:赠汪伦。语文园地四:寻隐者不遇。语文园地八:画鸡(唐寅)	4
二年级上册	语文园地一:梅花(王安石)。语文园地三:小儿垂钓(胡令能)。语文园地五:江雪(柳宗元)	3
二年级下册	语文园地一:赋得古原草送别(白居易)。语文园地六:悯农(李绅)。语文园地八:舟夜书所见(查慎行)	3
三年级上册	语文园地一:所见(袁枚)。语文园地六:早发白帝城(李白)。语文园地七:采莲曲(王昌龄)	3
三年级下册	语文园地一:忆江南(白居易);语文园地四:滁州西涧(韦应物)	3
四年级上册	语文园地一:鹿柴。语文园地四:嫦娥(李商隐)。语文园地七:别董大。语文园地八:大林寺桃花(白居易)	4
四年级下册	语文园地一:卜算子·咏梅(毛泽东)。语文园地二:江畔独步寻花(杜甫)。语文园地四:蜂(罗隐);语文园地六:独坐敬亭山(李白)	4
五年级上册	语文园地一:蝉(虞世南)。语文园地三:乞巧(林杰)。语文园地七:渔歌子(张志和)。语文园地八:观书有感(朱熹)其一、其二	5
五年级下册	语文园地一:游子吟(孟郊)。语文园地二:鸟鸣涧(王维)。语文园地三:凉州词(王之涣)。黄鹤楼送孟浩然之广陵(李白)。语文园地六:乡村四月(翁卷)	5
六年级上册	语文园地一:过故人庄(孟浩然)。语文园地三:春日(朱熹)。语文园地四:回乡偶书(贺知章)	0
六年级下册	语文园地一:长歌行(汉乐府)	1

除了课文及"日积月累"栏目呈现的完整古诗词外,统编版还收录了一些古诗词中的经典名句作为补充与拓展。例如,五年级上册"学习园地二"的"日积月累"收录了"盛年不重来,一日难再晨。及时当勉励,岁月不待人。""莫等闲,白了少年头,空悲切。"两句惜时经典名句。六年级上册"语文园地一"的"日积月累"收录了九句描写一年四季自然美景的诗句,大大增加了学生的古诗积累量。教材中还有 3 个单元的导语部分直接引用古诗名句,一语道出单元主题,语言凝练,含蓄深远,耐人寻味。古诗的课后训练也同样鼓励学生积累拓展,例如,六年级下册第 4 课"课后积累"部分拓展推荐学生诵读与课中古诗表达思想一致的古诗词。值得关注的是,统编版还注意指导学生围绕古诗开展学习活动,比如,六年级下册第 12 课让学生发挥联想和想象,任选一首诗改写成一篇短文,训练了学生的想象力和表达能力。总之,统编版对于古诗词的选编与呈现潜移默化地使学生沉浸于中国灿烂独特的诗词文化。

2. 文言文

文言文是中国古代的一种由书面语言组成的文章,主要包括以先秦时期的口语为基础而形成的书面语言。统编版中的文言文从三年级开始出现,包括三年级上册《司马光》，三年级下册《守株待兔》，四年级上册《精卫填海》《王戎不取道旁李》，四年级下册《文言文二则》，五年级上册《古人谈读书（三则）》，五年级下册《自相矛盾》和《杨氏之子》，六年级上册《伯牙鼓琴》和《书戴嵩画牛》，六年级下册《学奕》和《两小儿辩日》。在教材课后练习或提供的资料中也包含文言文，如六年级上册综合性学习中的《管鲍之交》和《割席断交》，六年级上册"积累拓展"中的《书黄筌画雀》，六年级下册综合性活动中的4则文言文。

3. 神话传说

古代神话故事充满神奇想象，反映了早期人类对世界起源、自然现象以及社会生活的原始理解，普遍存在于中华民族的社会史中，是中华传统文化的基本组成部分。统编版具体收录情况如下：二年级上册课文《大禹治水》、二年级下册课文《羿射九日》、四年级上册以"神话"组织第四单元，课文《盘古开天地》、文言文《精卫填海》、略读课文《女娲补天》。为了让学生更全面地了解神话，在四年级上册神话单元的"快乐读书吧"中还展示了《中国神话传说》中《炎帝尝百草》的精彩片段，鼓励学生阅读更多的中外神话，感受神话这一传统文化的永恒魅力。

4. 民间故事

民间故事是由劳动人民创作并传播的口头文学作品，属于民间文学的一种类别。故事内容虽有不同程度的幻想成分，但都着眼于现实生活，有别于神话传说。统编本具体收录情况如下：二年级上册课文《寒号鸟》、"语文园地六"中"我爱阅读"栏目的阅读资料《鲁班造锯》、二年级下册"语文园地七"中"我爱阅读"栏目的阅读资料《月亮姑娘做衣裳》，三年级下册课文《漏》和《枣核》。五年级上册专门编排了一个关于民间故事的单元，帮助学生通过这一形式的传统文化感受劳动人民对于幸福美好生活的期盼和追求，具体课文有《猎人海力布》和《牛郎织女》（两篇）。该单元的习作中给出了《猎人海力布》的缩写范文，请学生照样子缩写其他民间故事，有助于学生进一步学习民间故事。该单元的"口语交际"和"快乐读书吧"两次学习活动也都围绕民间故事展开，鼓励学生大量阅读，了解这一文学作品的特点，在讲民间故事的过程中感受古代人民的想象力和创造力。

5. 古代寓言

寓言，其字面意思就是"寓意于言"。我国古代寓言同样历史悠久，也起源于民间口头文学，受到神话传说的直接影响。寓言借助一个个生动的故事来阐发人生哲理、寄托道德训诫，而故事只是其表层，一般称之为"寓体"，其深层是作者寄托的一种观念，称之为"寓意"。统编本从课文、课后积累以及课外阅读三方面对古代寓言故事进行编排。具体情况如下：二年级上册课文《坐井观天》、"我爱阅读"中的《刻舟求剑》，二年级下册课文《亡羊补牢》《揠苗助长》，三年级下册课文《守株待兔》及课后"阅读链接"中的《南辕北辙》。三年级下册"语文园地二"的"日积月累"收录了9个出自典故的成语,皆来源于寓言故事,丰富学生对于古代寓言这一传统文化的积累。三年级下册"语文园地二"的"快乐读书吧"以"小故事大道理"为主题,通过呈现《汉书·霍光传》中的精彩片段,提示学生读寓言的方法,鼓励学生课外阅读《中国古代寓言》,从中汲取智慧,学会分辨生活中的是与非,懂得为人处世的道理。

6. 史传名著

中华历史文化有着厚重的文化底蕴,在长达五千年的中华文明史中,涌现出大量的文学名著,这些都为我们打开了一扇扇历史之门,使我们的历史和文化得以延续。统编本除收录的文言文、古代寓言出自史书典籍外,主要从课文、阅读资料和学习活动三方面呈现史书典籍的内容。例如,二年级上册精读课文《曹冲称象》根据《三国志·魏书·邓哀王冲传》改编而成,精读课文《狐假虎威》根据《战国策·楚策》改写而成。五年级下册精读课文《两茎灯草》和《田忌赛马》分别根据《儒林外史》和《史记·孙子吴起列传》相关内容略微改动或改写而成。统编本精选了传统文学名著中贴合学生年龄特征的故事,使其从中了解历史上的人和事,感悟做人、做事的智慧,树立人生志向,修炼人生品格。四大名著作为中国文学史上的里程碑,具有特殊的艺术价值和历史地位。统编本尤其重视对四大名著文学的建构,五年级下册第二单元分别选取了四大名著中的著名片段,并在课后的"阅读链接"和"资料袋"中进一步节选了有关内容,介绍了《水浒传》的小说特点,列举了五个水浒好汉的角色和性格特点。除了以单元为主题节选四大名著文本之外,教材还以不同形式呈现了名著中的内容。例如,一年级上册"学习园地七"中的"和大人一起读"板块结合低年级学生的年龄特点选编了儿歌《孙悟空打妖怪》,并配以《西游记》中四人西天取经的动画插图,生动有趣。四年级上册"语文园地四"中"词句段运用"栏目就罗列了"腾云驾雾、上天入地、神机妙算、未卜先知"等词语,帮助学生感受到《西游记》《三国演义》等古典名著中鲜明的人物形象。六年级上册"语文园地四"的"词句段运用"栏目选编了《三国演义》中描写关羽、张飞神勇的精彩片段。(表3-6)

在学生学习活动方面,四年级上册"习作八"的"推荐一本书"和五年级下册"习作二"的"写读后感"都为学生在课后选择阅读古典名著提供了学习空间;四年级上册课文《西门豹治邺》课后选做部分建议学生根据阅读链接将课文改编成剧本演一演;五年级下册第二单元的"口语交际"板块也鼓励学生选取课文中最感兴趣的故事进行课本剧表演活动,这些都有助于学生在丰富的表演活动中进一步感受文学名著的独特魅力。五年级下册"快乐读书吧"以"读古典名著,品百味人生"为主题,鼓励学生漫步中国古典名著长廊,走进名著中的人物,品读精彩故事,鼓励学生在课内学习的基础上,课外进一步感悟古典名著的魅力,激发学生阅读名著的兴趣,这些都是统编本对传统文学名著的建构。

表 3-6　史传名著类部分出处统计

选文	出处或改编来源	备注
《曹冲称象》	《三国志》	
《坐井观天》	《庄子·秋水》	
《寒号鸟》	《南村辍耕录》	
《狐假虎威》	《战国策》	
《刻舟求剑》	《吕氏春秋》	
《亡羊补牢》	《战国策》	
《揠苗助长》	《孟子》	
《司马光》	《宋史》	文言文
《守株待兔》	《韩非子》	文言文
《王戎不取道旁李》	《世说新语》	文言文
《西门豹治邺》	《史记》	文言文
《扁鹊治病》	《韩非子》	
《纪昌学箭》	《列子》	
《将相和》	《史记》	
《古人谈读书》	《论语》	
《伯牙鼓琴》	《吕氏春秋》	文言文
《精卫填海》	《山海经》	文言文
《囊萤夜读》	《晋书》	文言文
《铁杵成针》	《方舆胜览》	文言文
《自相矛盾》	《韩非子》	文言文
《田忌赛马》	《史记》	
《杨氏之子》	《世说新语》	文言文
《学弈》	《孟子》	文言文
《两小儿辩日》	《列子》	文言文
《草船借箭》	《三国演义》	
《景阳冈》	《水浒传》	
《猴王出世》	《西游记》	
《红楼春趣》	《红楼梦》	

（三）传统历史文化

几千年的历史孕育了中华民族悠久的历史文化，在优秀传统文化的熏陶下涌现出了无数历史人物，"统编本"通过历史人物的真人真事来展示美好的精神品质，以此对小学生进行思想道德教育。教材通过历史故事塑造了诸多真实历史人物,如曹冲、朱德、周恩来、邓小平、司马光、王戎、西门豹、扁鹊、纪昌、梅兰芳、廉颇、蔺相如、李大钊、鲁迅等,刻画了不同的人物品质,例如,充满智慧的曹冲和司马光,坚持惩治恶人、为民造福的西门豹,以身作则的朱德,怀有远大胸怀的周恩来,医术高明的扁鹊,英勇顽强的狼牙山五壮士等。学生在学习历史故事的过程中能够不断感悟优秀人物的优秀品质,潜移默化受到熏陶感染。除了历史故事,"统编本"还选编了特定历史背景下发生的事件,例如,五年级上册课文《圆明园的毁灭》讲述了八国联军侵华并放火烧毁圆明园的历史事件;五年级上册课文《冀中的地道战》讲述了日本侵略军在冀中平原扫荡时的历史事件。六年级上册《开国大典》记录了新中国开国大典的盛况。

值得注意的是,统编本还设计了三次关于历史人物故事的学习活动,分别是四年级上册的"口语交际",五年级上册的课后练习以及六年级下册的"综合性学习活动"。由于学生年纪不同,参与活动的要求和形式也不同。四年级上册以"口语交际"的形式要求学生选择最喜欢的历史人物故事开一次故事会。五年级上册《少年中国说》课后练习安排学生查阅为国家富强而奋斗的杰出人物故事的资料,感受优秀人物的优秀品质。六年级下册"综合性学习活动"围绕"英雄人物"主题设计了排排英雄谱、讲讲英雄传奇以及说说英雄梦三项活动,既锻炼了学生的综合学习能力,又让学生在学习活动中深入了解到更多对历史产生过巨大影响的历史人物,激发其热爱祖国历史文化的情感。

(四)传统艺术文化

形式丰富的传统艺术是中华民族一笔宝贵财富。统编本主要从戏曲、书法、音乐、饮食、姓氏、手工、绘画、建筑等角度全方位覆盖不同类型的传统艺术,具体情况见表3-7:

表3-7 传统艺术文化内容课文分布情况

传统艺术形式	课文具体分布情况
戏曲艺术	六年级上册课文《京剧趣谈》,六年级下册课文《藏戏》
书法艺术	六年级上册"综合性学习"中的"资料夹";五年级上册"语文园地八"中的"书写提示";五年级下册"语文园地七"的"书写提示";六年级下册"语文园地四"中的"书写提示";六年级"语文园地六"的"书写提示"
音乐艺术	六年级上册文言文《伯牙鼓琴》
饮食艺术	二年级下册课文《中国美食》
姓氏艺术	一年级下册课文《姓氏歌》
手工艺术	一年级上册"和大人一起读"栏目中的《剪窗花》
绘画艺术	三年级上册《一幅名扬中华的画》,课文插图《水墨画》
建筑艺术	三年级下册课文《赵州桥》;四年级下册习作例文《颐和园》;五年级下册习作《中国的世界文化遗产》;六年级上册课文《故宫博物院》;课文"阅读链接"补充的两篇关于故宫的文章

从上表可知，在古建筑方面，《赵州桥》一文通过介绍世界上现存年代最久远、跨度最大、保存最完整的单孔坦弧敞肩石拱桥——赵州桥，表现出古代劳动人民的智慧和才干，展示了我国宝贵的文化遗产。《故宫博物院》按照空间顺序介绍了故宫内的主要建筑及其特色，表达了对故宫的热爱和赞颂，歌颂了中国古代劳动人民的智慧和伟大的创造力，展示了中华民族的文化瑰宝。

在手工艺方面，一年级上册中"和大人一起读"栏目的《剪窗花》将中国古老的传统民间艺术——窗花和儿歌结合在一起，使小朋友在与家人一起边动手制作边唱的过程中感受这项具有鲜明的中国民俗情趣和乡土特色的艺术。

在书法方面，虽然教科书中无相关的课文，但在高年级语文园地的"书写提示"栏目中有所体现。如五年级上册语文园地中介绍了书法家欧阳询及他的书写特点，在文字下方还呈现了其楷书代表作《九成宫醴泉铭》的局部图片，让学生欣赏和学习。六年级上册有一个"口语交际：聊聊书法"，让学生聊聊关于书法的相关内容，还配上了王羲之的《兰亭集序》的局部图片。语文园地八的"书法提示"中为学生们介绍了书法家柳公权，还展示了他的代表作《玄秘塔碑》的图片，让学生进一步感受他的书写风格。通过不断的积累，学生渐渐了解了许多书法家的作品及风格，感受到书法的魅力和文化。

在绘画方面，《一幅名扬中外的画》介绍了张择端的画作《清明上河图》，让学生了解了八九百年前的古都风貌以及张择端传神的画技。六年级下册"语文园地五"的"日积月累"栏目收录了"五音""五彩"两个关于音乐和绘画艺术的传统文化常识，不仅能丰富学生的词汇量，还能加深学生对传统艺术文化的了解。

在戏曲方面，《口耳目》中"站如松，坐如钟"内容的插图有京剧人物元素；《京剧趣谈》里讲述了京剧里的一些道具和人物的"亮相"。《藏戏》介绍了中华民族历史最久远的戏剧之一——藏族戏剧，让学生体会这种传统艺术的独特魅力和丰富的文化内涵。六年级上册"语文园地六"的"词句段运用"中就列举了十二个和传统戏曲有关的词语，鼓励有兴趣的学生了解更多的戏曲用语。

（五）传统科技文化

中国古代科学技术曾长期处于世界领先地位，对人类文明进步做出了重要贡献。统编本教科书主要收录了科技发明、医学和太空探索三方面的传统科技文化。

四大发明是我国古代的辉煌创造，三年级下册《纸的发明》介绍了四大发明之一的造纸术。

三年级下册"日积月累"中有提到"中医四诊：望闻问切"，介绍了我国中医诊病的四种基本方法；《扁鹊治病》里写出扁鹊的高超医术；《李时珍》里写到我国药物学著作《本草纲目》的成书。四年级下册课文《千年梦圆在今朝》和六年级下册"阅读链接"都讲述了明代官员万户对太空的探索与尝试。

统编版教科书中选录了《二十四节气歌》，二十四节气是我国古代历法特有的组成部分和独特创造，是古代劳动人民在长期的生产实践中逐步认识气象变化规律的结果。如"立春""夏至""秋分""冬至"等反映了季节，"谷雨""小暑""霜降"等反映了气候变化，这些都对我国农业生产起着很大的指导作用。《数九歌》通过儿歌的形式让学生了解了"数九"这一种中国民间节气。

（六）传统伦理道德文化

1. 仁爱孝悌

统编本教科书中较为重视对学生进行"仁爱孝悌"的教育。如《四个太阳》里"我"画了四个颜色不同的太阳，分别送给"夏、秋、冬、春"，表现出希望四季时时美丽、小朋友们时时快乐的美好心愿，富有人文关怀；《胖乎乎的小手》写出兰兰的一双小手为爸爸、妈妈和姥姥做的许多事情，这不仅告诉小学生自己的事情要自己做，还要力所能及地帮助亲人、体贴长辈；《夜色》里"我"胆子小，但妈妈会用"勇敢的故事"教育"我"，"爸爸"带"我"出去散步，他们都用自己的方式帮助"我"，都表达出父母对孩子的关心、爱护。《慈母情深》《父爱之舟》和《妈妈睡了》里表达了对母亲或父亲的爱，《一株紫丁香》又表现出对老师的爱，《搭石》表达了乡亲们之间的爱，《为人民服务》表达了党对人民的爱……三年级上册"语文园地八"里还有"爱人若爱其身""仁者爱人，有礼者敬人"等关于仁爱的名句供学生积累。

2. 谦和好礼

统编本教科书中隐含谦和有礼思想的内容较多。如一年级上册《欢迎台湾小朋友》中表达出大陆小朋友对台湾小朋友的欢迎，并且礼貌又热情地邀请他们去自己学校一起玩耍；一年级下册《小公鸡和小鸭子》里展现了小公鸡和小鸭子之间珍贵的友谊，两个主人公互帮互助，取长补短；《树和喜鹊》描写了喜鹊们和谐相处、守望相助的邻里情、朋友爱；《怎么都快乐》展示了人与自己、他人、群体相处的几种和谐模式；《陶罐和铁罐》教小朋友们做人要谦逊。还有多个"口语交际"都在教导学生如何有礼：如"用多大的声音"教学生在不同的场合说话要用不同的音量，在公共场合说话大声非常不礼貌；"商量"中告诉学生需要得到别人帮助时要学会用"请、您、谢谢"等礼貌用语，做个有礼貌的小朋友；"请教、劝告、请你支持我"等也都从各个方面、各个场合引导学生了解各种礼节和说话的注意事项等。

3. 爱国爱家

一年级下册的"语文园地"里《祖国多么广大》从"大兴安岭"的雪写到"海南岛"的鲜花，赞美了祖国的幅员辽阔；《我多想去看看》写了新疆天山脚下的一个小男孩对首都北京的天然向往之情，心心念念想去天安门广场看升旗仪式，这不就是孩子爱国之心的体现吗？《画家乡》《家》《只有一个地球》表达的是对我们家园的爱；《神州谣》《富饶的西沙群岛》《海滨小城》《美丽的小兴安岭》等都是在表达对祖国大好河山的热爱及赞美；《王二小》《为中华之崛起而读书》《梅兰芳蓄胡》《延安，我把你追寻》等表现出中国人民在祖国面临危难时深沉的爱国之情。六年级上册"语文园地二"里还收录了关于爱国的古代名言，李纲的"祖宗疆土，当以死守，不可以尺寸与人"、曹植的"捐躯赴国难，视死忽如归"、陆游的"位卑未敢忘忧国"……都表现了他们对国家的大爱，将国家利益置于首位。

4. 修己慎独

小学是培养良好习惯的阶段，《文具的家》告诉学生用完东西要放回原处，学会自我管理的好习惯；《一分钟》让学生知道时间的宝贵，不断严格要求自己、珍惜时间；《小猴子下山》帮助学生建立一种价值取向：无论做什么事，都要有取舍，一旦选定目标就要坚持到底；通过《邓小平爷爷植树》，学生感受到了邓小平爷爷做事的认真；通过《雷锋叔叔，你在哪里》，学生学习到了雷锋的乐于助人；通过《不懂就要问》学习孙中山先生的勤学好问；通过《落花生》知道了要做一个有用、有价值的人；《古人谈读书》告诉了学生读书、学习的很多方法及要点……这些良好习惯和优秀品质的养成可以让他们受益终身。

5. 勤俭廉正

《悯农》二首诗通过描述农民辛勤劳作的场景让学生感受粮食的来之不易，从小培养节俭的意识；五年级上册"语文园地六"里还选录了几句关于"勤俭"的名言，如"居安思危，戒奢以俭""一粥一饭，当思来之不易"等也都在告诉学生要艰苦朴素、不要浪费粮食。《桥》写出一个村落的党支部书记在灾难面前坚守为人民服务的信念，把生的希望先给别人；《朱德的扁担》里朱德同志选择和战友们一起艰苦劳作，坚决不肯搞特殊；《清贫》写出了克己奉公、甘于清贫的革命者形象。

6. 诚信知报

《吃水不忘挖井人》里乡亲们饮水思源，为纪念毛主席和战士们帮助他们一起挖了一口井，故在井旁立了一块碑，不忘他们的恩情；《我不能失信》里讲述了宋庆龄小时候因要守住对朋友的诺言而放弃与父母外出吃饭的故事；"语文园地"里也有选录关于诚信的名言警句，如"失信不立"等。通过这些，学生从小就对自己的言行规范有了要求，不断完善自己的品格修养。

7. 勇毅力行

《盘古开天地》讲述了盘古勇猛地将混沌的世界分割开来，以自己的血肉之躯创造了美丽的世界；《精卫填海》写了精卫坚持以石填东海，日复一日绝不中途放弃；《女娲补天》中女娲以一己之力完成补天这项巨大又困难的工作；《冀中的地道战》写了冀中平原上的人民和战士一起并肩作战，用地道战的斗争方式勇退日本侵略军的事迹；毛泽东所作的《七律·长征》记录了红军战士们不畏艰险、历经重重磨难终于抵达目的地的故事；《黄继光》讲述了抗美援朝特级英雄黄继光英勇抗敌的事迹；《狼牙山五壮士》讲述了抗日战争时期我党五名英勇的战士为了掩护群众和连队转移，与日寇周旋最终英勇赴死的壮举……中华民族正是有了这种勇毅力行的精神，才得以绵延至今。

8. 天人合一

《天地人》中只有六个大字，以傅抱石的国画《一望大江开》铺底，画面近景是两人在吟诗眺望，中部使用大片留白，远处空旷无垠，让人顿感天地之广袤。其图文结合，蕴含了一个传统思想——天人合一。天和地未分开的时候，一切都是混沌的，什么也没有。之后，一股灵气在里面盘结运行，从太乙中生出水，从太初中生出火，从太始中生出木，从太素中生出金，从太极中生出土。五行由此而来，此后天地人各有发展。寥寥几字，却将天与人的道理都蕴藏其中。《青山不老》和《三黑和土地》写出人与自然应和谐一体，人类要顺应自然、敬畏自然。四年级还安排了一个主题为"我们与环境"的"口语交际"，让学生观察人类现在破坏生态环境的行为，讨论身边存在哪些环境问题以及有哪些保护环境的举措，使他们了解我们与环境是一体的，没有好的环境就没有人类的未来。这些都是天人合一思想的反映，学生也都能潜移默化地感受到。

（七）传统民俗礼仪文化

中华民族由五十六个民族组成，在古代，各个民族共同缔造的民族风俗构成了中国丰富的传统民俗文化，其中既包括汉化过程中为全体成员所认同的民俗文化，也包括少数民族独特的民俗文化。统编本对此的选编情况如下。

二年级上册《田家四季歌》和二年级下册《二十四节气歌》展现了一年四季主要农事活动及二十四节气气候；二年级下册"语文园地三"中"日积月累"栏目展示了地支结合十二生肖的纪年法，引导学生了解中国传统文化中独有的生肖文化；三年级上册《大青树下的小学》描述了各民族儿童在一所边疆小学学习的校园生活画面，课后资料袋补充了四幅少数民族的图片，帮助学生进一步直观了解傣族、景颇族、阿昌族和德昂族四个少数民族的衣着特点；四年级上册《走月亮》描述了云南地区走月亮的风俗；六年级上册《草原》展现了蒙古族、鄂温克族的民族传统风情；五年级下册"语文园地五"和六年级下册"语文园地二"中的"日积月累"栏目都收录了"豆蔻年华、弱冠之年"等以称谓代替数字的词，不直接说出某人多少岁或自己多少岁，而是用一种与年龄有关的称谓来代替，这种习俗形象而又生动。

传统民俗文化还包括传统节日，在教材中也有所建构。例如，一年级上册《春节童谣》和《剪窗花》展示了春节习俗；一年级下册《端午粽》介绍了端午节吃粽子的习俗；二年级上册《难忘的泼水节》描述的是傣族的传统节日盛况；二年级下册《传统节日》一文介绍了春节、元宵节、清明节、端午节、乞巧节、中秋节、重阳节共七个一年中重要的传统佳节和相关习俗，配合贴窗花和赛龙舟两幅插图，表现了传统佳节的热闹与喜庆；五年级上册古诗《乞巧》对民间农历七月初七乞巧节进行了生动的描绘；六年级下册《北京的春节》描写了种种北京过春节的传统民俗，课后"阅读链接"补充了舒乙的《北京的春节》和斯妤的《除夕》两篇文章（节选）；六年级下册《腊八粥》描写了腊八节甜蜜温馨的场景。

从学生学习活动角度来看，三年级下册第三单元安排了以"中华传统节日"为主题的综合性学习活动，要求学生在收集传统节日资料的基础上写作并展示；六年级下册"习作一"以"家乡的风俗"为题目，要求学生了解自己家乡的民俗文化，收集写作素材，完成习作。

三、小学语文统编教材优秀传统文化要素数量统计

依据制定好的分析框架对统编版小学语文一至六年级12册教科书中的传统文化内容进行统计，重点统计的是课文、口语交际、语文园地、综合性学习以及快乐读书吧部分。一年级除了课文部分，还有识字和汉语拼音单元，而有的汉语拼音部分也会带有课文，故每一课都作为一个计算单位。每一个口语交际、综合性学习、快乐读书吧也均作为一个计算单位，而语文园地比较特殊，它分为"识字加油站""日积月累"等不同栏目，故将每一个栏目计为一个单位。针对传统文化内容可重复计算，虽然笔者的统计可能存在些许误差，但整体衡量的标准一致，对整个统编版小学语文教科书中传统文化内容的分析不会有太大影响。拟从结构和内容两个方面进行统计。

（一）结构层面的统计与分析（纵向统计）

为了直观地展示教材中传统文化的选编情况，对传统文化要素在各年级教材中的分布情况作纵向统计。同理，以每篇课文、每首诗词、每道习题、每个有系统介绍的成语或每条相关的指导建议等为一个计量单位进行统计，其结果如表3-8：

表 3-8 教材中选编的传统文化内容纵向统计

传统文化要素类型	汉语言文字文化	传统文学文化	传统历史文化	传统艺术文化	传统科技文化	传统伦理道德文化	传统民俗文化
一年级	39	20	1	2	0	16	3
二年级	62	40	5	1	1	7	5
三年级	36	44	2	4	3	6	2
四年级	54	44	7	1	1	7	1
五年级	17	69	7	3	0	5	2
六年级	32	74	3	28	1	5	6
总数	240	291	25	39	6	46	19

如上表所示：汉语言文字内容在小学语文一至六年级教材中的分布并未呈现出规律性，一年级、三年级和六年级教材中的汉语言文字文化的数量变化不大，比较平稳，二年级数量最多，五年级数量最少，低中年级是学生记忆的黄金时期，也是培养识字能力的关键时期，所以汉语言文字知识编排较多，高年级学生已经具备汉语言文字的学习能力，汉语言文字文化对他们而言较简单，以学生自学为主，所以编排内容较少。

传统文学文化在各年级教材中的数量分布随年级呈逐渐上升趋势，由于一年级的学习重点是识字和拼音，所以古典文学文化编排较少，高年级教材中古诗词和文言文数量明显增加，且又有民间故事、四大名著等单元的学习，学生具备一定学习能力，所以传统文学文化在高年级编排数量最多。

传统历史文化在各年级教材中没有呈现很强的规律性，一年级和三年级教材中的传统历史文化内容偏少，四年级与五年级中的数量较多，六年级有所回落。

传统艺术文化在六年级教材中比例最大，占据了绝大部分。确实存在分布不均的现象，但这也可能是低年级艺术欣赏能力有限的考虑，所以将更多内容安排在高年级。高年级学生的艺术审美水平得到充分的发展，戏曲、音乐、饮食、民俗等艺术文化都在六年级教材中充分体现。

传统民俗文化在各年级的数量分布较不均匀，一年级到二年级先增长，二年级到四年级逐渐下降，五年级开始又逐渐增长，其中四年级最少，只有一处关于民俗的内容，六年级数量最多，共有 6 处。

传统科技文化内容在各年级中的数量分布较不均匀，先增加，然后下降，最后又增加，其中一年级和五年级最少（数量为零），三年级最多。

由于传统文化本身内容丰富，形式多样，一些传统文化内容甚至涵盖多种不同类型文化的特点,而且教材中一些传统文化内容在呈现和表达方式上可能存在综合性等特点,笔者的统计分类可能存在误差,但是不影响整体格局。

从上述表格整体来看,各个年级中不同传统文化要素分布不均匀,不同传统文化类型在一年级到六年级教材中的呈现趋势有升有降,并不是随着年段的增长而递增。由于语文学科重视对学生语文素养的培养,因此教材对汉语言文字文化和古典文学文化两种文化要素有所侧重,比例较高,传统历史文化、传统艺术文化和传统民俗文化相对偏少。其中,传统科技文化要素在统编本中所占比例最少,那是因为教材还选编了与现代科技有关的文章。总的来说,统编本小学语文教材在文化内容的选择及编排分布上符合语文的学科性质及学生的认知水平。

（二）内容层面的统计与分析（横向统计）

表 3-9　教材中选编的传统文化内容横向统计

传统文化的类型	传统文化的形式	数量	备注
汉语言文字文化	汉字	27	包括综合性学习《遨游汉字王国》
	蒙学	3	
	童谣	6	
	成语	154	
	谚语	35	
	歇后语	4	
	字谜	2	
	对联	12	包括综合性学习《我的语文生活》
	绕口令	3	
传统文学文化	古诗词	134	完整的故事115首,词5首,古诗词名句14句,包括单元导语中的3句古诗
	文言文	84	22则文言短文,62则文言名句
	神话传说	7	
	民间故事	11	
	古代寓言	16	包括9个寓言故事名称
	史传名著	39	根据史书典籍改编或节选的课文、文言文、积累拓展
传统历史文化	历史名人故事	19	8个中国古代历史、11个近代历史名人
	历史事件	3	
	学习活动	3	

续表

传统文化的类型	传统文化的形式	数量	备注
传统艺术文化	戏曲艺术	14	12个和戏曲有关的词语
	书法艺术	10	
	音乐艺术	6	
	饮食艺术	1	
	姓氏艺术	1	
	手工艺术	1	
	绘画艺术	2	1个常识:五彩
	建筑艺术	4	
传统科技文化	四大发明	1	
	医药	4	
	古代历法	1	
传统伦理道德文化	仁爱孝悌	16	
	谦和有礼	20	
	爱国爱家	19	
	诚信知报	4	
	修己慎独	15	
	勤俭廉政	7	
	勇毅力行	12	
	天人合一	4	
传统民俗文化		19	反映传统民俗的文本材料有7个, 反映传统节日的文本材料有10个, 学习活动2个

注:若一篇课文中涉及多种传统文化要素,统计过程已重复计入。

由于教材中的各种文化类型散乱、形式多样,尤其是学生活动建议等具有模糊性的特点,数量统计上会略有误差,但是总体的情况出入不大,基本可以反映文化要素横向分布的情况。从上表可知,统编本选入的文化内容丰富多样,不同传统文化要素所涉及的细化种类各不相同,其布局力度上也存在不小的差异,有的提供给学生的材料数量多,内容相对来说比较详细,例如文言文、传统文学名著等;有的则数量少,内容相对比较简化,例如饮食艺术、姓氏艺术、绘画艺术等。成语的数量最多,共有154个,其次是古诗词,12册教材中共有115首完整古诗、5首词以及14句单独的古诗词名句。学生从教材选取的传统文化中了解到了儒、道、法等诸子百家的思想,通过乐府、唐诗、宋词等了解中国传统文学;通过京剧、川剧等了解独具地方特色的戏曲;通过对故宫、颐和园、桥等内容的介绍了解中国古代的建筑风格与名胜古迹。通过甲骨文、楷书、行书等了解汉字演变；通过歇后语、字谜、对联等了解中国语言艺术；通过不同菜系了解中国的饮食文化；通过传统节日的学习感受中华传统民俗文化……

由此可见，学生通过这些丰富各异的文化表现形式，可以充分领略到和而不同的文化精髓，但是由于教材篇幅的限制，还有许多没有涉及的文化内容，例如中国武术、茶文化等，对于不同的传统节日，教材也只是选取其中的个别节日进行了详细介绍，文化内容的范围及文化表现形式的种类还有进一步扩大的空间。

第三节 泛在学习视域下统编教材传统文化教学策略探寻

一、泛在学习：打开儿童识字教学的时空

语文学习资源无处不在，在泛在学习环境下，教师和学生可以获得大量的语文课程资源，构建识字教学的泛在学习平台，为学生提供多种多样的认读资源。教师和学生在生活中、平台上能够自主选择阅读学习的资源。这些教学资源不再仅是阅读的书籍，它可以是电子书、电子读书笔记、与文本相关的影音影像、微课程资源等，教师还应该指导学生如何选择有效的资源。此外，阅读资源的泛在性还体现在注重资源的及时更新上，为学生提供丰富的、有用的、最新的学习资源，拓展学习空间。因此，突出阅读资源的泛在性，是促进识字教学的重要条件之一，以构建开放而有活力的、生活化的识字阅读教学体系。

《义务教育语文课程标准（2022年版）》第二学段目标第三条就是：能感知常用汉字形、音、义之间的联系，初步建立汉字与生活事物、行为的联系，初步了解汉字的文化内涵。针对这一目标，统编版语文教材除了在常规的课文中有识字内容，还有集中的单元识字课，更是在语文园地中增加了专门的"识字加油站"。这个栏目是统编版语文教材《学习园地》中新设置的栏目。该栏目在内容的选择和形式的呈现上都力求贴切学生生活，引导学生在学习过程中发现汉字的特点，探索汉字的规律。

三年级上册语文园地六识字加油站的主要学习目标是认识带有"虫""鱼"偏旁的形声字，能说出"蝌""鲤"等字声旁表音、形旁表义的特点；能感知"虫"古今意义的变化。语文园地八识字加油站编排了和"目"有关的字、词，旨在引导学生归类识字，巩固对形声字的规律的认识。

（一）重组结构，符合儿童学习心理

许慎说："形声者，'以事为名'，取譬相成。"所谓"以事为名"，即依事类而定其名字。所谓取譬相成，就是根据口语取一个读音相同或相近的文或字来作新造字的标声部分。语言文字学家王宁教授指出："形声字不是形符和声符的简单拼合，而是先有一个源字，然后加上一个形符，这个有根源的字就转化为声符。"

三年级上册的识字加油站六、八的内容编排都以形声字为主题，在教学中，我们可以通过重组结构，把来自两个不同园地的形声字教学内容进行整合，设计到一个学习任务群中，形成"遨游形声字王国"的"虫"字、"目"字、"鱼"字家族的一个个子任务活动，学生在游戏化、情境化活动中感知形声字规律并巩固认知，凸显汉字文化的传承。

（二）情境创设，突出核心问题统整

汉字是中国文化之根，因为汉字，我们祖先的智慧得以传承，我们久远的历史得以延续。借助形象性的古文字、姿态横生的书法大家作品，或汉字活动任务卡通形象，创设富有汉字文化意味的情境，既能充分展示汉字"大美"之境界，又能充分调动学生的兴趣，引导学生快速进入学习情境。

对话情境，产生真实学习需求。教学伊始，教师借助希沃大屏播放汉字演变及经典优秀书法作品的同时，以"小字典"这一卡通形象引入课堂，通过视频制作、剪辑，创设小字典与同学谈话的场景，形成学习交流场："同学们，汉字作为世界最古老的文字之一，起初是以象形文字为主，后来随着汉字不断发展，要细分的东西越来越多，当难以用象形法仔细把事物的特征画出来时，形声字就成了最方便的办法，比如'星'这个字，最初的象形是'✡'，用三个圈表示数量的多，但三块石头、三个拳头，谁说一定是星星呢？于是古人在下面加了一个声符'生'，这样就把'星星'与其他事物区别开来了。同学们，你们对形声字有哪些了解呢？"把汉字之美及汉字由"象形字"向"形声字"转变这一现象做个形象的渗透。其实，"小字典"与同学们交流的内容，也是我们整合运用了五年级下册语文综合性学习《遨游汉字王国》中的"汉字真有趣"板块中王宁教授撰写的"有趣的形声字"的内容。在给学生构建起形声字造字理趣后，顺势创设跟着"小字典"走进"形声字王国"的情境进行任务活动。

游戏情境，让学习真实发生。课中，设计走进"形声字王国"的"虫"字家族——"鱼"字家族——"目"字家族的三个游戏任务，让识字与游戏、个人学习与小组合作、汉字文化渗透与生活相互融通。在走进"虫"字家族课堂活动中，学生借助学生平板进行"发现游戏"：在"'虫'字家族生活场景图"中发现哪些动物的名字里是带有"虫"字旁的,点击动物图片,尝试朗读随后出现的动物名称。在操作游戏中,培养学生的观察及认读能力。接下来,小组合作进行"分类游戏",尝试把刚才认读的带有"虫"字旁的词语进行分类,从而自主发现:水里游的、天上飞的、地上爬的,这些不同类型的动物,都是带有"虫"字旁的词语。这时继续链接传统文学文化中的古典小说《水浒传》中的"武松打虎"片段:"武松把半截梢棒丢在一边,两只手就势把大虫顶花皮揪住,往下按去。"引发儿童自我质疑:平时印象中,虫旁的字和昆虫有关,为什么天上飞的、水里游的动物也带有虫字旁,而老虎也叫虫,为什么呢?通过汉字卡通人物"小字典"的形象化介绍:虫,在甲骨文中是个象形文字"𧈢",画的就是一条蝮蛇。虫字还可以作为由三个虫字组成的"蟲"字的俗体,指有脚的虫,引申为动物的统称。通过形象化的互动交流,学生能进一步感受"虫"字字义的演变及形声字形旁的作用。

生活情境,让课堂回归生活。我们家乡淮安有"龙宫大白鲸主题乐园",里面有很多海洋动物。在进入形声字王国"鱼"字家族的学习过程中,创设龙宫大白鲸"招募讲解志愿者"的活动情境,还原生活的真实场景,把抽象的汉字符号与解决生活的问题相联系。在角色扮演中运用形声字的归类识字、学会表达、学会交际,引导学生养成在生活中自主识字的习惯和方法。通过对比,引导学生发现,随着社会的发展,形声字的结构越来越复杂,很多形声字的读音和声旁的读音只是相似,并不完全一样。知晓形声字认读规律,以"小字典"邀请我们参加"龙宫大白鲸水族馆"小志愿者招聘活动,进行基于生活拟真情境的学习。"招募志愿者"活动,第一层次为"三星志愿者",需准确地向游客介绍出精品鱼类的名称。第二层次为"五星志愿者",在电子展牌中录入一种鱼的资料介绍,更方便游客了解这些可爱奇特的鱼儿。分层任务,引导学生在拟真情境中把各种奇特的海洋鱼类形象与"鱼"旁形声字相结合,进一步感受形声字规律;同时也为学生语用能力的提升提供"阶梯"和"脚手架",在阅读"鱼类"资料中,内化表达,体会动物的神奇及形声字在生活中的多样存在。

(三)活动开展,凸显汉字文化传承

利用汉字的组合规律,借助意符系统、同源系统等,帮助学生建立起汉字间的知识结构,凸显汉字的系统化特点,初步感受汉字的文化内涵。

语文园地八中的识字加油站内容既包含与"目"有关的五个动作的单字"睁、眨、瞪、瞅、瞧",也有带有"目"字的双音节词语、四字词语,如何系统识字,"学一个带一串",并能感受到汉字所蕴含的深厚的文化内涵?

勾连对比,建立汉字意义系统。通过播放"目"字演变过程:甲骨文"👁"—金文"👁"—小篆"目"—隶书"目"—楷书"目",引导学生感受"目"是象形字,表示眼睛,古

人就是通过描摹眼睛的形状来造字的。在勾连汉字起源的基础上,联系学生已有的知识经验——王之涣《登鹳雀楼》中"欲穷千里目"这一诗句,通过比较分析,让学生自主感受到"目"字除了表示眼睛这一部位,还表示与眼睛有关的动作。

联结经典,体验汉字文化内涵。请学生在认读"睁、眨、瞪、瞅、瞧"这五个与眼睛有关动作的基础上,让学生合作演一演这些动作,初步体会"睁""眨""瞪"等字的不同意思。为了帮助学生深入理解这几个字的丰富内涵,教师出示《西游记》《三国演讲》《夏洛的网》等经典书目中的人物形象句段,让学生尝试利用希沃平板来选择,如下:

瞪　瞅　瞧

1. 八戒在饭桌上吃饭的声音特别大,一旁的悟空(　　)了它一眼。
2. 面对曹操的百万大军,张飞毫不害怕,(　　)大眼睛,大喊一声:"张翼德在此,谁敢与我决一死战!"
3. 你(　　),小猪威尔伯在和夏洛说悄悄话呢!

将目字旁形声字的认知与经典课外图书的品读相融合,学生们联系课外阅读中经典人物的言行能很形象地辨析"瞪""瞅""瞧"分别所蕴含的不同丰富情感和内涵:"瞪"大眼睛的"瞪"体现出张飞威风凛凛、气势威猛的样子;悟空"瞅"了八戒一眼,这里的"看"表达出他对八戒餐饮行为的"不满",同时也把经典人物形象根植在儿童的心田,引领学生走向课外阅读的文本细读。

识字游戏,注重学生体验学习。学生的语文素养不是直接教出来的,而是学生在真实的情境中运用语言文字过程中逐渐涵养形成的。这就需要教师设计富有意义的识字活动或拟真游戏,培养学生自主识字意识和能力。在学习带有"目"字的四字词语"目瞪口呆""怒目圆睁""耳闻目睹"时,教师结合哭"🫨"、苦"🫨"、笑"🫨"、火"🫨"、晕"🫨"等甲骨文表情包,设计成"对对碰"游戏。学生结合"甲骨文表情包"去尝试认读、理解这些词语,也把中华传统文化中的造字理趣、智趣悄然渗透。同时,教师充分利用"甲骨文"的形象性来引发学生思维的参与:"假期,老师在游乐场坐过山车。过山车一会儿急速俯冲,一会儿盘旋而上,让我头晕目眩。同学们,回忆一下,这样的表情,你都在哪些地方见到过?能给大家介绍介绍吗?"学生们争相介绍自己的生活场景,分享自己的心情故事。这一环节就是归类识字、汉字文化、语言训练、情绪表达相融合,在体验学习中感受汉字的悠久历史和永恒魅力。

在课后实践中,引领学生围绕姓名中的形声字进行专题探究,就把汉字的形声字分成各个情境目标进行不同阶段的学习,进一步培养学生对汉字的热爱与探究之情。

总之,在泛在学习理念指引下,将语文园地中的识字板块与字理识字、集中识字结合起来,有序列地集中呈现,让学生在系列化、结构化的识字中逐步感受形声字的构字理据,在语用实践中积累汉字、运用汉字,使学生获得语言知识、思维品质、情感、态度、价值观的综合发展。

二、泛在环境下的小学识字教学与汉字文化渗透的原则

《义务教育语文课程标准(2022年版)》较2011版课程标准明确了有关中华优秀传统文化、革命文化和社会主义先进文化的表述。这三种文化共同构成了中华文化的主体,重塑着语文课程的未来走向。汉字作为表意体系的文字,是中华文明的重要标志之一。中华民族的文化,正是有了汉字之后才被记录下来的。正如王宁教授在《汉字与中华文化十讲》中提道:汉字不光能记录文化,在它的构形中,也蕴含了很多历史的文化信息。汉字历经数千年的发展,成为中华文化绵延不息的见证者,可以和历史记载相互印证。

泛在学习环境下的识字教学,应该着重突出交互性及汉字文化的渗透,教师和学生之间可以共享资源、交流讨论、及时反馈等,教师可以借此平台了解到不同学生的进度和问题,家长也可以参与其中。

(一)汉字文化融入识字教学的价值

1. 人文性意义

习近平总书记指出:"没有先进文化的积极引领,没有人民精神世界的极大丰富,没有民族精神力量的不断增强,一个国家、一个民族不可能屹立于世界民族之林。"传统文化的传承对于保持一个民族的独立性至关重要。汉字是我国传统文化的重要载体,中国人自小学习汉字,并不仅仅因为汉字是一种书写符号或交际工具,还因为汉字的表意特点,使它与中华文化的众多元素相互融通、相伴而行,成为联结中华各民族的纽带,可以在不同方言区之间起到统一的交际作用,能起到提升民族凝聚力、激发民族自豪感的作用。教师不仅要让学生掌握汉字这一工具,还要激发学生学习汉字文化的热情,让其在多种文化的碰撞中对传统文化、汉字文化产生认同感和自豪感。以学习"和"字为例,甲骨文中"和"写作"龢":左边是用竹管编制的乐器,乐器最重要的音声相合,是宫商角徵羽的美好配合,体现人文和谐的思路;右边是禾苗的禾。禾苗需要阳光、雨露、空气等的滋养才能顺利生长,体现自然的和谐。一个"和"(龢)传达出中国传统文化中自然和社会和谐的完美结合。教学时,以汉字的造字方法和形体特征为切入点,充分挖掘汉字自身所蕴藏的历史故事、文化趣事等,赋予每个汉字不同的形象意义,能够让小学识字课堂变得丰富起来。

2. 工具性意义

不少小学生都会觉得汉字难记、难写,形近字、同音字混淆情况时有发生。教学时如能遵循汉字的教学规律,或是充分利用汉字的文化特征,将汉字文化融入识字教学,不仅能够让汉字学习者意识到汉字的文化意义,同时也能充分发挥汉字的工具性作用。例如"初"这个字,部分同学会将左边的衣字部(衤)写成示字部(礻)。教师可以适当给学生讲讲"初"这个字所代表的文化意义。在甲骨文中,"初"写作"𧛙",意为拿起剪刀去裁衣;在开始剪布的时候,一定要先计划好,怎么去剪这块布,这就是"初"。裁布之初,也是做衣服的开始。进而引申为事物的发端和开始的时期,一个季节的开始就被称为初春、初夏、初秋、初冬。通过这样的讲解,学生就能清晰地理解"初"的含义和正确的写法,同时也培养学生有计划地做事的意识。

(二) 汉字文化融入识字教学的原则

1. 正确把握汉字文化功能的量度

汉字与文化之间虽然存在着互正关系,但汉字毕竟是一种记录语言的符号,并不具备细致描写文化、最终确认文化的功能。在识字教学中融入汉字文化,对汉字进行文化阐释时,一定要准确把握汉字文化功能的量度,不能随意夸大。正如王宁教授在《〈说文解字〉与中国古代文化》一书中所说:"汉字中所贮存的文化信息,只能从每个字的构形——一个小小的方寸之地,简化了的线条、笔画,以及字与字的关系中得到,所以是有限的,如果夸大它,从自己的主观臆测出发……其实是难以说服人的。"

2. 重视学生的思维成长与情感体验

融入汉字文化重点不是积累中国古代历史知识,更不是复活古代社会习俗、礼法,而是让学生在语文实践中凝练深邃的思想,感知生动的文化,继承古人的智慧与精神,从而更好地培养出对本国文化的热爱与自信。例如教学识字课《古对今》一课,教师可引导学生发现:我们所使用的汉语中总是有意义两两相对的词语,这种语言现象是不是我们民族自古就有的一种语言文化呢?引导学生对我国传统"阴阳"二元对立哲学思想的朴素认识,便达到了传统文化教育的目的。

(三) 汉字文化融入识字教学的策略

1. 追溯字源字理,挖掘文化内涵

汉字蕴含着中华民族的价值观念、思维方式、审美情趣、历史发展和风俗习惯等诸多因子。以古代的数目字"一、二、三、五、十"来说,"一"象征天地未分,混沌一片。《说文解字》对"一"的解释:"唯初太极,道立于一,造分天地,化成万物。"这说明了古人对

宇宙起源的理念。后来，轻者上浮，浊者下沉，造分天地，成为"二"。"三"，在两横之间插入一横，象征着天地之间有了人，就能创造万物，即"三生万物"。"五"的字形，在天地两横之间有一个×，这与"五"居于1~9的正中有关。同时"五"与"午"同源，古人说的正午就是十二点，是一天时间的中点。因此，"五"的构意在于"交午"。"十"，横画和竖画俱全，"数之具也"，表示完备的状态。深入挖掘汉字结构中携带的文化内涵，才能体会中华文化的深邃及传统文化的可贵。

小学阶段通常会遇见很多耳刀旁的字。"阝（在左边）"是山阜的"阜"变形，甲骨文写作等形态，如果把第三个形体转90度，正好像一个"山"字。《说文解字》对阜的解释为"大陆也。山无石者"。因此，所有带"左耳刀旁"的字大都和丘陵有关。"山南为阳，山北为阴"，"阴、阳"二字与"阜"有关，而"际"为岩壁交接的地带，"险"为难以通行的山崖；"陟、降"就分别为登山、下山的意思。"阝（在右边）"本字是邑，邑的造字本义是：有一定人口聚居的城邦。凡是带右耳刀的字大都和行政区划或者古代的封国有关，如：村、邻、都、部、郑、邯郸、邺等字。汉字的字形，以非常形象的方式将古人对地理现象的认识探索保存下来，成为中华民族古老智慧的真实见证。

2. 利用诗词韵语，探究文化内涵

课本中有许多脍炙人口的名诗佳句，教师要引导学生品味其中的精髓和真正的内涵，在识字的同时，感受古诗文所凝结的传统文化精华。"七月流火，九月授衣"出自《诗经·豳风·七月》，其中，火：星名，即大火星。每年农历六月出现时于正南方，位置最高，七月后逐渐偏西下沉，故称"流火"。指夏去秋来，天气转凉。在气象预报还不完善的古代，人们往往通过观察日月星辰的运行变化来确定农时，指导生产。顾炎武在《日知录》一书中曾写道："三代以上，人人皆知天文。'七月流火'，农夫之辞也。"甚至当时的朝廷还专门设置了"火正"之职，负责观测"大火"星的位置，用以确定农时节令。在正确理解"流火"词义的同时，也把古代农时节令文化悄然渗透，涵养学生的传统义化自豪感。杜甫有诗云："人生不相见，动如参与商。"其中"参"与"商"也是两个星宿：参星和商星。"参"甲骨文写作，上面的三个圆圈表示实际数量的三个星，各有短线连接成一个整体，左边的三点表示星星所发出的光芒。大诗人杜甫为什么以参星和商星做比喻？原来商星就是前面提到的大火星，它是晨星；而参星一般在晚上出现，后半夜消失。参星和商星此出彼没，所以古人"参""商"连用，比喻亲友难以相见。

统编小学语文二年级下册"语文园地三"中"日积月累"栏目出现了《十二生肖》的内容：子鼠、丑牛、寅虎、卯兔、辰龙、巳蛇、午马、未羊、申猴、酉鸡、戌狗、亥猪。同学们在认读这些内容时，产生一个疑问：为什么子时对应着老鼠、丑时对应着牛，而不是其他动物。后来我们查了资料，原来古人通过观察积累，发现夜晚11点~凌晨1点（子时)的老鼠最活跃,丑时牛儿在慢慢地反刍;3点到5点,在十二地支中是寅时,此时老虎到处游荡觅食,最为凶猛。5点到7点,为卯时,月亮还挂在天上,此时玉兔捣药正忙,人间的兔子也开始出来觅食。我们再从地支这一传统文化出发,创编出了《生肖与地支》这首儿歌:

子时老鼠吱吱叫,丑时牛儿细细嚼。

寅时老虎最凶猛,卯时玉兔快西沉。

辰时又龙在起床,巳时蛇出晒太阳。

午时马儿驰疆场,未时羊群结队行。

申时猴子啼叫忙,酉时鸡群始归巢。

戌时狗儿来守门,亥时猪儿养得壮。

这样富有趣味和文化的汉字儿歌,不正合乎儿童认知发展规律,积极有效地实现知识内化吗?除此以外,我们还制作了十二生肖时钟,将现在时间、十二地支和十二生肖分别对应起来,利用白板课堂互动,让孩子们拖动相关元素到正确的位置,用游戏化、沉浸式的手段,自主获得与强化。这样的学习,既能让孩子们感受到汉字背后丰实的传统文化,体会古人的智慧,也是帮助孩子们建立知识的支架,对生肖与地支产生趣化认知。

3. 归纳类推比照,建立科学识字体系

在汉字中,形声字的数量达到了90%,数量多。教学中可依据形旁声旁的组合关系和在构字时所起的作用进行教学。在识字教学中运用归纳、类推和比照的方法,可帮助学生了解偏旁的蕴涵,体会汉字构字部件的意义,由构字部件理解整个字义,找到识字规律,建立科学识字的体系。

如统编教材三年级上册第21课《大自然的音乐家》里的"琴"字,在教学时会看到孩子们把下面的"今"写成"令",因此进行了如下教学:琴,原是个象形字,小篆字形写作"珡",拱形表示琴身,横线表示琴弦,中竖表示琴柱。"琴",后来加上"今"表声。"今"意为"当面的",当着贵宾的面弹拨的乐器,可不能写成"令"。再如二年级上册教材中出现"带"和"戴"的辨析内容。关于这两个同音字,也发生过一个故事:某报当年收到陈毅元帅的一篇诗稿,其中有"披星带月"一词,有人认为"带"是别字,应改作"戴"。反复查考以后,才知道作者并未用错。这则成语本用"带",后来亦可用"戴"。的确,对于小学生来说,如何辨析并正确运用这两个字呢。我们可以让学生了解部首本源,增强对该部首汉字的识记理解,减少错别字,从而体会造字的神奇。"戴"的初文为"異",在甲骨文中写作"異",意为"人头上戴物,两手奉之之形"。"戴"的范围后来不限于头上,泛指把东西放在头、面、颈、手等处,比如耳上可以戴环,颈上可以戴链,胸前可以戴花，手上可以戴表……因本意是加之于头，也引申为"尊崇、爱戴"意思。"带"金文为"帶"，像古人腰间系的有花纹的带子，《说文解字》的解释是"绅也"。这是古代士大夫束衣的腰带。这种腰带也是一种社会地位的象征。后来还引申为引领、率领等。"带"的对象多为工具、枪支、行李、食物、家属等。在教"戴"字时，也可将"载、栽、裁、戴"放在一起，让学生辨析其相同的声符"𢦏"，学生归类辨析后，可用儿歌帮助记忆："有木就能栽，成衣就是裁，装车能运载，有异头上戴。"

4. 利用故事典故，激发识字趣味

教师通过引经据典，在识字教学中巧妙地融合经典小故事，把传统文化渗透到具体的教学中，有利于学生充分感知识字的乐趣，使之愿意参与识字教学活动。

比如"友""有""酉"的小故事。明朝末年，李自成起义。当时的崇祯皇帝深感忧虑。他就想让算命先生测一下大明的江山是否稳固。他说："帮我测一个'朋友'的'友'字吧。"测字先生说："这个'友'非常不好。"崇祯皇帝忙问为何不好，那人回答说："你问的是江山社稷的事。'友'字是'造反'的'反'字出头，而且是左边也出头，上边也出头。反正要到处出头，说明大明的江山难保。"崇祯皇帝听了很害怕，连忙说："那我不测这个'朋友'的'友'，我想测一个'有没有'的'有'。"算命先生说："这个字也不好。'有'左上边是大明的'大'，少了一捺，下边是个'月'字，相当于'明'少了左边的'日'。所以，从这个'有没有'的'有'字来看，大明的江山已经去了一半了。"这时，崇祯皇帝更害怕了，说："这个字我也不测了。我想测一个'申酉戌亥'的'酉'。"算命先生说："这个字，我若说出来，只怕性命难保呀！"崇祯皇帝说："没关系，你只管说吧。"那人迟疑了一下，说："这个'酉'字，是尊敬的'尊'去掉上面两点，下面没有'寸'。皇上是至尊，这个'尊'字上面没有头，下面没有脚，看来，皇上的未来很不妙哇！"崇祯皇帝听了，慌忙回宫去了。这个小故事，如同文字游戏一般，激发了孩子们认识汉字的兴趣。

三、泛在学习视域下小学统编教材阅读策略单元教学探索

随着社会的发展，因材施教和差异化学习是教学和学习必然的方向。因材施教和差异化学习使教学适应学习者现状、个性特征和需求，从而帮助学习者获得最大的学习进展和成果。泛在学习中，云计算、人工智能、物联网、区块链等技术为实现智能化、个性化、精准化的学习服务提供了可能。泛在学习凭借着信息技术获取学习者数据，从而可以有效地、经济地自动判断学习者的认知、学习风格、学习需求等，并且依据学习者的学习频次、知识水平、学习环境等各类复杂的指标进行个性化阅读材料的选取和推荐。

（一）统编教材阅读方法差异化观照

1. 梯与阶，"单元导读"互异定位

统编小学语文教材从儿童的年龄特征、思维特征、社会化特征出发，选择、供应不同年龄段适合的文本内容及指导他们如何阅读的一种方法与策略，从中年级开始共编排了四种最基本的阅读策略，具体如下：预测（三上），提问（四上），阅读有一定的速度（五上），有目的地阅读（六上）。"根据不同的阅读目的，选用恰当的阅读方法"这一策略，是继前面的阅读策略训练之后设置的综合运用策略及方法的实践单元，起着提升、结构化的作用。这是一种对学生阅读能力差异的尊重的支持，强调了文本类型、阅读策略和读者能力的适应与匹配问题。阅读策略导读的方法层层推进、有序展开，构成了阅读策略的有序进阶。本质上是一种差异化教学的思想。

2. 融与通，"单元文本"差异教学

阅读策略单元的课文被编排为两类——精读课文和略读课文，为学生构建起"精读—略读—课外阅读"三位一体的阅读训练体系。略读课文和精读课文在文本类型、呈现形态、学习方式上均有所不同，但都指向本单元"语文要素"。以六年级上册第三单元为例，这一单元围绕语文要素"根据阅读目的，选用恰当的阅读方法"，精读和略读文本之间一融一通，前连后引，互为鉴用：单元导语，激发阅读兴趣→《竹节人》《宇宙生命之谜》两篇精读文本初步学习，根据目的选择合适的材料及适合的阅读策略→《故宫博物院》略读课文引导学生独立阅读、综合运用阅读策略→"交流平台"引导学生分享学习心得、总结梳理阅读方法、引导习惯养成。学生在这一单元经历了"方法辨认—尝试应用—独立实践—规则总结"这一螺旋发展的过程，为其阅读方法的进阶提供了有效的学习路径。如图 3-1 所示：

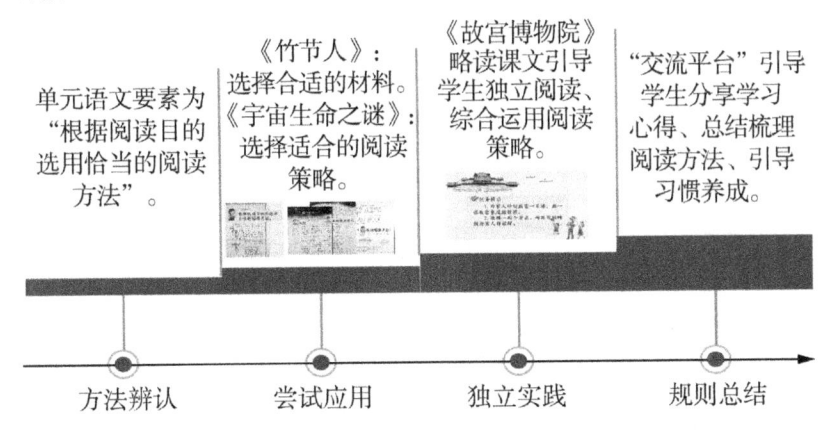

图 3-1 阅读策略单元文本学习进阶图

（二）统编教材阅读策略单元教学价值

1. 提供了差别化的理论视角

统编教材综合儿童的年龄特点和认知规律，以广阔的视域关照阅读方法，对各年级的阅读方法和路径进行了系统化、多层次、差别化的示范和渗透，多维立体地搭建阅读方法网群。这提示教师在教学实践中照应课程的"知识体系""能力体系""训练体系"。

2. 提供了差异化的方法指引

统编阅读策略单元细分阅读方法，逐层渗透，逐点细化。依据文本特征，系统化构建一类文体的阅读方法。童话文体学习"预测"；故事类文体学习"批注"；说明文筛选主要信息、厘清说明顺序、学习推理方法；说理文把握观点、分析观点与材料的关系，学会质疑探究。引领教师做好基本的阅读方法和一类文体阅读方法的进阶和衔接。

3. 提供了个别化的实践路径

统编时代积极倡导自主、合作、探究的学习方式，以"项目式学习""任务群驱动"等形式，引导学生具身模拟、根据自身学习需要，整合学习资源、学习方法，在活动、体验中提升阅读素养。反对阅读方法被动地"灌""塞"。

（三）阅读策略单元差异学习支持策略

1. 基于学习风格的差异学习

格利·格雷戈里（Gayle H. Gregory）在《差异化教学》一书中提出不同学习风格的差异化：听觉型学习者是聆听和讨论信息时记忆最佳的人；视觉型学习者多需要一个他们能看得见的心理模型，如矩阵、心理地图、流程图、鱼骨图等，帮助他们有效加工；动觉型学习者通过动作和触摸能获得最佳的学习效果。基于对不同学习风格的理解，从学生的差异性出发，采取与学生差异性相匹配的学习目标、学习内容、学习方法和学习进度。

（1）适合学习风格的差异化目标

在精读课文《竹节人》的文本之首就呈现了三个不同的阅读任务：

- 写玩具制作指南，教别人玩这种玩具；
- 体会传统玩具给人们带来的乐趣；
- 讲一个有关老师的故事。

这三个任务前期都需要用到"浏览、跳读、细读"的阅读方法，以了解文本的主要内容。但三个任务类型、目的不同，适合不同的学习风格，关注的文本内容、选择的阅读方法也各有侧重。第一项是动手操作类，指向动觉型学习者，可用直观图像法；第二项是体悟赏析类，指向视觉型学习者，可用批注赏析法；第三项是言语表达类，指向听觉型学习者,可用列提纲复述的方法。教师要赋予学生自主选择阅读任务的可能,匹配学生个别化的感觉偏好优势。

(2) 适合学习风格的差异化内容

为了使全体学生的学习机会最大化,教师要呈现可以满足学生不同学习风格的内容。《故宫博物院》是六年级上册阅读策略单元的第三篇课文,既是略读课文,更是连续文本与复杂的非连续型文本综合呈现的样态,既有介绍建筑特点的说明性文本、讲述历史故事的文本,也有来自网站的旅游须知及故宫博物院平面示意图。这一课课首提出的阅读任务有两项:

- 为家人计划故宫一日游,画一张故宫参观路线图。
- 选择一两个景点,游故宫的时候为家人做讲解。

那么在这一课学习中,教师在组织教学内容时可以用希沃白板大屏展示故宫全景画面,创设模拟情境(视觉、听觉);微课形式呈现精读课文的阅读策略,引发阅读方法的联想和结构(视觉、听觉);教师演示课文参观路线图的设计方法并配合简洁讲解,搭建操作支架(动觉、视觉、听觉);学生借助平板进入故宫网站或根据教师提供的补充习材"故宫主题展览导引"为家人定制路线图,开放、选择学习内容(动觉、视觉、听觉)。

(3) 适合学习风格的差异化方法

即使选择同样的阅读任务,也赋予学生选择阅读方法的权利及各具特色的成果表达,如在《竹节人》学习中,部分同学选择了任务一"写玩具制作指南,教别人玩这种玩具",学习成果呈现的结果可以是用结构导图、说明示意图,或者是条目式的文字说明,也可以是批注符号与口头讲解相结合的展示,让课堂尽可能为不同学习风格者提供奏响心灵之乐的舞台(如图 3-2 所示)。

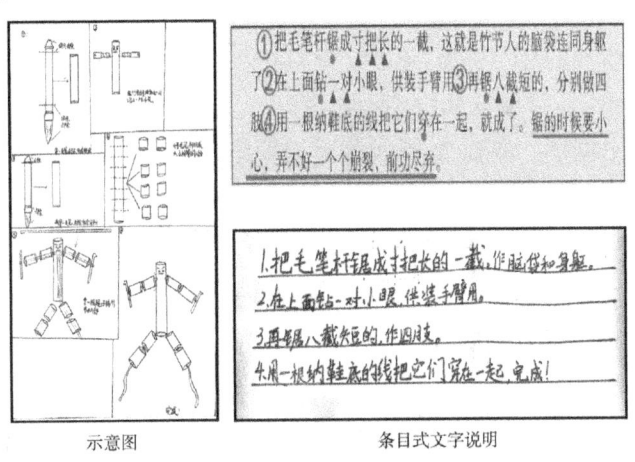

示意图　　　　　条目式文字说明

图 3-2　《竹节人》学习成果

2. 基于准备状态的差异学习

先备知识在教育心理学中被称为"先行组织者",表现为不同的"背景性认知结构"、不同的学习需求、不同的学习动机。也就是说,影响和制约学习过程的因素除了"情境要素",还有学生内在的"先备要素"。教学中,可通过谈话、前测、作业分析等预先评价获得有关学生知道什么、理解什么和准备什么的信息,即教师了解、考虑到学生的准备状态差异,就可以进行与学生先备要素相匹配的差异化教学。

(1) 同伴协作——一致性和挑战性的转化

学生的学习任务要有适度的挑战性,需要稍高于他们能够胜任的程度,也就是说,教师要根据学生的最近发展区来设置接受的材料,从而进行分层活动。当然分层活动的小组形式可以同质分组也可以异质合作,防止单纯同质分组带来的标签作用或异质合作对高阶学生缺乏挑战的问题。

如在本单元《宇宙生命之谜》课后习题中提出"为了了解其他星球是否存在生命,你在阅读时是怎么做的?这位同学的思考给了你哪些启发?"通过课堂的体验、活动,部分高水平的学生已经认知、掌握了文中在批注中提出的阅读方法:首先浏览文章,过滤跟自己阅读目的没有关系的内容,然后针对关联性较强的内容运用寻找中心句、圈化关键词、提取关键信息等阅读方法,进行分析比较,得出结论。这时教师要引导这部分高水平学生进行配对,展开交互式教学,围绕文中的最后一条批注"近年来科学家在对火星的研究中可能有了新发现",通过平板搜集或教师补充材料的形式,让同伴间采用预测、提问、总结、澄清等规定的方法来进一步把阅读方法转化为知识结构。

正如著名神经心理学家吉尔科默·里左拉第 Giacomo Rizzolatti 提出,人的大脑中存在着镜像神经元,它的功能是"追求与他人的一致性"。由于学生朝夕相处,同伴协作会成为一种重要的教学资源,不断实现一致性与挑战性的转化。

(2) 支架搭建——经验和知识的相互转化

由于统编教材刚进入课堂,现在六年级的学生缺乏系统的阅读方法的先备学习,这就涉及有计划的补学或者需要教师基于学生的准备状态预设多样的体验活动及搭建相应支架促使学生以融会贯通的方式对学习内容进行组织,从而建构出自己的知识结构。

在《故宫博物院》学习中,教师通过谈话了解到班级有 10 个左右的同学去过故宫,其他的 40 来个同学对故宫缺乏形象化的感知。那就来挑战完成课文的第二个阅读任务:选择一两个景点,游故宫的时候为家人做讲解。教师要创设情境引导学生思考:

对于这个阅读任务,你会选择哪些材料来阅读?文中对太和殿的介绍就是一个很好的例子,请同学们自由朗读 5~8 节,发现作者介绍太和殿的方法。通过自主讨论、

探究,师生共同梳理,归纳要点,为学生学做小导游,能清楚有趣地介绍景点搭建支架:

位置＋样貌(外观＋内饰)＋功用→有条理

内饰凸显"龙"的介绍　　　　　→抓特点

借助思维导图或关键词　　　　→练讲解

第一、第二个支架指向方法的形象感知层面,第三个支架指向综合运用、认知建构、操作表达。教师可以搭建多重支架,精心设计教学活动及评价,帮助学生全身心体验阅读策略的丰富内涵及意义的过程,丰富其内心体验与精神境界。

(3) 价值评价——反思与批判的隐性要素

价值与评价,不仅仅是纯粹的知识的学习,还是学生有根据地给出自己的态度和判断;不是独立的学习阶段,而是渗透、贯穿在整个学习活动中。价值与评价的作用是:对所学知识及活动过程进行反思、质疑、批判,形成独立思维和创新精神;自觉思考所学知识在系统结构中的作用与地位、优势与不足,对于学什么、怎么学有着进一步的计划和组织。

还是以《故宫博物院》任务一"路线图的设计"来说。教师要基于学生的先备要素,引导学生在设计路线图之前、之中、之后都联系"评价表"来反思和批判、吸纳和调整自己或同伴的路线图,将教学活动真正转化为人的社会活动。评价表见表3-10:

表 3-10　《故宫》路线图评价表

评价内容	自评	互评
1. 是否按南门进北门出?		
2. 是否多走回头路,不够简省?		
3. 是否遗漏了重要景点,不够完备?		
4. 是否为家人定制?		

评价表中的四个要点直指社会生活实境,考察并建构核心素养,自觉帮助学生形成正确的价值观、时间观,能灵活、变通地面对生活中的复杂情境。

3. 基于学习机制的差异学习

传统认知科学虔信"计算机隐喻",认为学习机制就是对内部表征的计算,而与实现这一操作过程的物质载体无关。而事实上,活动与体验才是差异学习、深度学习的运行机制。学生作为个别化的学习主体,在活动中有"具身经历"(用自己的头脑、身体、心灵去模拟、去经历)知识的发现、形成、应用、发展的全过程,成为一个具体而丰富的个性化的人。这样不仅能认识符号,还能建立符号和客观事物之间的联系,又能让知识发现过程成为学生的认识、思考、质疑与批判的对象。

(1) 活动——具身模拟

教师要善于具身模拟,秉持"学生立场",将自身置于学生的境地,树立"具体个人"

意识，充分了解学生的兴趣需要，才能设计出引发学生"具身经历"活动，让学生在参与各项活动中，以自己的情感、智识、心力和信念去投入创造性的活动。

　　基于学生对于《故宫博物院》这样复杂的非连续性文本的陌生，以及如何激发学生卷入真正的实境活动？教师可以这样创设活动：故宫，明清两代的皇宫，也是中国最大的古代文化博物馆。现在故宫里的很多宫殿都在进行专题艺术展览，看看，从老师给你的补充材料中你又能读出哪些信息？（如图3-3）你能整合信息并结合课文，为你的家人定制一份个性化的故宫参观路线图吗？好，赶快拿出彩笔为家人定制路线图吧！

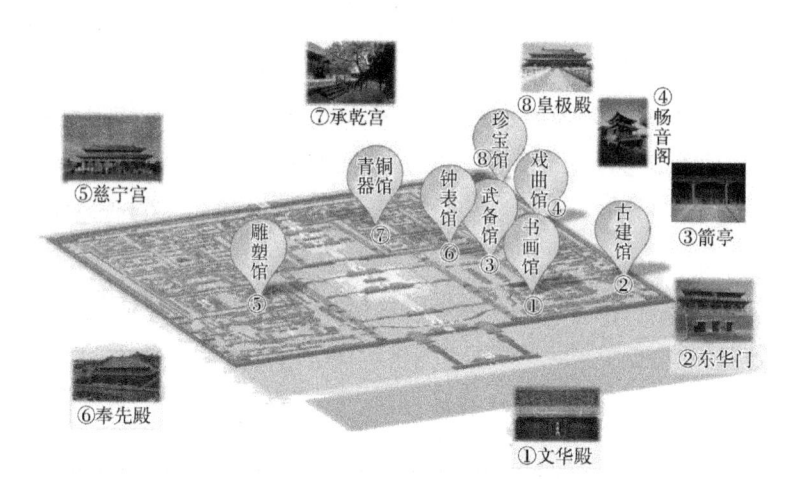

图3-3　故宫博物院景点分布图

　　从学生最终呈现的路线图来看，有的学生这样介绍：进入太和门后右转，行至文华殿，参观书画展览，因为我和爸爸对书法比较感兴趣；折回到中轴线，依次参观完三大殿，右转出景运门来到皇极门，穿过皇极门依次向北参观这里的皇极殿（珍宝馆）和畅音阁（戏曲馆），精美绝伦、举世无双的珍宝我们一家都想去看看，而奶奶比较喜欢京剧国粹。有的学生说：箭亭里常设武器、装备的展览，我要去看看，如果这里人比较多，我会先去参观九龙壁……

　　活动中，学生运用数学中平面图的知识，提取课文中地点转换句、方位词，依据家人的个性化需求，参考实际生活中热门景点的拥堵状况，清晰而有条理地介绍出自己家的故宫一日游路线图。学生关于阅读策略的知识就在活动中得以联想、得以架构。

　　（2）体验——具体个人

　　新媒体技术辅助具体个人的学习机制，更加凸显学习个体的差异化。教学《故宫博物院》中，学生利用平板查找故宫景点资料，浏览故宫博物院官网，进入"全景故宫"，将看到的、听到的、碰到的感官知觉刺激学习神经元的联结，学生在虚拟情境中体验游客角色。

差异理论认为,身体的结构决定认知的结构,不同的身体会导致不同的认知方式和结果。教学不再是人们讽刺的"颈部以上的"理智活动,而是情境与活动、理智与情感共在的"具体个人"的体验活动。知识只有基于个人的身体、体验、实践、行动的参与以及情境、生活等的互动才能生成,强调将普遍性知识转化为学生的个人知识,构建学科知识与个人经验的互融,恢复知识实践过程中被掩盖的自我,意味着学习过程中经历的在场、经验、体验的结合。

四、基于 PBL 课程理念的小学语文网络学习空间建设策略研究

人类已进入以人工智能技术为代表的新时代,新的技术正颠覆我们的生活、生产方式,教育亦不例外。未来的教育必将是构建在互联网上的新型教育,是信息技术支撑下教育系统的结构性变革[①]。目前,中小学网络学习空间的应用样式繁多,角度虽不同,但其价值旨归在于变革学习方式,实现个性化学习、智能学习、定制学习和泛在学习。

"网络学习空间"的构建是教育信息化工作的重中之重。它是为教师、学生、家长、管理者提供交流、分享的社交平台,是支持学习者进行个性化学习、交互学习的学习环境;也可以为学习者提供评价和检测功能,实现教学相互的网络设计产品。

(一)基于 PBL 课程理念的网络空间建设

随着人工智能的发展,未来分科教学的场景将不断下降,教师将聚焦更复杂、更富艺术性和创造性的工作内容,整合性、综合性、复杂性的教学将不断上升。学生将由知识的被动接受者转变为知识的接受者和创造者。

1. PBL 课程的内涵

PBL(Project-Based-Learning)课程理念是指在信息技术支撑环境下,一种以学生为中心设计执行项目的教学和学习方法。在课程实施过程中,强调引导学生选择、计划、提出一个项目整体构思,通过展示等多种形式解决实际问题。和传统式学习方法相比,PBL 课程理念能有效提高学生实际思考和解决问题的能力,具有跨学科性、综合性、艺术性、协同性等特点,使学生更有效率地掌握学科知识,并在此过程中培养学生的社会情感技能。

2. 网络学习空间的建设案例

《长城》是四年级的一篇课文,作为引领学生开启中国"世界遗产"之旅的第一扇窗

---

① 何克抗.如何实现信息技术与教育的"深度融合"[J].课程·教材·教法,2014,34(2):58-67.

口,不但表现了长城的高大坚固与雄伟壮观,还赞美了我国古代劳动人民的勤劳、智慧和力量,抒发了作者的民族自豪感和对祖国的热爱之情。学习这篇课文,一是让我们了解长城,知道它是我国古代劳动人民血汗和智慧的结晶,是世界历史上的伟大奇迹,激发民族自豪感;二是结合课文,学习作者观察和表达的方法。

(1) 教学设计主要流程

镜头1:课前检测,引发探究。教师课前利用"人人通网络平台"推送题目,检测学生对长城途经哪些省市这一知识点的了解,为学生感受长城工程浩大,气魄雄伟做一形象经验积累。

镜头2:"红领巾,登长城"游戏。全班分成四个小队,利用希沃白板随机点取不同任务,进行登长城挑战游戏,挑战成功即可插上相应小队队旗。

镜头3:组内质疑,形成探究项目。组内交流,形成小组问题导图,拍照上传分屏;交流形成全班探究方向:长城构造?为什么建?如何建?

镜头4:借助空间,合作探究。明确小组合作方法及步骤:①分配学习任务,借助资料包及网站进行小组合作探究;②组内交流,及时记录学习收获,讨论形成组际间分享方式及资源;个人自主探究,填写学习清单;小组分享学习所得,尝试归纳整理,准备组际交流。

镜头5:深层思辨,凸显价值。通过话题"有人说,如今和平年代,长城更失去了用武之地,成了一座僵硬的雕塑。看看下面的图,你会把球滚向哪个位置呢?请做出你的选择并说说理由吧!"引发学生思辨,感受长城在新时代的精神价值。

(2) 基于PBL课程理念的《长城》一文网络学习空间设计

基于PBL课程理念的语文学习,具有跨学科的综合性、复杂性,对信息技术有较高的要求。无论课前、课中还是课下,学生主要利用学习空间及电子课文、批注工具,在理解性阅读的基础上,小组合作选择相关主题进行项目学习,实现去学校中心、去教师中心,全程体现PBL课程理念(图3-4)。

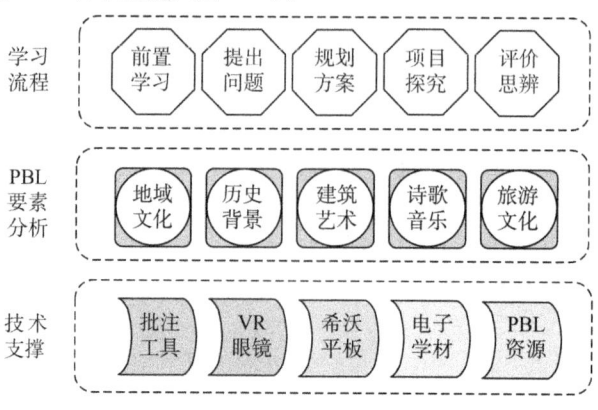

学习流程	前置学习	提出问题	规划方案	项目探究	评价思辨
PBL要素分析	地域文化	历史背景	建筑艺术	诗歌音乐	旅游文化
技术支撑	批注工具	VR眼镜	希沃平板	电子学材	PBL资源

图3-4 PBL课程理念下《长城》教学设计

(3)《长城》一课 PBL 课程要素分析(见表 3-11)

表 3-11　PBL 因素分析

要素	内容介绍
地域文化	了解长城途经的省、市、自治区等。通过让学生搜集、了解中国的地图、行政区划图等,感受长城的工程浩大、气魄雄伟
历史背景	长城的建造史源远流长,通过电子书包里的视频、图片、文字等学材,帮助学生理解建造长城的历史背景
建筑艺术	介绍长城在不同历史时期的建筑方法、建筑的位置,感受长城的雄伟坚固及古代劳动人民的聪明智慧
旅游文化	搜集、整理各国政要对长城的评价,体会长城所蕴含的精神文化及象征意义,树立强烈民族自豪感、认同感
诗歌音乐	通过音乐电视《长城颂》欣赏、诗歌《长城赞》的配乐朗诵,体会长城的气魄恢宏及深刻的文化象征

PBL 学习是以服务学生的学习为目标而存在的。在 PBL 理念指导下的《长城》案例中,有几个非常关键的环节:提出问题、规划方案、项目探究和评价思辨。教师在前置学习、问题设计时把学生可能感兴趣的,涉及历史地理、建筑艺术、人文政治的项目供学生自由选择,并在学习空间里提供学习资源支撑及协作学习的环境,为学生提供一个提问、寻找资源、应用信息、再进一步提问的学习环境。引导学生在分析文章的基础上,调动学生的探究热情,使学生深入透彻地开展学习研究,并能以各种不同的形式向班级成员演示研究的成果,培养解决问题的综合能力,提高思辨能力,进一步增强民族自豪感及传承民族精神、民族文化的动力。

(二) 基于 PBL 课程理念的网络空间的功能优势

1. 满足个性化的学习过程

网络学习空间基于学习者的基本信息、资源交互信息、学习状态信息等综合分析构建与其相适应的特征模型,同时依据学习过程性数据形成量化的客观评价结果,并支持依据评价结果进行智能服务的推送。这种定制环境会鼓励和改善学生的个性化发展,促进学习和思考的不断深入,有助于创新能力的培养。

2. 实现更具实效的协作学习

在学习空间中,学生可以通过"讨论区""学习笔记"等与同学通过网络形成学习共同体,就共同感兴趣的项目进行分工合作;或与同伴分享学习收获、感悟并借鉴他人经验。有了空间的支持,去学校中心化,支持教师与学习者之间的"时时互动、处处交流"的学习生态。家长也可通过数据结果及时了解学生学习状态,形成家长、学生、教师三者之间的有效沟通与协作。

3. 走向更完整的真实世界

基于网络学习空间的项目学习与学习者现实相结合,引导学习者对真实世界的思考和观察,通过梳理文本中相关的文化、艺术、历史等因素,提出问题,自我规划,亲手搭建,亲历探究。这是一种多种学科交叉的问题。要求学生回归现实世界,从自身经验出发,综合运用多种学科知识来理解和分析,使他们更容易理解概念,明白不同学科是如何相互联系和相互支持的。

(三) 成效与反思

学校在开展"网络学习空间支持下的个性化学习研究"中,选取实验班和对比班进行了参照研究。我们针对实验班和对比班学生的语文素养作追踪调查,基于访谈语文教师、排除非智力因素、分析试卷内容等,从语言建构与运用、思维发展与提升、审美鉴赏与创造、文化传承四个方面,对学生四年级和五年级语文素养发展进行调研。由图3-5与3-6可见,四年级时实验班和对比班在语言建构与运用方面,对比班较为突出;思维发展与提升和审美鉴赏与创造方面,实验班略微有优势;文化传承方面,两个班能力相当。

经过一年的PBL课程引入,实验班和对比班之间在思维发展与提升方面的差距变大,语言建构与运用方面,实验班已经与对比班能力相当,当然,审美鉴赏与创造和文化传承方面,实验班也有一定优势。

PBL课程学习是在信息技术的网络学习空间支持下发生的,帮助学生建构属于自己的学习平台,自定步调,自查学情,体现了文化的相互融合,不局限于教材,强调了大语文观,对于培养学生的综合解决问题能力,促进学科深度融合,培养通识人才显得必要而迫切。

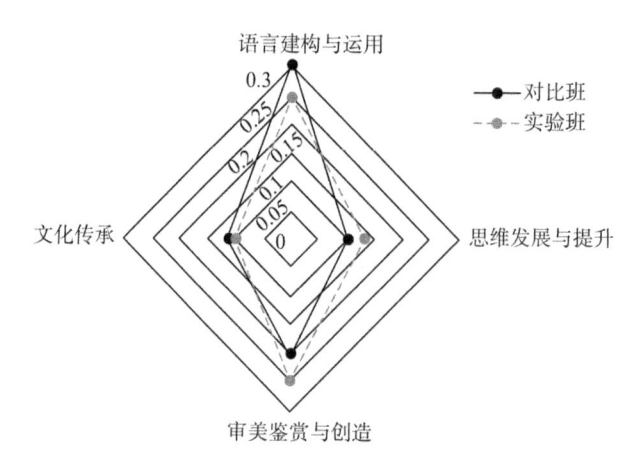

图3-5 实验班和对比班四年级语文素养分析

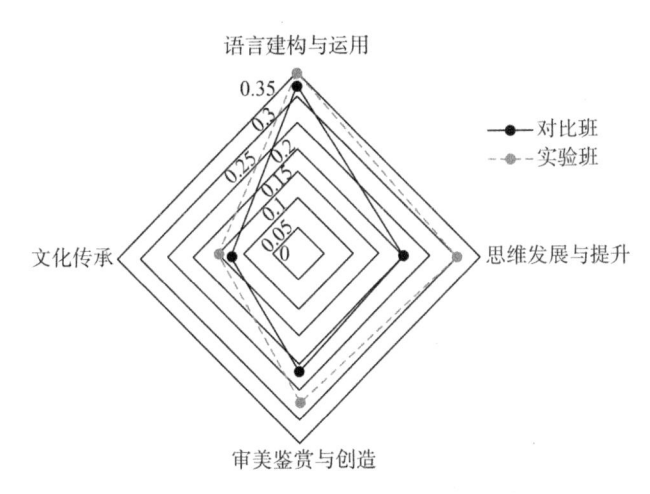

图 3-6　实验班和对比班五年级语文素养分析

五、前置学习在传统文化教学中的策略运用

新一代的学习者是数字时代的"原著居民",信息技术重塑了他们的认知、态度及行为习惯。随着教育信息化的大力推进,教育云、网络学习空间应运而生。如何运用网络学习空间,进一步落实以学习者为中心的教学方式和学习方式的转变,笔者就基于"网络学习空间"的"前置学习"进行了实践与探索,去传承中华优秀传统文化。

(一) 前置学习的核心概念

所谓"前置性学习",又称前置性小研究或前置性作业,是生本教育理念的一个重要表现形式。它指的是教师进行传授新课内容之前,让学生先根据自己的知识水平和生活经验所进行的尝试性学习。[①]

而基于网络学习空间的前置性学习有着它独特的内涵:前置性学习必须有教师设计的、与学习目标相匹配的、能够检验学习效果的评价任务。它的内容是多元的,方式是多样的,它更关注学生自我任务驱动的学习,培养自主探究的意识,体验发现的乐趣。而师生的课堂互动学习是根据前置学习以学定教、随学而动。

(二) 前置学习活动的设计

前置学习活动的设计过程是教师、学生、网络学习空间、教学资源的对话和融合过

---

① 盛徽."前置性学习"的设计特点及教学策略[J].数学教学研究,2011(8):2-3.

程,就教师设计层面应该是开放并具价值,就学生心理操作层面应是接受并喜欢,但都指向"学的研究"。图3-7为前置学习活动中教与学的具体实施流程。

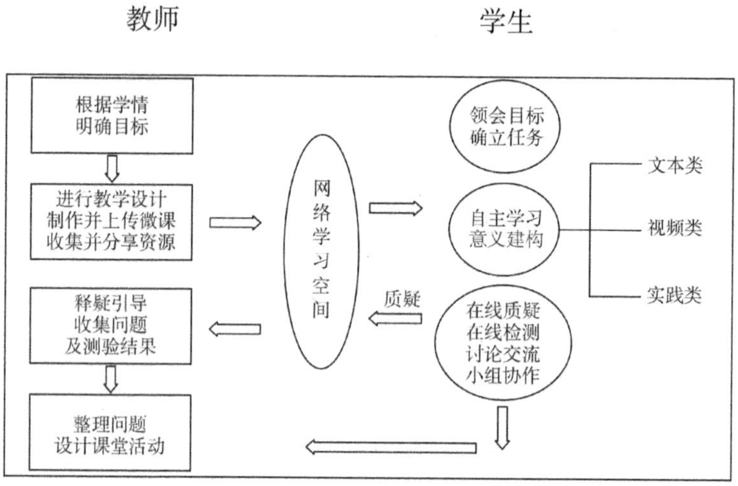

图3-7 基于网络学习空间的前置性学习的活动流程图

(三) 前置学习的策略优化

前置性学习要立足学生学习的原点及目标点,立足语文文本的个性特点,要与学习目标相匹配,可以理解为对教学目标的分布建构。笔者在实践中,着重进行前置学习的有效策略优化,力图通过多元的方式和丰富的内容来激发学生的学习潜能,助力学生个性化学习和自觉探究。

策略优化一:从"线性表达"走向"思维导图"

思维导图,也被译为脑图、心智图,是20世纪中叶英国脑力开发专家托尼·巴赞创造的一个组织性思维工具。[1] 它将放射性思考"地图"化,如同人脑形状的结构图。基于网络学习空间的前置性学习中,使用思维导图可以将纯粹、单调的文字变为极具个性的图画,不仅使学生充满乐趣,克服学习的惰性,而且帮助他们主动建构知识,促进学习者自我导向的学习。

以《莫高窟》为例,在进行第二课时精读课文教学之前安排的前置性作业:

1. 细读文本,画出你的思维导图并上传;
2. 根据思维导图,确定自我探究重点,搜集相关资料,上传网络空间交流。

学生接到任务后,就以自己喜欢的形式对文章的结构、段落、重点、写作方法等方面进行了放射性的构建。图3-8是部分同学的思维导图:

---

[1] 安牧冰. 思维导图在中学化学教学中的应用研究[D]. 上海:华东师范大学,2007.

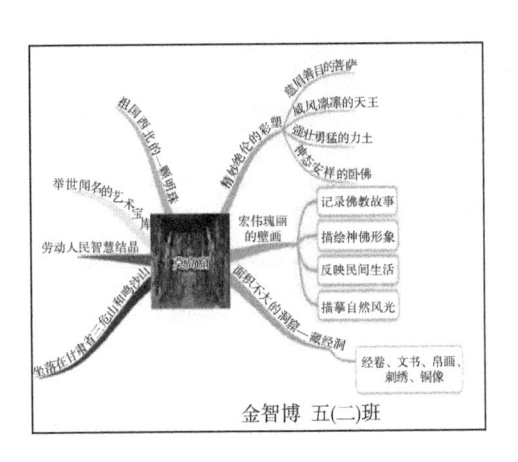

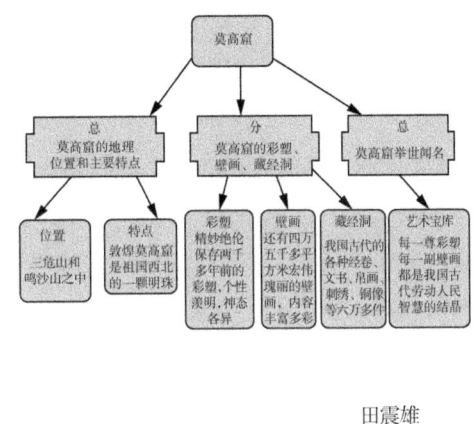

图 3-8　部分同学的思维导图

在具体的教学中,笔者深刻地感受到学生对于思维导图的兴趣及效果。它激发学生的联想和创意,形成新旧知识、经验的反复、双向互动从而建构成新知。更重要的是,它能帮助学生从繁杂的网络信息中获取关键信息,确定自我新的学习计划、探究方向,促进学习的深入和意义的架构。比如,学生在思维导图的基础上,确立"飞天"为自己接下来探究的方向,他就会用搜索引擎输入关键词的方式获得很多相关信息,这些信息是零碎的、不连续的,学生就可以在快速浏览信息的基础上,借助思维导图形成自己对概念的理解和认知,不断地搭建有效支架,也能更好地支持网络化学习中小组间的协作合作学习。

策略优化二:从"模糊笼统"走向"简约明晰"

在传统的预习中,学生一般按照读通课文,了解文本大意,画出不理解的语句这样的程式在进行,对小学生来说,不同的课文都是这样相同的模糊而笼统的要求,预习失去了动力,缺乏吸引力。网络学习空间下的前置学习不能盲目地"一刀切",教师会关注文本的特点及具体学情,确定明确的学习生长点,以学定学,制作出微课视频,产生裹挟起学生学习的旋涡,让前置学习生动、主动起来。

教材一般是按主题把一组课文整合在一起,那么这种主题式、专题式的课文可以围绕一个中心学点制作一个微课展开前置学习,简化学习环节,提高学习效率,也便于提高教师工作效能。

如学习名胜古迹、人文景点专题,课文有《秦兵马俑》《埃及的金字塔》《音乐之都维也纳》。这组课文的前置性学习内容为:

1. 教师提前制作相关说明文写法的微课,发布到网络学习空间中的"互动学习";
2. 学生观看微视频,体会说明文中点面结合写法及列数字、排比等修辞手法的作用,并在班级讨论区留下自己的学习感想、收获、疑问等;

3. 学生上网搜集相关名胜的资料,并整理上传到学习空间;

4. 学生制作思维导图发布到"精彩分享"。

秦兵马俑、埃及的金字塔等名胜离学生的生活情境较远,但它们是学生心之神往的地方。学习这组课文,不仅要让学生通过阅读感受到古代文明的精彩、劳动人民伟大的创造力,还必须让学生了解文本是如何介绍出这些世界奇迹的。因此,学习这组课文,教师不要孤立地制作微课,应围绕这组课文的教学重点且必须是本体性的教学内容进行设计,然后让学生根据任务进行前置学习。在学生学习微课后,进入网络学习空间,进行适当的在线检测或辅导交流,以便教师获取学生对微课内容的掌握情况,为教师的后续教学决策提供反馈信息。

前置学习中的微课及教学视频的制作总原则是要引起学生的注意力,刺激学生爱上学习。它要具有时间短、教学内容精、资源容量小、学习移动性和学生自主性等特点,能让学生利用各种移动终端在任何可以的地方以自己喜欢的方式观看视频。微课的应用目标主要分为三个层面:预习导学,为学生掌握新的知识点进行个性化的教学支持,引发思考和产生问题;难点处理,针对学生难以理解的内容或典型问题创新问题情境、提供思维的过程性内容;巩固拓展,对一些学生还没厘清的知识点,可提供巩固拓展的微课来及时解决学习困难。

策略优化三:从"机械单一"走向"生活实践"

"学习即生活,生活即学习。"生活是生命和学习的"蓄水池",学习必须得到生活的滋养,也只能在生活中健康成长。"能主动进行探究性学习,在实践中学习、运用语文"是语文课程的基本理念之一。基于网络学习空间的前置学习要改变机械单一的读、查、划等学习活动,根据语文教学内容的不同,通过丰富的生活实践形式来提升学生学习的愉悦感、新鲜度和有效性。

如三上练习中的"口语交际"及"想想说说"板块内容有:《小小读书交流会》《学会求救》《为喜欢的动物设计名片》《介绍我的小制作》等。针对这类型教学内容,以《为喜欢的动物设计名片》为例,前置性学习内容可以为:

1. 教师提前搜集一些文学大家所写的动物的文章,如《猫》《白鹅》等,上传到班级网络学习空间;

2. 学生用相机或手机拍摄下自己饲养或观察过的动物视频、图片或记录等,上传分享;

3. 写写日记,上传分享难忘瞬间。

在生活中学语文,在生活中用语文,是语文教学的一个根本途径及目标。作为教学活动的一个重要组成部分,前置学习活动的设计要将学习拉到现实生活中,让学生以生活为素材、以问题为驱动、以探究为方式、以网络学习空间为平台开展实践活动。

教师应从真实的生活世界中选取一些具有综合性、现实性的热点、问题、事件、现象来设计前置学习。前置学习在培养学生实践能力上，首先要把握"生活性原则"，注重引导学生对生活实际问题的发现、探索；其次要把握"体验性原则"，即让学生调动各种感官来亲身体验。基于网络空间的语文实践类前置学习主要有：调查研究、参观访问、动手制作、角色扮演、科学实验、观察观测等形式。

从语文的角度来说，前置学习活动还引导学生关注讲读课文和略读课文的互动，进入"迁移型"前置学习；关注前后学段的知识递升，进行"链接型"前置学习；关注作者（诗人）在不同时期作品的风格差异，进行"比较型"等多种实践性前置学习。

策略优化四：从"以教定学"走向"以学定学"

前置性学习要一改传统预习中无视学生原有的经验背景、一切从零起点出发的做法，及时根据学生的具体学情，调整教学目标、教学环节设计、教学任务安排，让课文的学习发挥最大的效度。

执教六下第8课《三打白骨精》

步骤一：了解学生的认知基础。对于这样一篇学生耳熟能详的神话故事内容学生非常熟悉，且具备了一定的阅读理解能力，从零起点教学毫无意义。于是教师请学生开展自我阅读，用十分钟的实践写下阅读感受。

步骤二：整理分析学生的阅读感受。100%的学生都读出了孙悟空的机智勇敢、一心保护师傅的决心及猪八戒好吃懒做的形象；62%的学生读出了唐僧心地善良，但善恶不分，缺乏孙悟空一样的火眼金睛，既错怪了孙悟空，也差点让自己遭殃；10%的学生关注到了课文开篇第一句"唐僧师徒四人来到一座高山，只见山势险峻，峰岩重叠"的环境描写，为妖精的出场埋下了伏笔；8%的学生注意到了文中妖精出场时的动作描写——"闪"出一个年满八旬的老妇人，体会到作者用词的准确精妙。5%的学生联想到现实生活中出现的"怯懦、自私"的人们，在公交车看到小偷下手而继续视而不见的现实，呼吁大家敢于与坏人做斗争。

看来，课文内容的了解对学生来说没什么问题，一些语言基础较好的学生还关注到了文本独特的表达。对于这个神话故事，学生在学习生活的历程中积累的语文素养已经让他们可以多元地来解读。那么前置性作业还需要做什么呢？于是教师重新分析文本及学情，设计了如下的前置性学习任务：

1. 读读文本，看看这篇神话故事在情节上，哪里最能吸引你？进入"讨论区"交流；
2. 链接其他古典小说中带"三"字的故事，制作思维导图，体会这种体裁的文本在情节安排上的特点；
3. 对文本内容、人物形象及表达方式等方面提出自己的思考或质疑，发布到网络学习空间；

4. 了解吴承恩的生平经历及《西游记》中的其他篇章。

通过一系列的前置性学习,学生在课堂上的学习探究就更主动更深入了,学生发现了古典小说"一波三折"的表达特点,这样情节好看了,人物的性格、形象也就立起来了;学生关注到了吴承恩写这部小说的写作背景,感受到了作者用极富幻想的神奇之笔勾画出了一个丰富多彩的神话世界。从一篇小说中,学生学到了鉴赏小说的方法,从而在课外阅读中能够迁移运用。立足学情,关注学生知识链接,找寻到学习生长点,必将让学习生长开来。

(四)前置学习运用中的注意点

1. 用"引导发现"取代"呈现接受"

教师前置学习目标及任务的设计要"道而弗牵""开而弗达",即"在引导中发现"和"在发现中引导"。教师不能把课堂学习任务、课堂教学环节以幻灯片或教学视频的形式直接呈现到前置学习中来,让前置学习沦为完全的知识、结论的单一接受。而有些教师在编写前置学习单时容易将探究的过程、方法、结论等一览无余地呈现出来,学生就更无法真实地进入探究未知的情境中。想要避免"呈现—接受"模式,进而变成"引导—发现"模式,需要教师设计出适宜学生探究、发现的学习活动,需要教材编者、教师和家长的共同努力。

2. 用"网络互动"调整"传统评价"

教师对于学生的前置学习情况应及时交流评价,改变传统预习的交流反馈流于形式的"无声无息",或转嫁他人的状态。比如字音、字形等基础知识方面,教师要通过网络学习平台及时推送检测题目,适时了解正确率,特别是典型错题及错题学生姓名,给出针对指导。组织学生通过网络学习平台充分交流自我学习成果,特别是学生具有自我发现、自我创新意义的学习成果,给予充分的肯定、赞扬及引导,让自我学习的态度、方法感染到其他同学。因为,只有经由自我发现的语文学习才会真正影响学生,真正影响学生的生命。教师根据学生当前的学习状态、学习能力水平、学习的进步与发展,及时调整教学策略及学习的中心点。

苏霍姆林斯基曾说:"在人的内心里有一种根深蒂固的需要——总是感到自己是发现者、研究者、探险者。在儿童的精神世界中,这种需求特别强烈。"每一种顺应自然规律的举措都会呈现良性的循环,那么,我们的语文学习也应该这样。

六、泛在学习下的"中华文化经典名言"思辨性教学路径

泛在学习本质上是一种混合式学习(Blended Learning),何克抗教授指出:"所谓

Blended Learning 就是要把传统学习方式的优势和 e-Learning(数字化或网络化学习)的优势结合起来,即既要发挥教师引导、启发、监控教学过程的主导作用,又要体现学习者作为学习过程主体的主动性、积极性与创造性。只有将这两者结合起来,使两者优势互补,才能获得最佳的学习效果。"

《义务教育语文课程标准(2022年版)》课程总目标中明确指出:"认识中华文化的丰厚博大,汲取智慧,弘扬社会主义先进文化、革命文化、中华优秀传统文化,建立文化自信。"就中华优秀传统文化来说,它所蕴含的核心思想理念、中华人文精神和传统美德,渗透于小学统编教材始终。其中,"语文园地"的"日积月累"板块包含大量生动形象的传统文化资源,包括古诗、诸子经典、谚语、俗语、歇后语、成语、歌谣、文化常识等,既为学生提供丰富的、经典的语言积累材料,又有助于学生了解和学习中华优秀传统文化,感受自己作为中华民族一员的归属感和自豪感。

本文主要围绕"日积月累"中诸子经典、谚语和俗语这类"中华文化经典名言",依循泛在学习的优势,透视教材理路,探析经典名言的思辨价值,阐释其思辨性阅读教学实践路径。

(一) 中华文化经典名言核心思想的呈现样态

1. 探溯中华文化经典名言的教材理路

经统计,统编教材中"日积月累"板块的经典名言栏目共 27 个,占比 34.2%,都与传统优秀文化相关,根据新课标对各学段学生学习传统优秀文化的要求,我们做了如下梳理(见表 3-12):

表 3-12 小学统编语文教材"日积月累"中经典名言内容梳理及课程要求

年级	主题	内容及分布	学段要求
一年级上册	珍惜时间	"一年之计在于春,一日之计在于晨。"等(语文园地四)	注重引导学生关注中华优秀传统文化在日常生活中的表现
	注重积累	"种瓜得瓜,种豆得豆。"等(语文园地七)	
一年级下册	气象常识	"朝霞不出门,晚霞行千里。"等(语文园地六)	
	勤学好问	"敏而好学,不耻下问。——《论语》"等(语文园地七)	
二年级上册	与人交往	"己所不欲,勿施于人。——《论语》"等(语文园地二)	
	风景名胜	"有山皆图画,无水不文章。"等(语文园地四)	
	树立志向	"有志者事竟成。——《后汉书》"等(语文园地六)	
二年级下册	帮助他人	"予人玫瑰,手有余香。"等(语文园地二)	
	诚实守信	"失信不立。——《左传》"等(语文园地四)	
	守则规范	《弟子规》部分内容(语文园地五)	

续表

年级	主题	内容及分布	学段要求
三年级上册	做人明理	"灯不拨不亮,理不辩不明。"等(语文园地三)	初步认识中华优秀传统文化蕴含的思想和智慧
三年级上册	团结合作	"人心齐,泰山移。"等(语文园地四)	
三年级上册	人际关系	"不迁怒,不贰过。——《论语》"等(语文园地八)	
三年级下册	知错就改	"见善则迁,有过则改。——《周易》"等(语文园地六)	
四年级上册	好问善思	"好问则裕,自用则小。——《尚书》"等(语文园地二)生活常识	
四年级上册	生活常识	"立了秋,把扇丢。"等(语文园地三)	
四年级下册	走近诗歌	"诗和音乐一样,生命全在节奏。——朱光潜"等(语文园地三)	
四年级下册	自强不息	"天行健,君子以自强不息。——《周易》"等(语文园地七)	
四年级下册	勤奋学习	"少年不知勤学苦,老来方知读书迟。"等(语文园地八)	
五年级上册	勤学惜时	"不饱食以终日,不弃功于寸阴。——葛洪"等(语文园地二)	提升自身传统文化修养,感受先贤志士的人格魅力
五年级上册	勤俭节约	克勤于邦,克俭于家。——《尚书》(语文园地六)	
五年级下册	仁义之心	君子喻于义,小人喻于利。——《论语》(语文园地八)	
六年级上册	热爱祖国	"鞠躬尽瘁,死而后已。——诸葛亮"等(语文园地二)	
六年级上册	人格精神	"无情未必真豪杰,怜子如何不丈夫?——鲁迅《答客诮》"等(语文园地八)	
六年级下册	先贤智慧	"读书须用意,一字值千金。"等(语文园地二)	
六年级下册	劝诫勉励	"有意栽花花不发,无心插柳柳成荫。"等(语文园地四)	
六年级下册	变通创新	"穷则变,变则通,通则久。——《周易》"等(语文园地五)	

从表3-12可以看出,"日积月累"栏目中经典名言的分布情况:在每个学段都有涉及,第一学段有10个,第二学段有9个,第三学段有8个,随着年级的上升,经典名言选篇总量虽有所减少,但是所侧重的内容逐步深化,主题上从习惯养成、人际交往到内省修身、勤学善思再到仁德道义、创新求变等,这是渐进的过程,是感知、顺应、认同的过程,涉及学生个性修养的内化与践行。

2. 透视中华文化经典名言的编排思路

(1) 以文化为脉,凸显育人路径

经典名言是中华优秀传统文化的一部分,教材选编经典名言于"日积月累"中,虽以单句组合呈现,但并不意味着每个句子、每个栏目是割裂的,它们既相对独立,又与单元主题、学段特点、学生发展、文化传承有密切关联,以学习主题为例,一至六年级都有所涉及,从学习时间、习惯到学习态度、方法再到学习品质,由外塑走向内修,用传统文化的思想内核,不断提升学生文化内涵,从而达到以文化人、以文育人的目的。

(2) 以理念为根,体现价值引领

经典名言是中华优秀传统文化的载体形式,学生学习经典名言,有利于弘扬讲仁爱、重民本、守诚信、崇正义、尚和合、求大同等核心思想理念。经过梳理，我们看出，经典名言的择选多围绕中华传统核心思想理念，依据不同年级学生的理解层次，由浅入深，编排语句序列，推进价值导向。

比如，一年级学习谚语"一年之计在于春，一日之计在于晨"，《论语》名言"敏而好学，不耻下问"等，渗透学生观察能力、学习习惯的培养；二年级学习谚语"予人玫瑰，手有余香"，《论语》名言"己所不欲，勿施于人"，《左传》名言"失信不立"，指向学生人际交往的做法；三年级学习俗语"人心齐，泰山移"，让学生在诵读中感受中国传统思想中尚合和的思想精神，《论语》名言"不迁怒，不贰过"、《墨子》名言"爱人若爱其身"等则是让学生体会先哲的仁爱之心；四年级学习《周易》名言"天行健，君子以自强不息"，谚语"少年不知勤学苦，老来方知读书迟"等，学生明白品格锤炼要从小开始；五年级学习《孟子》名言"恻隐之心，仁之端也"和魏徵名言"居安思危，戒奢以俭"，学生在理解内涵的基础上，修炼仁义德行，体会居安思危的现实意义；六年级选取鲁迅名言、《增广贤文》部分内容和与创新相关的诸子经典名句，对学生的要求不仅是外在表现和品德修养上，更是引导他们追求完整的人格和深度思考的境界。

（3）以发展为线，促动素养提升

随着学生学段的提升，经典名言的要旨也有所更迭，新课标在各"学段要求"的阐述中，突出落实"中华优秀传统文化"的具体目标和要求：第一学段"注重引导学生关注中华优秀传统文化在日常生活中的表现"；第二学段"初步认识中华优秀传统文化蕴含的思想和智慧"；第三学段"提升自身传统文化修养""感受先贤志士的人格魅力"。从学段要求来看，中华优秀传统文化对学生的教育影响由具象表达走向逻辑运用和价值认同，"日积月累"中经典名言便是以这样的梯度呈现的，学生在学习传统中，获得文化自信，进行语言运用，优化思维能力，实现审美创造。

（二）中华文化经典名言的思辨价值

经典名言中包含立德、修身、治学、处世之道，本身就具有对人、社会、自然的思考与认知，对学生思维能力的发展有深刻影响。此外，借助多主题、多内容的经典名言，进行思辨性阅读与表达任务实践，对学生形成逻辑思维、辩证思维、创新思维等更具有现实意义。

1. 符合学生思维品质的发展规律

语言与思维的关系密不可分，一方面，没有语言不可能有人类的高级抽象逻辑思维，另一方面，思维的发展对语言能力的形成与发展也有一定的推动作用。儿童从出生开始就处于语言环境中，随着年龄的增长，思维逐渐以语言表达形式外显，借助后天教育的影响,儿童的思维品质更具有深刻性、灵活性、独创性、敏捷性和批判性[①]。经典名言学习以儿童思维发展规律为索引,在儿童已有的文化基础上,逐级提升学生的思维品质。

2. 切合学生思维表达的真实需求

当下,经典名言的教学以获取知识为重,背诵的任务比例过大,教学以讲解意思为主,辅之以列举生活事例,学生没有真正理解经典名言内涵,缺少"审问—慎思—明辨—笃行"的过程,也就无法灵活运用到生活中去。因此,为学生建立古今言语系统的对话关系,找准知识获取和完整理解的锚点,发现传统文化中的"理性光芒",是经典名言教学的紧迫需求。

3. 契合学生思辨能力的培养目标

新课标设计了"思辨性阅读与表达"任务群,其目标定位:一是掌握科学的思维方法;二是提升思辨性读写能力;三是养成勤学好问的习惯;四是培养实证的理性精神。语文课程更加重视深度学习与思考,更加关注学生思考习惯、思维方法、表达交流、理性精神等培养,经典名言言约义丰,思辨色彩鲜明,对经典名言进行任务群设计,是学生思辨能力发展的契机。

(三)中华文化经典名言思辨教学路径

教材中的经典名言散见于不同单元,内容、风格各不相同。学生在孤立、碎片化的文本间很难建立关联思辨的内容。义务教育语文课程标准对于"思辨性阅读与表达"学习任务群虽没有明确提出专题性学习内容,但我们可以依据课标对不同学段思辨性课程目标以及教材内容进行整合,打破单篇学习固有模式,采取专题教学、任务引领、补充材料等方式优化思辨性阅读教学内容,综合提升思辨能力。

1. 以思辨性阅读重组专题学习内容

(1) 整合思辨内容,服务专题教学

小学统编教材"日积月累"中所选的经典名言具有启发性、包容性、延展性等特质,指向中华优秀传统文化的浸润及儿童品性养成。教师可以依据教材单元和文本主题确定主题。例如统编四年级下册第八单元"日积月累"中的经典名言为"勤学惜时"主题,包括:

◎少年不知勤学苦,老来方知读书迟。
◎一日读书一日功,一日不读十日空。
◎学习不怕根底浅,只要迈步总不迟。

---

① 朱智贤,林崇德.思维发展心理学[M].北京:北京师范大学出版社,1991.

◎书山有路勤为径,学海无涯苦作舟。

统编一年级下册语文园地四中的"日积月累"指向"时间"名言,五年级上册第二单元"日积月累"的内容也为"惜时"主题,在四年级段教学"勤学惜时"经典名言时,可以融合这三部分课程内容,开展"你的时间用对了吗"这个思辨性主题活动,立足学生"时间概念""时间管理"等生活经验,从古今不同时代、不同人物、不同文本的思辨性阅读活动中感受时间的珍贵,践行珍惜时间的路径。统编小学二年级上册第二单元经典名言"己所不欲,勿施于人""与朋友交,言而有信",二年级下册第二单元的谚语"平时肯帮人,急时有人帮",三年级上册第八单元"与人善言,暖于布帛;伤人以言,深于矛戟"都体现了与人相处交往之道,勾连这几部分教学内容,引导儿童人际交往的基本准则和方法。

(2) 任务导引,链接思辨实践项目

学习任务群以学生的语文实践为主线,以任务为导向,以学习项目为载体,整合学习情境、内容、方法和资源。根据课标要求和小学统编教材的编排,借助学习单元,开展大单元思辨性阅读教学。例如,在对六年级下册第五单元进行思辨性阅读教学时,以"悟贤明智慧,汲话语力量"为单元核心任务,串联"晓文言之理趣""品科学之精神""悟论说之力量""抒自己之所见"。任务一借助《学弈》《两小儿辩日》感受先贤的品性及古人观点论证之理趣;任务二借助《表里的生物》《詹天佑》,结合"日积月累"中"穷则变,变则通,通则久"等名言理解,涵养学生"勇于创新与变革"的精神,任务三结合《真理诞生于 100 个问号之后》《口语交际:辩论》来阐释或论辩"日积月累"中的"青,取之于蓝而青于蓝"等名言,指向学生的思辨口语和书面表达。

(3) 补充语境,开拓思辨资源

"思辨性阅读"的第一步是忠实地读懂文本,要求读者怀着一种好奇、自信、公正、谨慎的态度,读懂文本的内容、观点、结构等。统编教材中的经典名言大多是从著名篇章中节选出的,因年代久远,学生会对经典名言的语篇社会背景、文化背景、言说之人、具体文本语境等缺乏全面、准备的了解,出现信息、情感、文化、思维的不平衡,就无法对文本进行忠实、完整的理解,为避免学生思维的"旁逸斜出"、无理无据,教师需搭建支撑思辨性阅读的支架,补充材料尤显重要。六年级上册第八单元呈现的均为鲁迅名言,如"无情未必真豪杰,怜子如何不丈夫""其实地上本没有路,走的人多了,也便成了路"等,学习这些名言时,可补充链接鲁迅的《故乡》《答客诮》《学界的三魂》原文,补充学生在文本背景知识上的不对称,使得学生的思辨过程在阅读实践中得以检验。

2. 以思辨性阅读统领专题学习进程

思辨性阅读与表达任务群下的经典名言教学,不仅学习内容要指向思辨性,学习任务、问题设计及学习活动的设置也都要围绕思辨性展开,使学习过程成为思维理解的建构过程、迭代过程。

(1) 以情境性任务彰显思辨性阅读的意义

情境是思辨性教学必不可少的要素。一方面,基于具体情境才能引发思辨的冲突,才能通过验证、推断等方式,辨析态度与立场;另一方面,面对具体情境,实践运用是衡量实证、推理、批判与发现等思维能力的标准,是思辨性阅读的意义所在。

五年级上册语文园地六中的经典名言指向"勤俭节约"专题。既有出自《尚书》的"克勤于邦,克俭于家";唐朝名相魏徵名言"居安思危,戒奢以俭";北宋政治家司马光的"由俭入奢易,由奢入俭难";明末著名理学家朱用纯"一粥一饭,当思来之不易;半丝半缕,恒念物力维艰"。不难看出在中华民族的精神文脉中,节约既是个人修身养性所必须,同时也始终与国家、民族的命运紧密相连。可随着物质生活的一天天殷实,中小学生食物浪费、挑食现象并不少见;网络上也存在着"炫富炒作"、奢靡消费、"大胃王"吃播秀等不良风气。学生在阅读经典名言及其承载的文化内涵的思考不应局限在文本中,可通过各类情境性任务,引导学生置身当代情境,将观点、事例、现象以及问题、推测、发现等分类填写,将理解与判断建立在质疑与反思之上,由文本的单纯阅读迁移到社会现象的本质把握及品德修炼的内在需求上(图4-9)。

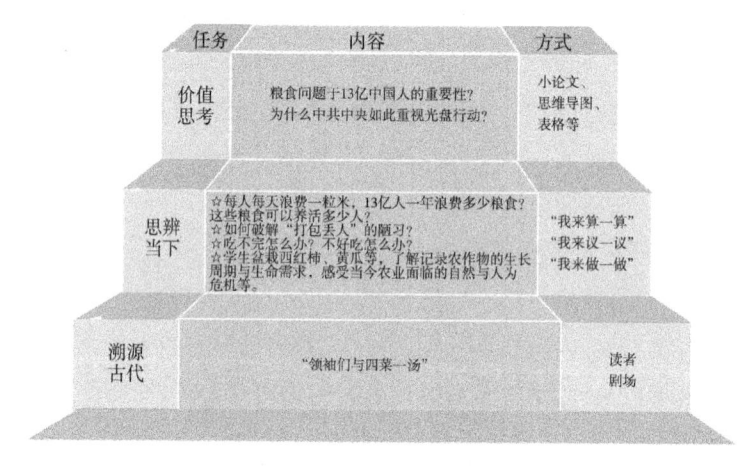

图 4-9 "勤俭节约"思考情境图

在"勤俭节约"思辨性阅读中,情境性任务一"溯源古代",以"读者剧场"的方式讲述或表演"领袖们与四菜一汤"的故事,溯源安徽凤阳流传的有关朱元璋"四菜一汤"歌谣。学生经历精神层面的洗礼,原来勤俭节约关乎社稷的安危。情境性任务二"思辨当下",包括"我来算一算""我来议一议""我来做一做"等活动。学生尝试解决情境性问题"每人每天浪费一粒米,13亿人一年浪费多少粮食?这些粮食可以养活多少人?"讨论商议:如何破解"打包丢人"的陋习?吃不完怎么办?不好吃怎么办?学生盆栽西红柿、黄瓜等,了解记录农作物的生长周期与生命需求,感受当今农业面临的自然与人为危机等。情境性任务三"价值思考",以小论文、思维导图、表格等方式呈现问题的思考与表达:粮食问题于中国人的重要性?为什么中共中央如此重视光盘行动?学生不但经历精神层面的洗礼,勤俭节约原来关乎社稷的安危,还切实培养节约习惯。指引学生从古代论说思维中汲取现代人生智慧,培育有"理性之光"的现代生活态度和人格,这才是对中华经典名言进行思辨性阅读教学的真正价值所在。

(2) 以探究性问题促进思辨性阅读的建构

"当教学目标和学习目的是要发展学生思辨能力的时候,教师必须有意识地在课堂教学中提出整合性的、高层次的和发散式的问题。"[①]以核心问题为引领,着眼于问题序列的构成,由文本的语言文辞入手,深入论证和说理方式,最终走向文本深层逻辑,使思考由浅入深,由碎片化走向链条化。例如,在进行六年级上册语文园地八"鲁迅名言"教学时设置以下"问题链":

表 3-13 "鲁迅名言"探究性问题链

思辨活动	思辨要素	思辨目标	问题设计
阐释分析	论说有语言	忠实理解语义	《故乡》中"其实地上本没有路,走的人多了,也便成了路"。哪一种意思更能体现鲁迅言说的目的和效果?
	论说观点	把握论说者(鲁迅)的立场、观点、态度	《学界的三魂》中"惟有民魂是值得宝贵的"是观点还是事实?
推理求证	观点与材料的关系	辨析材料与观点之间的关系	"无情未必真豪杰,怜子如何不丈夫",前半句一个"未必"否定了"无情"论者,而后半句的"如何"诘问攻击"怜子"者,这二者是否能形成逻辑对应?
	论说的过程	理解作者阐释观点的逻辑	《答客诮》中的前后二句可否调换位置?
	论说的方式	观点的方法	《答客诮》采用对仗,《中国人失掉自信力了吗》采用排比,各能阐明道理吗?

从表 3-13 可以看出,立足鲁迅名言选文"论说言语""论说逻辑""论说观点",将各类问题按一定的逻辑顺序进行综合,创设梯度递进的探究性问题链,在持续开展的"质疑提问""阐释分析""推理求证""反思评估"思辨过程中,建构思辨性阅读的路径和意义。

3. 以进阶性活动实现思辨性阅读的迭代

在经典名言的思辨性阅读教学中,各项学习活动不能是随意、松散的,而应以学习任务为载体,整合目标与内容、情境与活动、过程与策略等因素,设计富有挑战的学习任务,帮助学生构建知识体系,促进思维能力的迭代提升。

六年级下册第五单元"发展与创新"名言学习活动设计就遵循了上述理解,见图 3-10。

---

① 洪松舟,卢正芝.提问:教师有效教学的基本能力[J].中国教育学刊,2008(2):31.

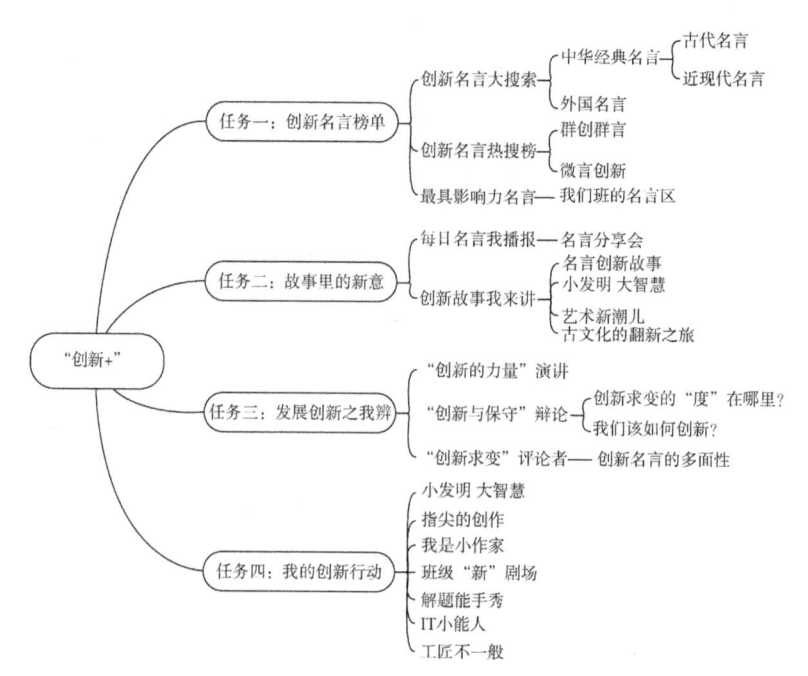

```
                              ┌─ 创新名言大搜索 ─┬─ 中华经典名言 ─┬─ 古代名言
                              │                  │                └─ 近现代名言
              ┌─ 任务一：创新名言榜单 ─┤                  └─ 外国名言
              │                       ├─ 创新名言热搜榜 ─┬─ 群创群言
              │                       │                  └─ 微言创新
              │                       └─ 最具影响力名言 ── 我们班的名言区
              │
              │                       ┌─ 每日名言我播报 ── 名言分享会
              ├─ 任务二：故事里的新意 ─┤                    ┌─ 名言创新故事
              │                       └─ 创新故事我来讲 ─┤─ 小发明 大智慧
"创新+" ──────┤                                            ├─ 艺术新潮儿
              │                                            └─ 古文化的翻新之旅
              │                       ┌─ "创新的力量" 演讲
              ├─ 任务三：发展创新之我辩 ┤─ "创新与保守" 辩论 ─┬─ 创新求变的 "度" 在哪里？
              │                       │                      └─ 我们该如何创新？
              │                       └─ "创新求变" 评论者 ── 创新名言的多面性
              │
              │                       ┌─ 小发明 大智慧
              │                       ├─ 指尖的创作
              │                       ├─ 我是小作家
              └─ 任务四：我的创新行动 ─┤─ 班级 "新" 剧场
                                      ├─ 解题能手秀
                                      ├─ IT小能人
                                      └─ 工匠不一般
```

图 3-10 "创新+"经典名言进阶性学习活动图

我们可以围绕"发展与创新"主题，开展经典名言进阶性活动。

◎任务一：开展"创新名言榜单"项目活动，搜集、整理有关发展与创新等名言；整理自己的记录，梳理出被名人等引用最多的名言，运用柱状图等方式体现自己的发现；结合课文，做一份属于自己的创新名言榜单。

◎任务二：围绕"故事里的新意"项目，搜集课内及课外的名言原文，通过阅读，了解其大概内容，体会文章是怎样用具体事例说明观点的，尝试辨析材料与观点之间的关系。调动经验，结合阅读感受，在班级进行每日创新名言播报，感受古人可贵的辩证法和进化思想；搜集资料，借助思维导图等形式，交流创新名人故事，感受中华文化历久弥新的创新动力。

◎任务三："发展创新之我辩"结合单元文本及延伸内容，利用表格、导图等总结梳理归纳某个创新名言中观点的论证逻辑；能评估言说者推理论证的严密性并提出合理追问；选择一则自我最喜欢的创新名言，尝试运用恰当的证据、准确的语言有逻辑地进行演讲或辩论，有理有据地表达自己认同的名言；根据现实生活和自己的阅读经验，展开逆向思考，针对创新的"度"与方法，进行叩问式思考，一步步质疑，一点点反思，学生思维得到全方位训练。

◎任务四：融合其他学科的创新元素，进行跨学科实践，学生利用自身的智能优势，创作文艺作品，开启创客行动，解锁劳动技能，从生活需要出发，进行持续性训练，为学生的创新思维形成搭建平台。

3. 基于标准评估主题思辨性表达

(1) 以综合性的言语输出型任务,评价思辨性表达水平

基于具体情境的言语表达性任务是评估思辨性阅读最恰当的手段。譬如,讲故事、辩论、演讲、播报以及创编小报、写读后感、研究报告、说明书、学习单等最能体现"思辨"含量的文字、图表等学习成果。因为与真实情境相勾连的言语输入任务既有利于考查学生提取信息、筛选分类、比较概括、归纳总结等理性思维能力,同时又能提升学生综合运用知识解决复杂问题的水平。

(2) 评价任务内嵌主题学习过程,实现思辨性表达提升

结合新课标中思辨性表达的"仔细倾听、辩证思考、理性表达、合理采纳、礼貌回应"五个角度,制定评价标准,为学生在参与活动时的活动评价和自我评价提供行为准则。比如,六年级下册第五单元的经典名言学习进程中,4个子任务中,各安排了"名言榜单"星级评比、"故事的新意"讲演评价及"创新的力量"演讲视频投票点赞等活动,各项评价内嵌于学习进程中,推动了思辨性阅读的持续深入,提高思辨能力,培养理性精神。

七、泛在学习环境下的小学文言教学与传统文化渗透

为了落实语文课标要求,弘扬中华优秀传统文化,统编小学语文教材加大了文言文的比重,相比人教版的语文教材只有3篇文言文而言,增加了4倍还多。教材的这一巨变,应该是对当下大力弘扬和继承中华优秀传统文化的一个诠释。随着"互联网+"教育的普及,小学文言教育面临着新的环境与机遇,教育环境的改变为课程资源整合带来便利,为学生学习文言文的方式带来新的可能。泛在学习环境所呈现的丰富资源、随手可及的学习机会及线上讨论共享的功能可以更好地实现传统文化与学生生活的渗透与融合。

(一) 文言文多层面地体现着中国传统文化

(1) 文言,本身就是中国传统文化的体现。德国语言学家洪堡特说过:民族的语言即民族的精神,民族的精神即民族的语言,二者的同一程度超过了人们的任何想象。统编教材中的文言文选自《论语》《世说新语》《吕氏春秋》《宋史》等,这些古文滋养了我们的祖先,作为一脉相承的中国人,了解他们读过的文章,就是一种传承。

(2) 文言和文言文体现着传统思维方式。"语言不仅是思维的工具,它同时也影响和制约着思维。"如教材中《两小儿辩日》中借助举例论证,《学弈》运用了类比论证,都体现出偏于感性的民族思维方式。

(3) 文言文所传达的仁人贤士的情意与思想，这是中国传统文化的直接体现。教材中的文言文涉及了孔子、孟子、韩非子、朱熹、曾国藩等名家先贤的思想，从中能充分感受到传统文化的照耀。

（二）文言文课程目标的文化取向

文言文，是以"文言"这种古代书面语写成的文章，包括先秦时期的作品，以及后世历代文人模仿先秦书面语写成的作品。朱自清在《经典常谈》里认为，"经典训练的价值不在实用，而在文化"。[①] 叶圣陶先生对此表示了深切的认同："一些古书，培育着咱们的祖先，咱们跟祖先是一脉相承的，自当尝尝他们的营养料，才不至于无本。"[②] 上海师范大学王荣生教授指出：文言文中，"文言""文章""文学""文化"一体四面，相辅相成。

对于小学阶段的学生来说，虽然《课标》中没有明确文言文的整体目标和学段目标，但通过课标中"认识中华文化的丰厚博大，吸收民族文化智慧"的总目标及第4学段阶段目标中提出的"阅读浅易文言文，能借助注释和工具书理解基本内容"等要求，及小学统编教材中的"单元导语"及"练习系统"等提示，我们可以从中确定小学文言文教学定位：立足文言启蒙，激发兴趣；学习诵读文言文，积淀语感；大致读懂文言文，感悟理趣；品味优秀传统文化，立德树人。

（三）泛在环境下文言文个性化教学策略

小古文有着独特而重要的作用。文化取向下的小学文言文教学，如何把握文言文教学的内容，如何选择合理的教学策略，帮助学生推开文言文学习之门。

1. 文言之"言"，因"段"而定标

广义的来理解，文言文中的"言"是指：虚实词的积累、古汉语语法、诵读方法、文言语感等。综合来说，文言中的"言"，要通过多种角度理解句意、多种形式的朗读涵泳，让学生在抑扬顿挫间，品味文言语言凝练、简约的味道，去感受民族文言的魅力，积累文言语感。

文言基础知识仍然是文言文教学内容很重要的一部分，也是学生深入理解、质疑的重要基础。理解程度决定着学生能否真正产生问题。泛在学习环境可以借助网络课堂梳理知识点、发布课文朗读视频、及时测评任务，帮助学生课前预习时抓住重点、发现自身存在的问题，激发思维的深度。

以"理解文言文的句子意思"这一目标为例，三个学段有相同之处，那就是要求能

---

① 朱自清.朱自清选集：第二卷[M].石家庄：河北教育出版社，2007.
② 叶圣陶.叶圣陶语文教育论集[M].北京：教育科学出版社，1980.

"用自己的话说一说句子的意思",但对怎么"说一说"的要求不同。第二学段,每一册都有文言文。此阶段,激发学生的学习兴趣是重点,同时引导学生掌握一些学习文言文的方法,通过借助注释、看插图、联系语境、组词等方法来理解句子的意思。四年级下册的《文言文二则》,在课后习题中还编排了以扩词(组词)的方法来理解词语的练习,借此掌握一定的方法。第三学段除了引导学生学习借助注释、插图、组词等方法,还必须能较熟练地借助语境、资料等,自主理解句子的意思。这些资料,部分源于教材内编排的资料,如《伯牙鼓琴》之后的"资料袋";另外也要鼓励学生自主搜集课外资料,来帮助理解相关的文章。

2. 文言之"文",依"体"而辟径

文言文的体裁多种多样,有传、序、文、记、论、书、赋、说、表、铭等,还有神话、寓言。选入统编小学语文教材的大多节选自某些小说、人物传记等,还有神话、寓言,甚至还有题跋(《书戴嵩画牛》)。

文化常识是我国优秀传统文化的重要组成。这些知识分布在语文课程的各个年级,零散细碎。学习中可以通过课程资源包,将知识分专题整理,并结合课文内容分别链接图、文、视频、微课等资源,有效进行文化知识积累。

"文言文教学由于文体不同,关键词句的着眼点也各异。"不仅如此,各种体裁的文本读起来的滋味各不相同。如若教学都是逐字逐句地分析,最后感悟文章道理,就显得僵化而枯燥,必定索然无味,也就谈不上培养学生对中华传统文化的热爱了。教师要做的便是,根据不同文体辟蹊径、通幽径。

寓言故事极尽夸张,讲故事是好办法。神话故事(如《精卫填海》)也可通过想象讲故事的方式来展开教学。

《杨氏之子》《王戎不取道旁李》等文,选自《世说新语》的笔记小说,既有真实人物可考,又充满传奇性质,教学中可紧扣小说的要素(人物、情节、环境),引导学生学会在情节"反转"之处探寻智慧,品出故事趣味之所在。《书戴嵩画牛》虽属题跋,但也从叙事中见理,亦是趣味盎然,文末点睛之语"古语有云:'耕当问奴,织当问婢。'不可改也",既有小说的精彩情节,也有寓言的寓理于言。教学中可抓住牧童的"拊掌大笑",引导学生想象"他会笑谁",融合"事"与"理",感受艺术中的生活气息。

《少年中国说》既有议论文的特点,又有散文之优美,更有诗词的风格。因此在教学中,通过"诗化排列—文白对读—场景再现",引导学生发现排比、对偶、象征的修辞手法,体悟"这一篇"独特的艺术表达形式。

3. 文言之"道",随"境"而渗透

课文并不是我们要教和学的唯一内容,文本只是我们要教和学的内容的载体,文言文的文化内容要依据不同情境隐藏在教学过程中。

(1) 品文悟情,启趣明心

《杨氏之子》选自《世说新语·言语》。课文仅55字,结构清晰,两个人,一件事,一段精彩的对话。活动从文言文的"言"出发,通过"去标点——竖排版——繁体字——少对话——少原因——师生合作——白话文"等诵读形式,带领学生饶有趣味地诵读、品读,涵泳文言文从容、雅致的朗读情趣。

在"言"的基础上,创设戏剧情境。以"提炼旁白,聚焦中心——师生入戏,理清人物——转变对话,想象情节——学法迁移,感悟聪慧"为主要活动流程,在文本和剧本的互相勾连和紧密转换中,感受古文的言语智趣。

(2) 链接背景,启志明德

在学习《少年中国说》之前,给学生带来八国联军侵华的屈辱历史视频、文字等资料及梁启超的生平背景:

1900年,八国联军侵华,中华民族的危机空前严重。那时的中国,被侵略者说成是"老大帝国",是"东亚病夫",是"一盘散沙";更有一些无知昏庸的中国人,也跟着叫嚷"中国不亡是无天理""任何列强三日内就可以灭亡中国"。然而,几千年的中华文化没有衰落,它孕育出了中国人的乐观向上,锻造出了中国人的自强不息,炼制成了中国人的不屈不挠……危难百年,救国未泯,多少有识之士"捐躯赴国难",多少无名英雄"视死忽如归",可以说,中国近代也是一部奋斗史。梁启超便是一位奋斗不止的救国者。他参与发动的戊戌变法失败后,逃亡日本。当他看到日本明治维新变法后蒸蒸日上的情景,感慨中国的前程也可以如此,他创办了《清议报》,通过媒介竭力推动维新运动的继续。他要用文字驳斥"中国亡国论",唤起人民的爱国热情,激起民族的自尊心和自信心,于是,《少年中国说》诞生了,"少年"一词的兴起在中国成燎原之势。塑造当代儿童中华民族共有的精神底色。

(3) 积淀文化,启思明旨

比如《伯牙绝弦》中的"知音"文化。有老师在引导学生理解的过程中不仅补充了贾岛《题诗后》、岳飞《小重山》、《诗经·黍离》中有关知音的典故,还补充了钟子期和俞伯牙的身份背景,使学生明白上大夫和樵夫的身份差距并不影响志趣相投,所谓知音者,知志也。

教学《书戴嵩画牛》时,课堂上教师出示乾隆先后两次为斗牛图写的题跋,让学生走近关于《斗牛》图的历史之争。学完课文后,我推荐了苏轼的另一篇题跋《书黄筌画雀》,感受中国书画艺术及古人情怀。

(4) 关照当下,启智明辨

文言文在当下有其独特的思辨价值,可以映照出现实生活中人们的思维方式、行为习惯,其思想精髓也会影响人的知情意行。《自相矛盾》这篇文言文具有浓郁的思辨色彩,"夫不可陷之盾与无不陷之矛,不可同时而立。"理解这句话的意义时,可以引导学生"文白对读—类比发现—思辨方法—智慧表达",像这样自相矛盾的人或事儿还有哪些?楚国人要想把他的东西卖出去,完全可以换一种说法,让人觉得不前后矛盾,大家觉得可以怎么说呢?

《少年中国说》中,将周总理的话"基础立于此日,发达俟乎将来……及乎长也"相联系,而"基础立于此日"是我们学校的校训,有了学生的生活经验做基石,在古今仁人志士的精神相互融通中,去思辨"中国少年"和"少年中国"的关系,加深对中国社会主义核心价值观的理解。

八、统编教材"幽默言语"的教学理解与设计路径

《现代汉语词典》认为,幽默即"有趣或可笑而意味深长",在人和人的世界中,会有许多乖谬可笑的地方,幽默能在善良的微笑中给以揭露和嘲弄。2020年,教育部统编语文教材第十册第八单元首次推出"风趣与幽默"阅读单元,标志着真正意义上的"幽默言语"理解和表达进入了教学视野。

(一) 解读:幽默言语

统编"风趣与幽默"单元的语文要素为:感受课文风趣的语言。本文中,"风趣的语言"即"幽默语言","感受课文风趣的语言"就是对幽默性言语的敏感,简称"幽默感"。幽默言语是由具有幽默感的人为达到特定的目的而创造出的一种特殊语言交际形式。它往往言此意彼,令人在回味与顿悟中领悟到创造人的意图,发出会心的一笑。有人说过:"幽默在笑者那里。"[①]《幽默语言学》所说:"幽默,是一种诉诸理智的'可笑性'的精神现象。"这种可笑是思考的产物,听读者要让思维走过一段迂回曲折的道路才笑了出来,表现为"认知—推理"心理过程。这就需要听读者具备相关的语言知识和非语言知识,需要一种对语言的敏感,能于言语对象之中在刹那间洞见其可笑之处。

统编教材在三年级、四年级已有安排"关注有新鲜感的词句和句子""感受课文生动的语言"等语文要素,本单元再次聚焦语言,让学生沉浸在古今中外幽默性言语的场域中,"感受课文风趣的语言",是对语言感受力的进一步提升,契合了儿童创造、游戏的精神和天性,激发学生学习语言的热情和兴趣,开启了儿童"幽默言语"教学新视野。

---

① 蒋冰清.言语幽默的认知机制研究[J].重庆工商大学学报,2007(3).

（二）审视：幽默言语的美学特征

从语用学角度看，幽默性语言就是借助语言手段的幽默，使得语言产生意味深长的艺术效果。王尚文在《语感论》中关于"幽默性言语与幽默感"这一关系中提出，幽默性语言包括语言所表现的幽默、语言所记录的幽默及语言所创造的幽默。[①] 语言所表现的幽默，既不同于语言所记录的幽默（幽默只是它所记录的对象，而不在语言形式之中），也不同于语言所创造的幽默（语言要素的"岔断、倒置、升格"等变异使用而被创造出来），它的遣词造句合乎常规，但却十分幽默。幽默感是对潜藏于言语之中的幽默性的开采，从言语本身感到有趣可笑。

以统编"风趣与幽默"单元为例，本单元编排了三篇课文：《杨氏之子》是一篇文言文，描写了主客双方围绕姓氏展开的一场幽默而巧妙的对话；《手指》一文，用拟人化的手法和幽默风趣的语言，把五个性格各异的手指形象写得活灵活现；《童年的发现》则是以儿童视角描述"我"九岁时发现胚胎发育规律的有趣过程，幽默、俏皮的语言令人忍俊不禁。幽默言语除了生动有趣、使人发笑之外，往往还能让读者在一笑之余有所回味，产生丰富的审美趣味，具有个性化的审美特征。

1. 相似性之奇特统一

"相似性之奇特统一"特征指，从两个不同事物中寻找到一个或若干个共同点，把它们巧妙地组合在一起，这种组合奇在出人意料，巧在入情入理，制造出幽默效果。主要表现为本体和喻体的奇特统一。

如《手指》一文开篇所写："我们每个人，都随时随地带着十根手指"，再熟悉不过，也再平常不过，可作者丰子恺写手如写人，或者干脆当作人来写。瞧，拇指有着"矮而胖"的身体，"大而肥"的头，虽"最肯吃苦"，但有讨巧的事时，却"只能呆呆站在一旁"，他那无奈、发愣失神的样子，自然让我们想到那些口笨木讷、勤于劳作、内心敦厚的老实人；中指倒是"曲线优美"，可"处处显示着养尊处优"，正如"肚肠"较多的政客或野心家，一如中指的"每逢做事，名义上他是参加的，实际并不出力"。无名指和小指则可视为"小资"，他们尽情享受"研脂粉""抚丝竹"的高雅……五根手指与五种不同的人生方式巧妙地组合在一起，他们仿佛就是一个微型的人类社会。本体和喻体相去甚远，但"相比的事物间距离愈大，比喻的效果愈新奇创辟"，原本不同事物的相似点达到奇特统一，这种统一出人意料，而入情入理，令人回味无穷。

2. 语言要素之巧妙转移

"语言要素之巧妙转移"的特征指语音、语义、词汇、句式等语言要素从符合人们的

[①] 王尚文.语感论[M].上海：上海教育出版社，2005.

语言经验巧妙地转移到超常的使用范围,通过"双关""倒置""降格""升格"等变异手段而形成幽默的效果和情趣。

《杨氏之子》是一篇文言文,选自《世说新语·言语》。课文共五句,但主客两人,一个说得巧,一个答得妙,趣味十足。孔君平说:"此是君家果",杨氏子"应声答曰:'未闻孔雀是夫子家禽'"。交际过程中,孩子干脆利落,也同样在姓氏上做文章,运用"谐音双关"的修辞方式,表达出"既然孔雀不是您孔家的鸟,杨梅岂是我杨家的果"的意思。谐音双关或语义双关等语言要素的变异使用,不仅使语言表达含蓄曲折、若隐若现,而且能引发读者联想和想象,获得"原来如此"的理性愉悦。

3. 不和谐逻辑间之和谐

"不和谐逻辑间之和谐"的特征指,人们从符合逻辑方式的思维朝着不合逻辑甚至是错误逻辑的方向,发现不和谐逻辑之间那出乎意料的和谐。如《童年的发现》一文,在写"我"发现"胚胎发育规律"过程,先是"我绞尽脑汁思考……"然后突然插入自己的评论——"这就跟画地图差不多""我的发现是如此简单明了"——把虫儿、鸟儿、鱼儿、猴儿进化成人的错误理论推衍到九月怀胎,逻辑的发展超出了人们正常的思维方式,可联系儿童寻根究底、想象惊人的特点,就觉得这不正确、不和谐的思维方式,却又那么和谐有趣、意味深长,令人在回味与顿悟中领悟到:每一个发现无论稚嫩与否,都不可笑,每一个童年的发现,更不可笑。

(三) 理解:幽默言语的教学价值

1. 契合统编教材的阅读理念

统编语文教材明确了一个核心概念:语文要素。在单元内容的组织上,双线组元,尝试建立语文训练体系。在重视阅读理解能力的同时,加大语言表达,特别是书面表达的比重,促进学生语言运用能力的提高。统编语文教材第十册第八单元"感受课文风趣的语言"。此前,三年级上册已经安排过"关注有新鲜感的词句和句子""感受课文生动的语言"等语文要素,本单元再次聚焦语言,让学生体会课文极具幽默趣味性的语言,激发学生学习语言的热情和兴趣,是对语言感受力的进一步提升。

2. 顺应儿童的阅读心理需求

幽默的语言新颖、新鲜、新奇,幽默语言的结构往往反常、出格、荒唐,阅读幽默时的心理结构往往表现为"期待扑空""矛盾感知""压抑宣泄"三类不同而又相关的过程,这一样式和过程正契合儿童的阅读审美和需求。同时,幽默和机智是一对双胞胎。"幽默感的积极创造形式是机智。"(尤·鲍列夫)。儿童浸润在幽默语言的游戏中,通过联想、揣摩、咀嚼来领会语言的谜底,就会获得发现"世外桃源"的愉悦。

3. 促进人的存在方式转变

"人是语言的动物",语言不仅是人的交际工具、人的思维工具,更是人的存在方式。幽默表现在人生态度上,便是一种宽厚、一种宽容,嘲他不无自嘲,表现为自由的心灵和对自由心灵的容忍。在"爱与美"浇灌下的"趣味"作品,闪耀着人性的光辉,蕴含着隽永的生命意蕴。以"趣味性"的主观世界观照生活种种,生活便呈示出本来优美的一面。

(四)实践:幽默言语单元项目设计的策略探寻

基于新课程标准和统编语文教材的双线组元设计,凸显学习维度和课程视角,是以语文要素为统领、以核心素养为取向的单元整体教学。一个单元并不是一课课的简单叠加,文本与文本之间,课文教学与课外阅读之间,阅读、习作与综合性学习之间都是互动关联的有机整体,需要教师在探求教材内容共性的基础上进行单元统整设计,聚合每一课时、每一环节中的知识、技能和策略,使离散的知识、技能聚合起来而产生意义,形成很强的迁移价值。

1. 单元聚合:探求幽默言语共性下的项目设计

(1) 幽默言语单元整体架构

还是以五年级下册第八单元为例,通过研读和分析,我们发现单元语文要素第一部分为:感受课文风趣的语言。这一要素指向学生幽默言语的理解力和鉴赏力,通过让学生体验古今中外不同题材、不同主题下的风趣幽默的语言,进一步感知风趣幽默性语言的感染力和表现力,领略幽默言语背后的独特思维方式;单元语文要素的第二部分是表达要素:看漫画,写出自己的想法。将漫画的无声语言转化成有声语言,发展学生的言语智能和思辨能力,培养起一份宽厚、从容的人生态度。单元整体架构如表3-14:

表 3-14 单元整体架构

内容	幽默言语特点	思维方式	单元聚合
《杨氏之子》	根据语境,巧妙应答	将计就计,以其人之道,还治其人之身	明确单元统整的视角,根据本单元的言语语言特质,抓住幽默言语背后的思维之奇,从"语言鉴赏、思维锤炼、言语表达"三方面综合考虑来进行学习项目设计
《手指》	拟人化、漫画式语言,加上系列短语和精准动词	漫画思维 对比思维	
《童年的发现》	自我安慰、自我调侃,重在内部言语	联想思维 发散思维	
《我们都来讲笑话》	语言要素变异、违反逻辑事理、辞格创造等;重在口头表达运用	创造思维 演绎思维 归纳思维 逆向思维	
"漫画的启示"	夸张、象征、写意法;线条、留白,重在书面表达	小中见大 弦外余音	
语文园地	根据语境,具象化、拟人化的言语	归纳思维 联想思维	

（2）幽默言语的单元项目设计

正如统编教材主编温儒敏教授所说："（统编教材）板块设置比以前清晰、但彼此融合，综合性也有所加强。教师使用教材时，要在彼此融合方面多用心。"根据本单元文本的语言特质，从"语言鉴赏、思维锤炼、言语表达"三方面综合考虑单元学习项目设计。我们提炼出"幽默智慧"项目主题，把落实语文要素的课堂教学转变为真实（或拟真）情境下的有"意思"的活动，将学科体系中的知识内容从学生自我建构的碎片化状，转化为体现层次性、差异化的若干小项目。幽默言语单元项目设计如图3-11所示：

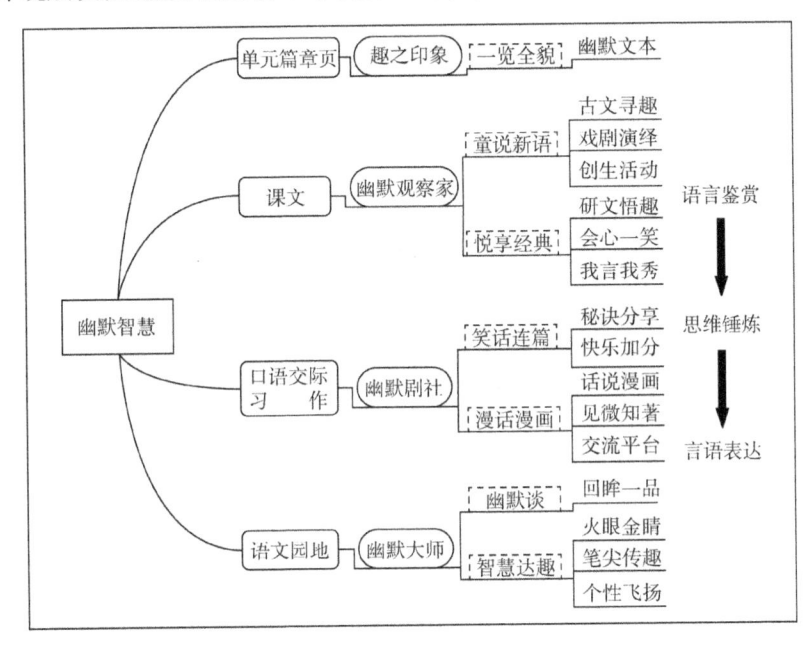

```
                        ┌─ 单元篇章页 ─ 趣之印象 ─ 一览全貌 ─ 幽默文本
                        │                                    ┌ 古文寻趣
                        │                      ┌─ 童说新语 ─┤ 戏剧演绎
                        │                      │             │ 创生活动        语言鉴赏
                        ├─ 课文 ─ 幽默观察家 ─┤             └ 研文悟趣          ↓
                        │                      │             ┌ 会心一笑
                        │                      └─ 悦享经典 ─┴ 我言我秀        思维锤炼
         幽默智慧 ──────┤                                                       ↓
                        │                      ┌─ 笑话连篇 ─┬ 秘诀分享        言语表达
                        │   口语交际           │             └ 快乐加分
                        ├─  习  作  ─ 幽默剧社─┤             ┌ 话说漫画
                        │                      └─ 漫话漫画 ─┼ 见微知著
                        │                                    └ 交流平台
                        │                                    ┌ 回眸一品
                        │                      ┌─ 幽默谈   ─┤ 火眼金睛
                        └─ 语文园地 ─ 幽默大师─┤             │ 笔尖传趣
                                               └─ 智慧达趣 ─┴ 个性飞扬
```

图3-11 幽默言语单元项目设计

本单元的人文主题是"风趣和幽默是智慧的闪现"，这句话出自大文豪莎士比亚。它指引我们，在教学中既要"得言"，又要"会意"，要能领略到幽默言语中隐性的"言语智慧""思维智慧""表达智慧"等。经过以上分析过程，确定本单元项目设计总名称为"幽默智慧"，围绕"幽默语言鉴赏、幽默思维锤炼、幽默言语表达"这三方面素养提升，项目各阶段的情境任务为"幽默观察家→幽默剧社→幽默大师"。学生根据清晰的目标意识，制定各小项目计划，通过具有有趣的、具有挑战性的情境活动，激发儿童探究幽默言语密码和表达动力，驱动儿童投入研学。

2. 情境设计：追求幽默言语与真实生活的关联

第一个项目是"趣之印象"，主要活动是浏览课文，用简明的语言概括两篇选文的主要内容，提炼"趣"之主题，顺势进入"幽默智慧"项目的设计和规划当中。下面具体阐述"童说新语"和"悦享经典"这两个项目流程。

情境活动一：童说新语

（1）古文新读，品"文"的情趣

《杨氏之子》是文言文，仅55字，结构清晰，两个人，一件事，一段精彩的对话。活动从文言文的"言"出发，通过"去标点——竖排版——繁体字——少对话——少原因——师生合作——白话文"等诵读形式，带领学生在饶有趣味的诵读、品读中涵泳文言文朗读从容、雅致的情趣。

（2）戏剧演绎，析"言"的智趣

以第一板块为基础，创设戏剧情境。以"提炼旁白，聚焦中心——师生入戏，理清人物——转变对话，想象情节——学法迁移，感悟聪慧"为主要活动流程，在文本和剧本的互相勾连和紧密转换中，感受古文的言语智趣。

（3）创生活动，"文""言"的结合

《世说新语·言语》中还有很多这样透露着言语智慧的小故事，如"七步成诗""咏絮之才""道边苦李""小时了了，大未必佳"。学生课后可以拓展阅读这些智慧应答的故事，或者蔡志忠国学漫话系列中的《世说新语——六朝的清淡》等，搜集精妙智慧的言语，给同学、家人等进行推荐、表演等，为"幽默剧社"这一活动项目做充分准备，将"体会风趣的语言"这一语文要素的学习转化为丰富的语文生活实践。

情境活动二：悦享经典

（1）研文悟趣，会心一笑

开展比较阅读，交流《手指》和《杨氏之子》两个文本的阅读异同点：杨氏子将计就计，敏于行，慎于言的立体形象；拟人化手法写出了五根手指如五种不同的人生方式，行文洋溢着智慧和幽默，如看漫画"会心一笑"。

（2）言意转换，我言我秀

开展发现学习，引导自主发现文本2—5自然段相同的构段方式：概括→列举；从"五指中""比""不如其他"等关键词发现作者把五指的"不同"放到"比较"中去写，把"特点"放到差别中去写。通过变换文本形式、表演读、相声秀等形式，感受文本幽默性言语秘妙：运用精准动词及系列短句，形成一气呵成、极富画面感的相声语言流。引导学生言意转换，运用课文幽默言语秘妙，从人的五官中选一个写一段话，在拟真情境中提升言语的幽默表达。

（3）话说漫画，见微知著

感受丰子恺先生漫画形式的言语智慧之后，引入作者当时的写作背景：这篇文章是丰子恺先生1938年所写，当时的中国正处于抗日战争时期，为了激发国人斗志，团结一致，共御外敌，在四处奔波时，他拿起手中的笔，创作出很多抗战漫画和文章，引起广泛关注。接着学生围绕"话说漫画，见微知著"开展项目学习，阅读《缘缘堂随笔》、画集《子恺漫画》,搜集丰子恺抗战时期的漫画和文章,分组开展"我来讲漫画""漫画达人秀"等情境活动。这也是勾连单元口语交际——我们都来讲笑话。

在项目挑战中,教师注重引导学生感受丰子恺散文中的漫画式手法,从丰子恺散文的教学延伸至丰氏漫画的欣赏,学生阅读《缘缘堂随笔》《子恺漫画》与单元习作"漫画的启示"相融合,丰子恺"人生艺术化"的心境和小中见大、凡中见真的艺术功力,让学生感受到幽默言语、幽默画面背后是关心与关怀:关心孩子;关心生活;关怀疾苦;关怀社会。在进行单元习作《漫画的启示》时,学生就会在读懂整幅漫画的基础上,找到"漫画眼",联系生活去思考画面所蕴含的丰厚思想内容。正如朱自清在《子恺漫画》所言,漫画是"带核儿的小诗""带着人生的鞭痕"。

3. 聚焦语感:追寻幽默文化与逻辑思维的融合

在真实或拟真情境中进行真实的言语活动,聚焦学生的语感,即本文中"幽默感"的养成。它是对潜藏于言语之中幽默性的开发,是对言语本身审美化的逻辑思维活动。需要语言知识和非语言知识的共同参与,指向审美自觉和理性思维的融合。

(1) 语言知识和非语言知识的联结

《手指》中关于中指的描写有这样一句:"他个子最高,无名指、食指贴在左右,像关公左右的关平、周仓……处处显示着养尊处优的幸福。"不知"关公""关平""周仓"等历史知识积累,当然也就无从感受作者眼中中指"最堂皇"的地位。不知"养尊处优"的词语意思,则无法体会作者潜藏其中对如"中指"般政客或野心家的委婉、含蓄的讽刺与批评。幽默感当然还得有丰富的非语言的知识。因为,笑其可笑,需要一个真正的人的主体意识。《杨氏之子》中"未闻孔雀是夫子家禽",不知这里"未闻"所透出的委婉语气,则不能体会杨氏子的礼貌和教养及其中言语的智趣。

幽默感本身就是心灵对生活中可笑之处的观照、嘲弄,来自对生活的热爱,对正义、正直的热爱,无"热心"即不能"有会于心"。本单元中课文《童年的发现》结尾是这样的:"我明白了——世界上的重大发现,有时还会给人带来被驱逐和被迫害的危险。""被驱逐和被迫害的危险"暗指了历史上科学事业发展过程中的某些真实情况,也表达了"我"对被轰出教室一事的看法。言下之意,"我"有这样重大的"发现",被轰出教室也就不足为奇。把自己跟世界上有重大发现的人并列,作为自我安慰的理由,体会出儿童独有的可爱与幽默。不知"被驱逐和被迫害的危险"所暗指的观点,则无法体会作者这里自嘲方式调侃所表达出的人生态度及蕴含的幽默。

(2) 文化自觉和逻辑思维的融合

不同民族由于历史背景、风俗民情、社会条件、语言方式的不同,便产生了不同的文化。语言反映出不同的文化属性,蕴含着不同的民族文化心理,幽默语言是文化的集中体现,理解和表达幽默言语就要充分依据不同国家、民族的文化语境,否则影响幽默的感受。如本单元中《杨氏之子》体现的是我国南朝时期所作的文言志人小说集，《童年的发现》是苏联作者菲奥多罗夫所作。如果不了解中国古代魏晋士人的生活方式及审美趣味，不了解小古文中所隐含的"慎于言、敏于行"的儒家文化，不知晓文言通假字的运用，就无法真正体会杨氏子机智的语言幽默。

　　逻辑是关于思维形式的科学。思维形式与语言形式总是联系在一起。思维形式有概念、判断、推理三种基本类型。思维方式有演绎思维、归纳思维、创造思维、逆向思维等。很多幽默就是由于对概念的张冠李戴、望文生义等逻辑错误造成，也有利用虚假判断、一语双关等形成表面意思和言外之意的反差产生，还有通过类比推理、以谬攻谬的方法，使荒谬的程度更加放大，使幽默的情趣更加浓烈。如同学们在本单元"我们都来讲笑话"口语交际活动中，有位同学推荐的一个笑话："大文豪歌德在公园散步，碰上一位刻薄的批评家，批评家傲慢地说'我从来不给傻瓜让路。'歌德笑着闪到一边说'我却正好相反。'"教师引导学生发现歌德语言中"以退为进，引入荒谬"的逻辑方法，就能使同学们了解幽默之所以引人发笑的逻辑基础，揭示令人捧腹的逻辑根源，有助于人们更深刻地理解幽默，更熟练地创造幽默，更自觉地运用幽默。

　　海德格尔讲过："语言自我生长。"对小学生来说，幽默言语凝聚着对事物的深刻理解和丰富的想象力，展现出的言语智慧、自由的心灵、一视同仁的心态等，都会在潜移默化中发展学生鉴赏高品质语言的言语能力，优化学生的言语经验系统。依据教材单元统整视域下的项目设计理念，将单元作为一个整体加以解读和统筹安排，将学科体系中的知识内容从学生自我建构的碎片化状态，转化为体现层次性、差异化的若干小项目，在感受幽默言语魅力的同时，为儿童言语幽默感赋能，让言语智慧落地生根。

九、统编传统科技类文本教学价值及实现路径

　　两千多年前，屈原向天叩问，到今日"天问"登陆火星、"天和"常驻太空，寓意着中华民族探求科学真理征途漫漫，追求科技创新永无止境。小学语文统编教材对中国传统科技文化现实价值的关注，需要在学科实践中用教材特质实现传统科技文化育人价值的追问与重构、叩问与审辩的"三级跳"，让传统科技文化成为滋养学生科学素养的"沃土"。

（一）诣问与理解：儿童与中国传统科技文化

　　中国传统科技文化是中华民族传统文化的重要组成部分，拥有以天算农医为代表的知识体系和以四大发明为代表的技术系统，是我国先民在长期的实践过程中孕化的智慧结晶。传统科技文化本身的特质与儿童文化具有相通性。

1. 与儿童精神的篯合

中国传统科技注重对人的自身关怀,充满浓烈的人文主义气息,是中国文化的一种表达形式,是中华民族根性文化的延续,凝聚着整个华夏民族的精神血脉,传统科技文化蕴含的"天人合一、以人为本"的深厚人文思想,与儿童"物我两忘、心物同一"的人文性本质相契合。

2. 与儿童认知的契合

中国传统科技将自然、社会、个体看作是一个有机整体,它蕴含着历史、风物、民俗、文艺等内容,最契合儿童独特的形象性、整体性的认知特点,有助于儿童人文素养与科学精神整体化建构。

3. 与儿童品格的切合

中国古代形成的儒家伦理文化始终占住了中国传统文化的主导地位,形成了传统科技中医学"医乃仁术"、建筑"恪守尊卑"、农学"为民造福"、技术伦理"崇智求真"等道德理想,与儿童纯净明亮的赤子之心、最为纯粹而真挚的同情心相融相通。

(二)叩问与认同:传统科技类文本的儿童教育价值阐释

随着互联网和高科技的不断发展,当代不少小学生对中国传统科技文化确实出现了解不深、认识不清、认同度低、荣誉感弱的情况,认为中国传统科技与世界科技相脱离,没能真正体会到中国传统科技文化的魅力及巨大潜力。中国传统科技文化作品在小学语文统编教材中占有一定比例,梳理传统科技作品内容,厘清传统科技文化特征,发现作品内容与学科实践的内在关联,对学生传统科技文化价值冲突的转化有重要作用。

1. 传统科技类文本的教材内容梳理

《义务教育阶段语文课程标准》在前言中提出"语文课程对继承和弘扬中华民族优秀文化传统和革命传统,增强民族文化认同感,增强民族凝聚力和创造力,具有不可替代的优势"。

小学语文统编教材关注到传统科技文化的传承与发扬,选取一定数量的作品,置于不同的学段、板块、要素中,意为勾连学生的价值取向、现实依托、实践方向,让传统科技文化的各方面价值融通到学生个体与群体的脉搏之中,服务于社会发展的需要。现将小学统编语文教材中的传统科技文化作品分布与编排呈现在表 3-15 中:

表 3-15 小学统编语文教材中传统科技文化分布情况

年级	内容	体式	显性表达	隐性内涵
二年级上册	《大禹治水》	神话传说	水利	生态伦理
	《鲁班造锯》	民间故事	制造	工匠精神

续表

年级	内容	体式	显性表达	隐性内涵
二年级下册	《二十四节气歌》	诗歌	历法	生态伦理
	《李时珍〈本草纲目〉》	民间故事	医药	学者风范
三年级下册	《纸的发明》	说明文	发明	臻于至善
	《赵州桥》	说明文	建筑	凝聚智慧
	《中医四诊》	名言警句	医药	博大精深
四年级上册	《西门豹治邺》	历史故事	水利	破除迷信
	《扁鹊治病》	民间故事	医药	技艺精湛
五年级上册	《圆明园的毁灭》	说明文	建筑	历史价值
六年级上册	《故宫博物院》	说明文、历史故事、非连续文本	建筑	木艺传承
六年级下册	《詹天佑》	记叙性故事	建筑	家国情怀

统编教材的传统科技文化选文，除了要完成听说读写的基本任务之外，挖掘其中的科学教学因子也是语文教育的应有之义。基于传统的科技文化的呈现样态，我们将科学技术文化要素分为显性要素和隐性要素，在显性要素与隐性要素的有机交融之间，传统科技文化的育人力量得以释放。

1. 传统科技文化的显性表达

显性的科技文化要素包含历法、医药学、建筑、四大发明等，侧重于类别层面的划分，这些类别在各学段的教材中都有所体现，只是呈现的方式有所不同。《鲁班造锯》被置于"我爱阅读"，《二十四节气歌》《中医四诊》被编排于"日积月累"，《纸的发明》《赵州桥》《圆明园的毁灭》作为精读课文呈现，《扁鹊治病》《故宫博物院》是"自读课文"，《李时珍〈本草纲目〉》《詹天佑》是"阅读链接"的内容。这些传统科技文化作品类别不同、体例不同、对象不同、形式不同，皆发挥着各自的育人价值。

2. 传统科技文化的隐性内涵

传统科技文化的隐性要素主要体现在科技思维、方法、精神、价值等，教材中所编排的传统科技文化作品几乎都包含着隐性的内涵，为我们所传扬。可以说，隐性的文化内涵是中国科技文化发展的精华，决定着中国古代乃至未来的文明发展动向。如《大禹治水》中蕴含的公而忘私、科学创新的精神，《西门豹治邺》传达出的破除迷信、兴修水利、为民造福的美好品质，《扁鹊治病》体现出的要防微杜渐，善于听取别人正确意见等。

3. 传统科技类文本的儿童教育价值阐释

古代人民通过科学技术的手段来认识、改造世界，生成了一定的物质和能力，这为传统科技赋予了人文底蕴，不管是学习科学技术本身还是体悟其隐含的特质，对现代学生来说，都是极具价值的。进入统编教材的传统科技文化类作品内容富含科学教育因子，多层次展现科学知识，引导学生进行科学探究，批判不科学的行为；根据学生的认知特点采用不同体裁,让儿童轻松愉快地领略科学的奥秘;相关选文的单元导语、课后习题及所属语文园地的综合性活动,形式多样,激发儿童感悟科学的魅力,有利于建构回归儿童生活世界的科学教育。

(1) 科学知识与人文素养的和同

儿童的思维,本质为一种叙事性思维,具有泛灵论倾向,将科学知识嵌入丰富多彩的故事中,内隐地传递科学概念和常识,以螺旋式方式、潜移默化地达成对概念的理解和掌握,达成意义性建构。《大禹治水》《鲁班造锯》《李时珍〈本草纲目〉》《扁鹊治病》《西门豹治邺》等文本都具有叙事性故事的特质,儿童在这些充满科学探究思想的故事情境中,体悟科学精神,获得科学概念。

(2) 科学方法与感性认知的协同

中国许多关于天文地理、文化传播方面的传统科技,如中药医学、陶瓷工艺、印刷术、造纸术等,都带有强烈的实用性烙印。如三年级《纸的发明》的课后练习中提醒同学再去了解其他的四大发明。印章雕刻中的"阴刻和阳刻、正刻和反刻",《故宫博物院》中传统木质建筑榫卯结构与鲁班锁的奥秘,引发儿童探索的兴趣,实现人文和科学的跨学科协调教学。

(3) 科学态度与生活实践的认同

中国传统科技文化"天人合一"生态文化底蕴、"崇智求真"科学精神追求、"厚生强国"理想信念坚守的精神内核,对当今学生的价值观与实践观有深刻的启示。"天人合一"注重自然与人的和谐相处,教材中《二十四节气歌》《十二生肖》,都是古代人民观察自然现象、总结自然规律而得的,表现出人们对尊重自然、顺应自然的思想。《鲁班造锯》《李时珍〈本草纲目〉》《纸的发明》《赵州桥》《故宫博物院》所体现的"崇智求真"的科学精神,引领着现在学生的发展目标与情感态度。《圆明园的毁灭》《詹天佑》是对国家过往历史的介绍,与厚植学生家国情怀、发扬爱国主义精神有着深度关系。

(三) 审问与重构:审辩思维下小学传统科技类文本教学设计

为"21世纪核心素养5C模型"之一的审辩式思维,为传统科技类文本的深度学习提供了教学方向与实施框架。[①] 作为一种反思性思维,它的本质特征为:大胆质疑,审慎思考,严密论证,开放包容。运用审辩思维来观照教学,在发展语言能力的同时,发展思维能力,学习科学的思想方法,逐步养成实事求是、崇尚真知的科学态度,[②]是语文教育的应有之义。

---

① 马利红,等.审辩思维:21世纪核心素养5C模型之二[J].华东师范大学(教育科学版),2020(2):45.
② 中华人民共和国教育部.义务教育语文课程标准[S].北京:北京师范大学出版社,2012:16.

1. 教学目标：从知识本位走向素养本位

教学目标是教学预设效果及学习活动价值的清晰表达，明确科学、适切的教学目标是学习活动的首要要素。传统科技文化文本整体目标在于科学素养与人文素养的协同发展，目标的关键要落实到审辩式思维的发展。审辩式思维发展的教学目标应突出以下几个特点：①育人方向从知识本位走向素养本位；②凸显学习主体的研习行动或者思维活动路径，尤其是与审辩式思维能力关键技能"阐释、解析、评判、验证、注解、认知监测"等相关的思维行为动词[①]，例如对比、阐明、归因、评估、规划、策划等，从而体现思维培育目标的视觉化；③教学目标设计要遵循学生思维发展规律，体现不同年龄段学生思维发展的顺序性和差异性。

例如三年级下册《纸的发明》的教学目标，笔者设计了以下四条：①按照历史演变顺序，概括课文从哪几个方面说明造纸术是中国对世界文明的伟大贡献；②围绕"蔡伦'改进'还是'发明'造纸术"，借助文中关键词句，发表观点，做到有理有据；③多角度搜集资料，联系生活，探究造纸术对世界、我国和现代社会的价值；④学习课文说明蔡伦改造造纸术过程的表达方法，与同学交流自己的手工活动过程。

这组目标从知识、思维、态度、方法四个维度进行综合设计，凸显思维行为"提取信息概述、发表观点、搜集整理、发表成果"等，因为是小学三年级的内容，相对偏向形象性思维能力，突出资料的搜集、整理及思维表达。

2. 教学内容：从学科割裂走向学科统整

小学传统科技文化篇章的编排总体偏少，如何充分挖掘教材的教育价值，提升审辩思维能力，为小学生科技素养、传统文化素养提升作铺垫，这需要教师以"项目主题"为核心对相关的教学内容进行补充拓展、调整重组等，可以是单元内的统整、学段间的调整或者学科间的统摄。贯穿其中的审辩式思维的培养基于学习主体对主题材料的聚焦及拥有，充分运用整理分析、对比评价、综合评价等思维方法及活动。

例如四年级上册，在学习《扁鹊治病》中，结合三年级下册《语文园地》三"中医四诊"，二年级下册阅读链接《李时珍》，还可以拓展《史记·扁鹊仓公列传》中记述的与扁鹊有关的故事：用脉诊的方法诊断赵子简的病，以及按照古代名医的年代顺序进行阅读、讲演他们的故事，如图 3-12：

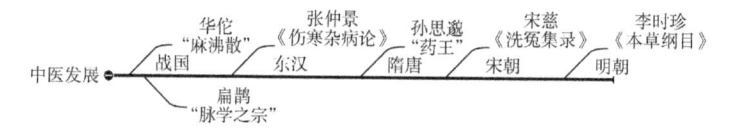

图 3-12 古代名医及著作时间轴

---

① 孔晓玲.审辩式思维观照下的初中文言文教学[J].语文建设,2021(3):40.

重视感受中国传统医学是科学技术与伦理道德合一的科学,只有这样,中国古代医学才能以全景图呈现出其魅力,学生才能在比较分析、品味理解中深度理解文化、医学、文人的特质。

3. 教学方式:从坐而论道转向学科实践

应试教育的观念与体制崇尚的是基于"一元逻辑"的"记忆型教学",而不是"多元逻辑"的"思维型教学"。这种教学流程呈现出一种线性的态势,对于审辩性思维在内的"高阶认知能力"不仅望尘莫及,还导致无法能动地去发展知识与价值观的意义建构。教学方式上的"学科实践",实现让学生真正像学科专家一样在学科真实的问题情境之中探索、思考、实践,培养解决问题的真本领、真能力。

(四) 追问与实践:审辩思维下小学传统科技类文本教学策略

1. 质疑批判,引发认知冲突

问题是质疑的开始,是审辩思维的基础。① "质疑"出自《管子·七臣七主》中所言:"芒主通人情以所质疑"认知疑惑、认知冲突是学习的原点或者触发点,这种冲突让思维发生有了可能。审辩式思维观照下的传统科技文化作品教学从认知的困惑开始,引导学生大胆质疑,善于质疑,紧扣语言文字的思维性、文化性和审美性,引发认知冲突,在冲突中达到"情感认同""实践认同"。

《圆明园的毁灭》一文,在带领学生透过第2~4自然段的语言,感受文本运用"对举"的言语表达方法,将圆明园融"宏伟与玲珑""热闹与恬静""现实与想象""民族与世界"这一建筑特色;用"列举"的方式体现"最珍贵""最大"的内涵理解后,请学生联系第5自然段发现,"课文写圆明园曾经的辉煌占全文的五分之三,而题目是《圆明园的毁灭》,写毁灭的只有一段话。"从而引发认知、情感的冲突:"作者为什么这样安排?作者的言语意图是什么?"讨论揣摩得到情感的认同——以喜衬悲,悲更悲。在学生热情高涨时,教师设计"思考的天平",启发提问:"是什么原因导致了圆明园的毁灭?面对着圆明园的断壁残垣,我们修还是不修?"(图3-13)

图3-13 "修不修圆明园"学生观点列举

---

① 翟常德. 指向思维发展与提升 开展语文思辨性阅读[J]. 语文教学通讯,2021(2):35.

学生们有了自己最初独特的见解后,再去搜集、整理资料,进行分析、论证,充分阐述自己的观点。多设计开放性、引发大思维概念的问题,并让学生充分表达,而对这些结论的讨论质疑通常就是学习的新起点。质疑批判包括怀疑既有观点和做法,提出多角度的问题,坚守真理的相对性,不迷信权威,兼容并包不同意见等。

2. 分析论证,实现深度探究

科技类文本对学生的分析论证能力有提升的作用,在对各种信息、证据进行识别、理解、比较和判断的基础上,实现思考多角度,分析有序化,论证合理性,学生体验到"探究是批判性地实践"的思维过程。

再和学生研读《赵州桥》文本,通过文本细读,围绕本单元的语文要素"了解怎么围绕一个意思把一段话写清楚"开展阅读实践活动,抓住"横跨""雄伟""坚固"等关键词,通过小组合作、师生讨论交流,感受赵州桥结构设计独特、美观的石雕造型特点之后,带领学生再一次回归文本,引发思考"一座石拱桥为什么世界闻名,还被评为国际土木工程历史古迹之一"?学生围绕这一主题开展深入探究,有的小组带来整理的图文资料,有的学生在科学老师的指导下利用3D打印机制作了自己设计的赵州桥结构,通过实验,介绍揭示了赵州桥28道独立拱券的独特技艺及价值。有的学生用纸或用筷子做拱桥实验,验证拱桥的稳定性。(图3-14)

红心小组资料袋
赵州桥的"三绝"——"券"小于半圆、"撞"空而不实、洞砌并列式。它合理使用了敞肩拱,并且一共有28道独立拱券组合而成。

旭日小组:3D模型展示
利用插销和铁拉杆将赵州桥各个拱连成一个整体,28道拱相互支撑,缺少几块拱石也不会引起桥梁崩塌。更换其中一块桥石时,只需要将该拱石的插销或铁拉杆取下,换上相同尺寸的拱石,再将插销或铁拉杆复原,就能完成更换桥石的工作。

日升小组:筷子拱桥实验
拱形在受压时,会把这个压力传给相邻的部分,抵住拱足散发的力,这样就可以承受更大的压力。

图3-14 《赵州桥》学习结果展示

3. 混融学习,凸显思维成果

疫情期间,线上+线下的混融学习方式是支持学生开展审辩学习的基本样态。审辩式思维的表征为有质疑的思考与表达、有逻辑的思考和表达,还表现为有概念的思考与表达,并形成自我的学习成果。审辩式思维下的学习活动往往将学生的质疑批判转化为延迟判断,开展"复杂问题导向式的学习",并预留给学生充足的探究时间,拿出较为完善的学习成果,可以是自我观点表达,也可以是作品呈现,但必须具备逻辑演绎过程,有观点假设、有论据资料、有数据分析、有思维成果。

六年级上册《故宫博物院》是一组非连续性文本,由四篇材料组成,材料1是详细介绍故宫博物院建筑群的说明文,材料2简单叙述太和门被烧毁重建的故事,材料3、材料4分别为故宫的官网网页及平面示意图。实践中,我们将学习内容做项目式活动,设置"宫迎牛年,赢紫金徽章→文本故宫,提炼方法→云游故宫,项目探究→探秘故宫 景点介绍"项目实施活动,使学生实现深度探究。课前,运用"面向博物馆的学习清单",引领学生进入网上故宫、云端故宫,完成"紫金课堂""故宫藏宝""故宫小百科"等方面的认知,唤醒学生对故宫等优秀传统文化的积极情感体验,助益学生的文化自觉。课中,利用故宫博物院青少官网、故宫APP,在虚拟现实中还原故宫文化场景,给学生提供学习有关故宫的多元资源支撑及协作学习的环境,为学生提供一个质疑提问、搜集资源、提取信息、再质疑的学习环境。学生透过文本直接感受太和殿"高28米,面积2 380多平方米,是故宫最大的殿堂"这一特点后,理解"这么宏伟的建筑,没用一个钉子,完全靠着木头的拼搭而成?"引发对古代建筑艺术、技术的探究。

项目活动中,有的学生搜集、交流以表现"官式古建筑营造技艺"为主要内容的系列微视频《八大作》之《木作——方寸之合》;有的通过自己家中的"鲁班锁",向大家边展示拼搭过程边介绍榫卯结构的奇妙之处,诠释出紫禁城"方寸之合"的营造技艺精华,展示出作为非物质文化遗产的"八大作"工艺之精、技艺之美、传承之序;有的学生探究太和殿之上的十个"脊兽",介绍中国古建筑的独特寓意及价值。中国古代建筑大多是木质结构,为了让檐角前处的瓦片承受住重力,就用瓦钉固定,于是就形成了各种造型,同时又有了避火防雷等功能。这样,用项目学习活动代替零碎的问答,用多元的方式呈现学习成果,既能保证学生参与探究的体验性、深刻性,又能调动学生对自我学习活动监督、规划、调整的元认知过程。

语文教学调动学生的探究热情,实现学生"在场",并能融合技术手段展示学生研究成果,培养科学思辨能力,进一步增强传统科技文化价值的认同感,传承中华优秀传统文化。

4. 反思评估,促成多维生长

审辩式思维是一种内省的思维,学生经过复盘学习,验证思维的收获,在"经验+

反思"中促成思维的持久发展,然后有目的地及时评估,让学生不断审视自己的学习过程,从而锻炼自己的思维意识,实现多维生长。

例如在《故宫博物院》教学中,自学提示中呈现了这样的要求:为家人计划故宫一日游,画一张故宫参观路线图;选择一两个景点,游故宫的时候为家人做讲解。教师安排了三次反思评估。

第一次,教师让学生回忆本单元前两篇精读课文所收获的阅读策略,并总结如何"根据不同的阅读目的,选择恰当的阅读方法"。

第二次,分组讨论交流展示时,各组选择不同情境,确定自己的参观路线主题:①明明一家三口打算去故宫一日游,明明的爸爸是建筑设计师,妈妈爱看宫廷影视剧,明明正在学习书画;②李晓一家去过故宫一次,上次主要游览三大殿,这一天想再去参观各大展览;③请为自己的家人设计一天的故宫游览路线图。

第三次,小组开展合作探究,利用故宫博物院青少网站上的导览图、推荐路线等栏目,学生进行拟真情境下参观路线的设计及介绍,通过评价表(见表3-16)在组内、组际完成学习反思。

表3-16 《故宫博物院》学习评价表

项目	要求	组内	组际
路线设计	南门进北门出		
	路线设计完备,没有遗漏重要景点		
	路线简省,没有多走回头路		
景点讲解	景点介绍有顺序、抓特点、联故事		
	材料支撑观点		
	逻辑清晰严密		
其他	小组合作到位		
	善于利用媒体资源		
	能根据阅读目的,选择合适的阅读策略		

审辩式思维观照下的传统科技文化作品教学,统整了学科实践,使学习过程"真"起来,让学生的思维"活"起来。科学思维能力让学生透析文字背后的底蕴,将工匠精神、言语表达、传统科技文化等置于时代背景中,帮助学生拓宽视野,增强传统民族文化的现实魅力,逐渐形成文化自觉、文化自信,助力学生构建适切的思维方式和积极的人生态度。

从"问"的科学思辨,到"和"的多元共生,中国科学技术从传统走向未来,在古为今用的科学探索中,在和谐融通的语文学科实践中,努力实现学生科学思维与人文素养的同频共振,为学生的全域发展造桥铺路。

十、在童心里播下文化自信的种子

提到"传统文化",我们的脑海中或许会闪现出"古老""悠久"等词语。然而,观察现在的生活,我们会发现:《中国诗词大会》赏中华诗词、品生活之美、寻文化基因;《国家宝藏》解读文物内涵,构建民族记忆,引发文化认同;《只此青绿》用舞蹈诗画,对传统文化进行重新建构,等等。新时代,中华优秀传统文化不断创造性发展,进一步彰显了传统文化的魅力。

《义务教育语文课程标准(2022年版)》文化因素被置于首要位置。从词频来看,2011年版课程标准共有23次提及"文化"一词,2022年版课程标准则高达124次。可以说"新课程标准"以"文化自信"为引领,创新课程架构,重构课程内容,凸显中华优秀传统文化、革命文化、社会主义先进文化的育人价值。

(一)语文课程"文化自信"的思想来源

新课程标准把语文学科的核心素养分为文化自信、语言运用、思维能力、审美创造四个方面,把"文化自信"排在首位,突出强调了语文课程在培根铸魂、以文化人方面的独特价值。这一变化不是偶然的,它有着扎实的学理依据和深厚的社会思想基础,反映了党在文化建设和发展问题上的重大决策与庄严态度。

"习近平总书记多次强调,课程教材要发挥培根铸魂、启智润心的作用,必须坚持马克思主义的指导地位,体现马克思主义中国化最新成果,体现中国和中华民族风格,体现党和国家对教育的基本要求,体现国家和民族的基本价值观,体现人类文化知识积累和创新成果。"

课程改革要"体现中国和中华民族风格""体现国家和民族基本价值观",归根结底,就是要体现中国文化的自信。因此,习近平总书记有关文化自信的讲话和论述,是我们全面、透彻把握语文课程核心素养"文化自信"思想内涵的指导方针。

习近平总书记在中国文联十大、中国作协九大开幕式上说:"文化是一个国家、一个民族的灵魂。历史和现实都表明,一个抛弃了或者背叛了自己历史文化的民族,不仅不可能发展起来,而且很可能上演一幕幕历史悲剧。文化自信,是更基础、更广泛、更深厚的自信,是更基本、更深沉、更持久的力量。坚定文化自信,是事关国运兴衰、事关文化安全、事关民族精神独立性的大问题。"文化自信中的文化具体指什么内容,包含哪些有机成分?

习近平总书记给出了科学明晰的界定:"在5000多年文明发展中孕育的中华优秀传统文化,在党和人民伟大斗争中孕育的革命文化和社会主义先进文化,积淀着中华民族最深层的精神追求,代表着中华民族独特的精神标识。"

这正是新课程标准中有关文化自信的思想来源。

(二)作为语文核心素养的"文化自信"

2022年《义务教育课程方案》的研制与各学科课程标准的修订,继续以核心素养理念为指导,保持了基础教育课程改革的整体性和一体化。与《普通高中语文课程标准》相比,2022年版新课程标准在核心素养方面的表述发生了一系列重要变化,其中,有关"文化自信"部分的表述变化最大,应引起足够重视。

新课程标准对语文核心素养的定义是:"义务教育语文课程培养的核心素养,是学生在积极的语文实践活动中积累、建构并在真实的语言运用情境中表现出来的,是文化自信和语言运用、思维能力、审美创造的综合体现。"

变化主要有两个方面:一是核心素养四个方面的名称发生了变化,以"文化自信""语言运用""思维能力""审美创造"取代了原来的"语言建构与运用""思维发展与提升""审美鉴赏与创造""文化传承与理解";二是核心素养四个方面排列的顺序发生了变化,原来排在最后的"文化传承与理解"以"文化自信"的新表述排在了首位。

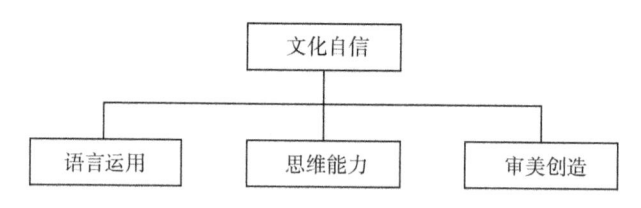

图 3-15 核心素养价值逻辑

从图3-15中可以看出,文化自信与语言运用、思维能力、审美创造三个方面处在两个不同的逻辑层面。文化自信在上位,其他三个在下位。与其他三个方面比较,文化自信是统领、核心、根本,在语文核心素养体系中处于最高价值层;其他三个方面是支撑文化自信的鼎立三"足",其背后的逻辑是价值逻辑。

当然课标中大家也会读到这句话:"核心素养的四个方面是一个整体""在语文课程中,学生的思维能力、审美创造、文化自信都以语言运用为基础,并在学生个体语言经验发展过程中得以实现"。

在第二种排列组合中,语言运用是其他三个方面素养的载体,贯穿渗透于其他三个方面的发展之中,其背后的逻辑是素养的生成逻辑,反映的是课程实践的教学规律:思维能力、审美创造、文化自信等方面的发展养成必须扎根于语言文字的运用之中。(图3-16)

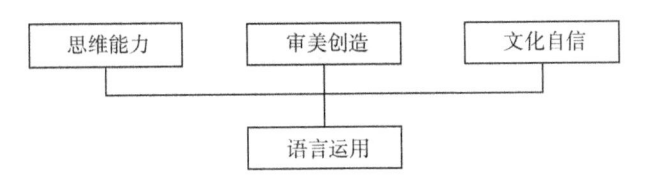

图 3-16 核心素养生成逻辑

因此,在新课程标准中,文化自信不再仅仅停留在抽象的理念和价值引领层面,而是借助课程目标的杠杆作用,对语文课程内容进行了创造性的赋型,把中华优秀传统文化、革命文化、社会主义先进文化作为课程内容的主体架构,提炼出文化主题与载体形式,以统领语文课程的具体内容。

(三) 泛在理念下"文化自信"的培育路径

1. 文本解读:透视传统文化理念

语文教学中的文本解读需要凸显文体特征,文体是语言文字的表达规范,也是深度理解文本的必由之路。基于文体的文本解读还需要寻求表达的文化主题。

文化主题是承载文化基质、传达文化信息的最基本的单元,从中华传统文化内容来看,传统文化的核心思想理念、中华人文精神和中华传统美德所涉内容可以视作传统文化的主题。教师只有把握文本的文化主题才能将一篇文本的精神力量凝聚到同类万千故事和情境之中。例如,教学四年级下册第六单元的《宝葫芦的秘密》,这一单元的阅读要素是"感受童话的奇妙,体会人物真善美的形象"。课后有一个练习为:"奶奶给王葆讲了哪些故事?选一个,根据已有内容创编故事,讲给同学听。"我们在解读文本时,首先明确童话故事的文体特征,也就是经过想象、幻想和夸张等编写而成适于儿童看的故事。其次,童话故事的文化主题往往宣扬善良、勤劳、勇敢、孝顺等一些传统美德。接下来,我们分析一下四年级儿童的学习起点,童话故事在学生以往的阅读经历中已有较多接触,学生对"童话故事的奇妙"有一定的感知,在教学中可以让学生抓住关键语句,在感受到神奇的文体特征上,尝试表达童话的奇妙,进行语言实践,"体会人物真善美的形象"中"形象"原指的是人物的神情面貌和性格特征;对于四年级的学生来说,我们需要把"形象"调整为四年级学生更易理解的"人物特点",即这一类具有真善美品质的人物在身份、外貌、爱好、性格等方面具有哪些特点,对原本课文中"张三""李四""赵六""王五"这个单一的人名,进行具体的形象设置,来为学生课后习题"创编故事"搭建指向自强不息、孝老爱亲等传统优秀文化主题的表达,搭建写作思维支架、例文支架。学生在创编故事时方能滔滔不绝。

在创编故事中加入人文精神要素,突出因人物的美好精神品质获得幸福生活,传递出传统文化的精神内核,指向学生的文化素养的提升和对传统文化的自觉认同。

再例如,小学语文教材五年级上册《父爱之舟》记录的是吴冠中求学路上与父亲相处的几件小事,从散文角度解读可以明晰吴冠中传递出来的是对父亲的无限怀念;从文化角度看,吴冠中的父亲其实是传统父亲的一个缩影,也可以看作一个文化符号,即中国传统的父亲形象,这里的"父亲"就是中华文化的母题。理解吴冠中的父亲作为文化主题的意蕴,才能触摸到现代父亲的传统脉搏。

在我们语文教材中,有不少内容与"父亲"有关,五年级下册四单元第10课《青山处处埋忠骨》中,毛主席满怀对儿子的深情,但作为领袖不能搞特殊,最终选择让爱子安葬在朝鲜;六年级上册第四单元第13课《桥》,老支书在党性面前他一视同仁,要求同是党员的儿子把生的希望留给别人,在人性面前,他又推儿子先走,把死的危险留给了自己;六年级上册第八单元语文园地"日积月累"鲁迅名言"无情未必真豪杰,怜子如何不丈夫",真正的英雄都有丰富的情感,爱怜子女的人同样是大丈夫;六年级下册第四单元第11课《十六年前的回忆》,革命先驱李大钊同志是一位慈父,但又是伟人,面对反动派他视死如归,却又不舍子女,写出了一位具有崇高革命信仰的父亲形象。

因此,教师首先应该具有这种文化主题意识,在组织教学内容或者说备课时,心中有杆秤,能够放眼整体,关联前后所学的同主题内容,当然不一定在教学时和盘托出。

其次,可以引导学生围绕主题进行拓展阅读与讨论,以一个文化主题统领多篇文本,进行传统文化的渗透。比如,在学习《父爱之舟》时,我们可以围绕"父亲"主题,展开"笔尖下的父亲""我眼中的父亲""父爱的表达"主题学习,群文阅读与父亲相关的课文和其他文章,比较不同文本中不同的父亲形象和表达爱的方式,再交流自己眼中的父亲形象和表达爱的方式,结合五年级上册第六单元中口语交际"父母之爱"和语文园地"交流平台""词句段运用",以"我想对您说"为话题进行习作表达,在主题汇报中,可以以"最美颂歌、点滴回忆、我诉我心、亲情剧场"等任务形式,来表达对父亲的情感。同时,在不少传统文化作品中,也都有父亲对家庭和子女的影响,如《颜氏家训》《傅雷家书》《曾国藩家书》等,学生可以选择阅读,来对"父亲"这一文化符号进行思考理解。

2. 情境创设:体现传统文化意蕴

课标指出:义务教育语文课程实施从学生语文生活实际出发,创设丰富多样的学习情境,设计富有挑战性的学习任务,激发学生的好奇心、想象力、求知欲,促进学生自主、合作、探究学习。

(1) 在真实需要中激发文化认同

习近平总书记指出:"探索浩瀚宇宙,发展航天事业,建设航天强国,是我们不懈追求的航天梦。"团结协作、自主创新、自强不息的航天精神是传统文化精神中的一部分。

四年级下册第八课《千年梦圆在今朝》,由"人类飞行探索的先驱"万户的传说故事、神话等写起,勾画了中国航天事业的发展历程,记叙了中国航天在人造卫星、载人航天、空间探测三个领域取得的成就。

教学时,我们可以设计以下环节:

①梳理中华民族飞天梦的历程;

②探讨问题:千年飞天梦是怎样逐步实现的;

③查阅资料,了解航天领域的最新成就。

在探讨开放性问题"千年飞天梦是怎样逐步实现的"时,我们可以结合时间轴,链接微视频《中国式浪漫:古诗词中的航天梦》,让学生了解中国航天发展历程,来感受航天精神。再创设"航天新闻我播报""航天英雄我来讲"真实情境任务,学生借助已有资料,来进行情境学习。

我们来看一段微视频。这段微视频将关于不懈奋斗、追逐梦想等蕴含中国优秀文化精神的古诗词重新编织成歌,打造出"一梦一诺一征程,且吟且行且乘风"的中国式文化。在平时教学中,我们还可以使用其他形式创设情境,这些情境应是能够契合儿童生活需要的,为儿童认识生活、表达生活打开一扇窗。

(2) 在情境再现中焕发文化活力

教学五年级下册的《村晚》时,教师整合了吕岩的《牧童》和张榘的《春吟四绝》。这三首诗都写了牧童形象,涉及的诗句分别是"牧童归去横牛背""不脱蓑衣卧月明""牛背斜阳卧牧童"。教师引导学生深入比较,除了写"牧童",三首诗还写了哪些共同的元素?学生从"笛声""老牛"延伸到了"落日""黄昏""斜阳",逐步触及了最为深沉的文化印记,即"黄昏中归来的牧童"。同时,结合沙画视频再现牧童田园村居场景,调动儿童古诗学习经验,体会牧童村居生活的宁静、和谐、美好。

在朗读中比照,在比照中炼字,学生逐渐读懂了悠闲自在的晚归牧童就是诗人心中美好生活的寄托,也听懂了诗人的内心呼唤:黄昏的路,不仅是回家的路,也是回归自然的路,更是通往心灵自由的路。这也是中国文化思想内涵中追求人与自然和谐的精神,也就是课标中所说的"尚和合"的核心思想理念。

(3) 在故事情境中引领价值追求

六年级上册第18课《古诗三首》中的《浪淘沙》(其一)教学,我们抓住人物经历,讲述古诗创作背后的故事,34岁的刘禹锡参加"永贞革新",只持续了100多天就失败了,还得罪了权贵们。他被贬到朗州(今湖南)当司马,官职低微,也没有实权,在这样的境遇下度过了十年。45岁,因写诗再次得罪了权贵,被贬到荒无人烟的连州当刺史。50岁,再次被权贵陷害,被贬到夔州当刺史,那里山高路远、环境恶劣。

介绍刘禹锡的身世背景后,学生感受诗人身世坎坷,接着朗读"如今直上银河去,同到牵牛织女家",联系作者刘禹锡的《秋词》中"晴空一鹤排云上,便引诗情到碧霄"。初步

感受诗人乐观向上的人生态度。接着链接这两句诗中的典故,内容是:

《荆楚岁时记》云:"汉武帝令张骞穷河源。乘槎经月而去,至一处,见城郭如官府,室内有一女织,又见一丈夫牵牛饮河。"

学生讲述故事内容:古代传说黄河与天上的银河相通。汉武帝派张骞出使大夏,寻找黄河源头。张骞走了一个多月,见到了织女。织女把支机石送给张骞。

"如今直上银河去,同到牵牛织女家",作者采用了张骞为武帝寻找河源和牛郎织女相隔银河的典故,驰骋想象,表示要迎着狂风巨浪,顶着万里黄沙,逆流而上,直到牵牛织女家,表现了诗人的豪迈气概。

接着,教师可以引述:豪情满怀的刘禹锡因为多次损害权贵的利益,屡遭陷害、多次被贬,当他辗转于黄河一带时,会看到什么?想到什么呢?我们请学生发挥想象,补充刘禹锡的话语。

有学生说:"看到这里黄河凶猛,荒无人烟,百姓生活贫苦,诗人不禁想:长安城里的权贵们还花天酒地,不知民间疾苦,只想着如何算计,损公肥私,朝廷有他们在,真的会败落啊!"

有学生又说:"看到这风浪掀簸的黄河,如呼啸狮吼,奔腾不息,刘禹锡想到:这黄河不就像是我这颠沛流离的生活吗?不,我不怕,只要我还在,就一直有坚定的信念,不是说黄河的源头是银河吗?我就要直上云霄,不能被挫折所打倒,还有很多想法没有实现呢!"

学生交流过后,我们用刘禹锡的一句话"初心不可忘",回扣价值引领,以诗人一往无前、乐观豁达的人生精神,照应自己的生活之路。最后,学生从刘禹锡"浪淘沙"组诗中挑选一首,或者选择其他励志名言,或者用自己的话写一两句,以作自勉,写在书签上。

(4)在任务情境中进行文化渗透

2022年版《语文课标》明确提出语文核心素养,并将语文课程内容设计成6种学习任务群加以落实。语文核心素养是在具体、真实的情境中形成的,学习任务群的具体落实也离不开情境,也只有在情境落实中体现价值追求。

二年级下册语文园地三日积月累的内容为认读"十二生肖",孩子们会产生一个疑问:为什么子时对应着老鼠、丑时对应着牛,而不是其他动物。我们就引导孩子们带着这个任务请教大人,或者和家长一起查阅资料,原来古人通过观察积累,发现夜晚11点到凌晨1点(子时)的老鼠最活跃,丑时牛儿在慢慢地反刍;3点到5点,在十二地支中是寅时,此时老虎到处游荡觅食,最为凶猛。5点到7点为卯时,月亮还挂在天上,此时玉兔捣药正忙,人间的兔子也开始出来觅食。于是中国古人把与农业生活相关的11种动物,加上特有的文化图腾"龙"与十二地支配合进行纪年。

我们再从地支这一传统民俗文化出发,创编出了《生肖与地支》这首儿歌。这么做的原因一是让孩子们感受到汉字背后丰实的传统文化,体会古人的智慧,二是帮助孩子们建立知识的支架,对生肖与地支产生趣化认知。

这样富有趣味和文化的汉字儿歌,不正合乎儿童认知发展规律,积极有效地实现知识内化吗?除此以外,我们还制作十二生肖时钟,将现在时间、十二地支和十二生肖分别对应起来,利用白板课堂互动,让孩子们拖动相关元素到正确的位置,用游戏化、沉浸式的手段,自主获得与强化。

3. 活动设计:感受传统文化妙趣

新课标在发展型学习任务群的表述中提到,学习活动可以采用朗读、复述、游戏、表演、讲故事、情景对话、现场报道等学生喜闻乐见的形式,将识字、写字、阅读、写作、口语交际、搜集处理信息等融为一体。

在六年级教材中,有关于戏剧的学习内容,《京剧趣谈》《藏戏》及六年级上册第七单元"语文园地"中关于戏剧的词语。《京剧趣谈》教学中,我们设计了寻趣之旅,在学习"马鞭"部分时,通过白板拖动功能,了解不同颜色的马鞭对应不同的人物身份。同时,马鞭作为一种实在的道具,学生上台,选择不同的情境,用马鞭表演策马动作,比如孙悟空做弼马温时在天宫驾马飞驰,穆桂英挂帅,等等,在情境扮演中感受马鞭作用,体会京剧的趣味;同时,与马鞭对应的还有虚拟道具,学生可以带着针线,来台前展示穿针引线的动作,再观看京剧表演穿针引线。这样,大家一下子便能体会到京剧表演虚"无"胜过有的表演特色。

教学"亮相"中,学生在观看视频后,模仿京剧演员,相互配合,根据鼓点,进行动态亮相和静态亮相的表演,体验京剧动静结合的高妙之处,还可以引导学生感受京剧演员之所以能够这么酣畅淋漓,是因为有他们台下十年功的刻苦练习,才能有台上一分钟的精彩绽放。

六年级下册的《藏戏》学习中,结合不同地域代表剧种,学生进行"梨园竞放"活动,对京剧、藏戏进行比较学习,对它们的代表作品、主要特色做资料搜集和整理。(表3-17)

表3-17 搜集和整理表格示例

剧种	道具	扮相	舞台	演出方式	代表作品
藏戏					
京剧					

学生在不同形式的活动中,进一步体会到传统文化的博大精深,更加意识到中华传统文化的独特之处,文化自信油然而生。

我们在上复习课的时候,也可以通过趣味闯关,多样评价的方式,来组织学习活动。比如,我们围绕传统文化,开展"智勇大冲关"体验活动,以勇闯文贤殿的闯关任务为契机,开展词语擂台、古语园地、文化大观,设置"眼疾手快""辨音识字""听写比拼""诗词连连看""你说我背""顶峰对决""节日舞台""铭记历史""通关宝典"游戏项目,在听说读写中,在生生互动中,考查学生对汉字、古诗文、文化习俗、文化常识等方面的积累和运用。学生在一个个挑战中,激发对传统文化的兴趣,增强自身的文化底蕴。

4. 数字学习:体验传统文化时代创新

《遨游汉字王国》是统编版语文五年级第三单元综合性学习活动教材内容,我们可以进行数字学习,营建学习境脉,激活游戏趣能,在结构化学习中,有目的、有层次、有重点地探索汉字秘密。

首先,呈现汉字王国地图,"字博士"带来任务留言,学生到分屏中寻找锦囊,每个锦囊有不同任务,不同的锦囊寄语传递着不同的汉字密码。

第一个锦囊,寄语是"汉字,披上了艺术的霓裳"。学生通过易课堂抢答平台,请四位同学分别介绍剪纸、匾额、扇形书法、篆刻作品。在竞技游戏中,增长汉字知识,激发汉字学习兴趣。随着文化产业的创新发展,汉字也被赋予了新时代元素,表现艺术形式也十分多样,比如十字绣、米粒上雕刻、摄影、园艺等,学生看到汉字的生活表达,产生了学习的需要,激发了学习的兴趣。

第二个锦囊,"汉字,穿越了千年的印迹"。汉字演变是一个漫长的过程,从甲骨文、金文、篆书,到隶书、楷书、行书、草书,如何将千年的汉字传承生动地再现给学生呢?我们通过字形对照、视频介绍建立知识模型,有的学生根据先学经验,分享自己的汉字文化知识,再以时间轴方式,学生自主拖动被打乱的图文,加深对汉字演变的印象。

第三和第四个锦囊,"汉字,刻在骨子里的记忆";"汉字,印在血液里的符号"。小组合作,写出一份研究报告。用易课堂云图功能,收集学生研究热点,教师提供其他内容,以作参考。围绕"报告有哪些内容?"进行对话,提示研究报告的几个内容:提出问题、研究方法、资料整理、研究结论,并将一位同学对甲骨文中的姓氏研究结果做展示。随着科技的发展,学生借助网站就可以得到很多信息,有的网站都有VR全景展览,对学生的学习有很大帮助。最后,小组展示成果后,根据评价标准打分,评出"最佳研究组""最具创意组"。

第五个锦囊,"汉字,承载了美丽的文化"。这一任务具有浓厚的地域特色,在我们淮安大地上,也有不少风景名胜,其中,有不少楹联、匾额都可以成为学生实地研学的对象,学生可以搜集淮安名胜古迹中的楹联,了解它们的意思,在同伴中分享交流。将传统文化与数字化、结构化学习相结合,彰显出传统文化的新鲜活力。

语文教学调动学生的探究热情,实现学生"在场",并能融合技术手段展示学生研究成果,培养科学思辨能力,进一步增强传统科技文化价值的认同感,传承中华优秀传统文化。